小室直樹

日本教の社会学

戦後日本は民主主義国家にあらず

山本七平

ビジネス社

日本教の社会学

まえがき

日本人は誰しも、日本が普通の社会であり、外国もまあこんなもんだと思い込んでしまっている。ところがどうして、世界中で日本ほど奇妙キテレツな社会はなく、外国人とはどうしても理解しあえない。中国・朝鮮と欧米諸国とはずいぶん違った社会だが、欧米人と中国人・朝鮮人とは割合に容易に理解しあえてしまう。が、日本人だけは例外だ。

その理由は、世界中どこにでもあり、日本だけに存在しないものがあるからである。それが宗教と論理だ。いや言葉をさらに正確にいえば、日本教というネガ宗教が日本を支配しているからだ。日本人はものを考えるときに、論理で考えずにフィーリングで感じとってしまう。われわれは、このようにして何千年も生きてきたし、今もそうなのだ。たぐいない変則社会である。

もっと困ったことには、日本人には日本が変則社会であることがどうしても理解できない。だから、欧米や中国や中近東などでは絶対あり得ないことがいとも容易に起こってしまう。

山本七平氏のつくりあげた学問——これを山本学と呼ぶことにしよう——が、この不思議な日本を分析するために最大の威力を発揮することは、すでに意(こころ)ある人たちから多くの指摘があった。複雑怪奇でどうにもわかりようのない現象でも、「日本教」「空気」「実体語と空体語」など山本学の鏡にてらしてみると、いとも容易に正体がわかってしまうのだ。

また、氏の分身ともいえるイザヤ・ベンダサンは、日本人はキリスト教を理解できず、クリスチャンは、結局、日本教徒キリスト派にすぎないことを明らかにしたが、この論理はもっともっと推し広げることができる。日本は仏教国で儒教国ということになってはいるが、古来今に至るまで、仏教や儒教が日本人に理解されたことはついになかった。日本に入ったとたんに、すべてがすべてまったくの日本教仏派、日本教儒派になってしまう。日本人はまた、イデオロギーも理解することができない。日本には、民主主義者やマルキストがたくさんいるように見えて、実は一人もいないのである。実は、みんな日本教の分派にすぎないのだ。

このように、山本学の分析用具の切れ味は目を瞠るほど驚異的なものであるにもかかわらず、多くの人々によって十分に活用されているとはいえない。それどころか、誤解も大変に多いのだ。

山本学が十分に活用されない理由は、方法論的基礎が弱いからである。学問的にまだ整備されていないのである。それゆえ、日本社会の本質に対する洞察のすばらしさにおいては読者を陶然とさせる山本七平氏の論述が、理論的なものにおよぶと容易に読者を寄せつけなくなってしまうのだ。これが誤解を生む。たとえば、『日本教について』や『空気の研究』は社会学的にいうと、『日本人とユダヤ人』よりもはるかに重要な文献であるのに、そのわりに理解されていないのではないか。本書の目的は、この山本学を社会科学的に整備して、すぐに理解でき、誰でも使えるようにすることにある。そのために、方法論学者である小室が協力した。山本学が一人山本七平氏個人のものではなく、万人のために開放さるべきだからである。

かたちは対談になっているが、一読すればおわかりいただけると思うが、日本式対談とはぜんぜん違う。山本七平氏と小室との協同作業である。科学の定石である、分業と協同（ディヴィジョン・オヴ・レーバー・アンド・コオーディネーション）に基づく作業である。まさに知的興奮に満ちた研究室そのものであった。討論に熱中している間に、気がついてみたら、いつの間にか十八時間も二十時間も経ってしまっていることも珍しくなかった。また、この作業を通じて、誰にでも、社会を解析（アナライズ）する論理がわかるようにした。すなわち現代社会学の中心理論である構造機能分析を理解できるようにした。構造機能分析は、マックス・ウェーバー、デュルケムから、アメリカの代表的社会学者タルコット・パーソンズに至るまで、社会分析の中心理論といわれながら、難解無比なものとされてきた。専門の社会学者すらめったに理解できないのである。だから、至るところに誤解がはびこることになる。ところで、山本学こそ典型的な構造機能分析であり、山本学を理解するということは、同時に、社会学の中心理論である構造機能分析の理解ということにもなる。

そのために、日本教の神学をつくりあげるという戦術をとった。

日本教は宗教ではないから、宗教につきものの道具立てはない。ありようがないのだ。ドグマ、サクラメント、神義論（テオディツェー）、ファンダメンタリズムなど、キリスト教を理解するために決定的に大事なものが何一つない。その証拠に、サクラメント、神義論、ファンダメンタリズムなどの言葉は、大概の日本人は知らない。字引にだって、ドグマという言葉一つをとってみても、見当はずれもはなはだしいことしか載っていない。

組織神学的にいえば、日本教にこんなものはあり得ようがないのだ。
しかし、ここがポイントなのだが、それらと同じ機能をするものならある。しかし、その構造を見ると、キリスト教の場合とは似ても似つかないものになってしまっている。「空気」などは組織神学的にいえば、これほどドグマからほど遠いものはないのに、その機能においては、ドグマと同じである。

この論理こそ日本教の神学的理解の鍵（かぎ）であり、構造機能分析が威力を発揮するゆえんでもある。構造機能分析による神学、これを構造機能神学、あるいは省略して構造神学（structural theology）という。組織神学（systematic theology）がもっぱら、教義（ドグマ）の論理的構成を研究対象とするのに対し、構造神学の研究対象は、教義などの構造的諸要素がどんな機能をするか、である。

構造神学こそ本書を一貫する方法である。

本書の内容について、最初にその骨子を話したのは、八木哲郎氏が主宰する『知的生産の技術研究会』の例会であった。それを出版の企画として改めて再構成し直し長時間にわたる対談と膨大な原稿の山を整理して、このような本として日の目を見るようになるについては、地球大学主宰者の五大馨氏の努力、並びに講談社の市橋幹氏の尽力が大なるものがある。深く感謝するものである。なお、市橋氏が業半ばで担当部署を離れたあとは、学芸図書第二出版部の立脇宏氏が担当された。

一九八一年七月

小室（こむろ）　直樹（なおき）

日本教の社会学＝目次

第2部　神学としての日本教

本書は一九八一年八月に講談社より刊行された
『日本教の社会学』の再刊行になります。

第1部

日本社会の戦前、戦後

第一章　戦後日本は民主主義国家ではない

仮面をかぶった民主主義

戦後デモクラシーのはきちがえ

小室　一社会科学者として思えば、この数年、以前には夢想もされなかった事件が続発していますし、今後も、もっともっと大変なことが起こるような気がしてなりません。しかも、その発生のテンポが著しく早くなっていることを、誰も指摘しないのです。

かつては、歴史の転換期となるような節目節目では、良きにつけ悪しきにつけ学者やジャーナリストが活発に論争して論壇をにぎわしたものでした。ところが現在、ジャーナリズムは事実を伝える以上のことはしないようですし、さらに学者に至っては分析能力をまったく喪失しているように思えるのです。つまり危機の八〇年代というのは、何も疑獄事件などが頻発してひどいとか、ソ連が攻めてきたり、日米抗争が激化したり、資源危機が起こるという意味だけじゃない。日本の骨組みそのものにガタが来ているのではないのか。戦後三十六年たったものの、むしろいろんな意味で、戦争直前に似てきている。いや、かえってはるかにひどくなった点も、多々見い出されます。

山本 誰もが戦前は軍国主義で今は民主主義社会になったと信じて疑わないわけですね。その理由は戦争前にくらべて現在は、平和だし、拘束がないし、暮らしも非常に楽になっていると。

小室 と思うことが大変問題なのです。山本さんは、以前こんな話をしておられましたね。ある学校で、一人の女の子がいたずらをした、すると教師は、その処罰についてクラス全員の投票を求め、多数決にしたがって、その子をストリップにして教壇に立たせたと。つまり、「多数決」というデモクラシーの原則一つに関しても、こんなにひどい誤解はない。

山本 ええ、でもそれは俗にいわれる「デモクラシーのはきちがえ」という意味ともまったく違うんです。

小室 そんなに生やさしいものじゃありません。それに、デモクラシーの誤解というと、すぐにそれははきちがえであると考える精神構造こそ、日本独特のものです。

これは山本さんもよくいわれるように、はきちがえとは、デモクラシーを一種の薬だとする発想法から来ているわけでしょう。その服用法を間違えるから、はきちがえと。

そこでまず、誰もが信じて疑わないこの戦後デモクラシーとは、一体なんであったのか。それをもう一度、根本的に洗い直すことから、私たちの試みをスタートさせたいと思います。

日本人の多数決

山本 最近私が読んだ資料のことから話させていただきますが、この前、ちょっと『一揆契状』の資料を読んでいたんです。主として足利から戦国時代のですね。意外かも知れませんがああいうのが実は日本人の民主主義なんですね。みんなで何かを決める、そして最後にサインするときに大きく丸を書いてその周辺に各人がサインしていく、これは和傘を上から見たような形になりますから「傘連判」というんですが、筆頭人がいないんですから、誰がリーダーかわからない、その点、全員平等です。同時に何かあったとき、この連判した者が集まり、いろいろなことを決める。ではどう決めるかというと、「多勢によるべし」で一種の多数決。たとえば、その中の一人が将軍から命令を受けた。しかし、そういう場合でも、その個人が、それをただちに受け入れて実行してはいけない。たとえ相手が将軍でも、まずそのサインをした人間が全部集まって、どうするかは多勢によって決める。だからときによっては将軍のいうことを聞くこともあるし、ときによっては指令返上みたいになることもあるんです。この決定に原理、原則はほとんどないんです。だからその間で誰が何によって決断を下すのか、将軍か、多数決かというと、どちらともいえない。無原則です。このへんが大体、日本人のある面の多数決ですね。将軍と一揆契状の二つの主張が、二つながらでバランスをとるみたいなものがあの時代にすでにあるわけです。こういうのは戦後にもあるんでしょうか。

小室　最初の問題提起として面白いことは、西洋の場合であれば、責任者を明確にして、そして決断の主体を特定するというところに民主主義の出発点があるわけでしょう。

日本ではまったくその逆でして、決断の主体が誰だかわからなくして、決断の内容を分散すると、それが民主主義だと。ですから西洋の民主主義とまったく逆な——つまり山本さんが今、二つの主張とおっしゃいましたけれどもね、西洋における多数決というのは、むしろ無限に多くの主張を、多数決という形で一つの主張にしてしまおうと、そういう契機があるわけですね。

山本　はい、してしまおうと。

小室　ところが日本の場合には、対立する二つの主張との間のバランスといいますか、平衡といいますか、それが民主主義で……。

山本　そうなんです。それをやると民主的なんです。

この前ある役人に聞いたんです、官僚制とは将軍と一揆契状との相関関係と同じ状態にあるのじゃないのかと。大臣が何かを誰かに命じた。命じられた者は他と関係なくすぐ実行するか、そうでなくまずみんな丸く集まって、これを受け入れるべきか、返上すべきかと、相談するんじゃないのかと。そうしたら、そうだといっていました。

小室　ですから戦後のデモクラシーというのも、まさにそのような形のものをデモクラシーであると人々は思っている。

山本　ええ。もしそこに原理原則を持ってくれれば、あれは大変権力的であって、非民主的であるということになるわけですね。

多数否決の論理

小室　つまり民主主義であるかないかの識別条件として、日本人は相手の気持ちを察して、相手が怒らないようにするというのが民主主義であると思っちゃってるが、ある意味ではこれほど非民主的なことはありませんね。

私の友人の経営学者がアメリカへ行きましてね、帰ってきていうことには、「私はアメリカに行く前までは、アメリカはデモクラシーの国だと思っていたが、よく見てみるとナチス以上の独裁国だ」と（笑）。つまり社長その他の経営者（イグゼクティブ）は、部下のいうことを何にも聞かず、また気持ちも察せずに、何でも独断的に決める。それに対して社員というのはまさに奴隷である。アメリカというのは専制君主と奴隷のシステムだと、こういうふうに感心していたんですけどね、実はこれこそがまさにデモクラシーなんですね。

山本　そうなんですね。社長しか決断する者がないわけなんです。だから社長という一人の巨人が、大きな組織を自分で動かすわけですね。日本じゃ、それやっちゃいけないんです。これが大変面白かったのは、ロッキード事件のときの全日空の若狭社長の国会における答弁なんです。あのとき、それを『週刊朝日』で批評してくれと頼まれて、十時間、テレビを見てたんですよ。そうしたら、機種を誰が決定したのかという問題を社長の私が決定したというかと思ったら、そうじゃないんですね。まず社内にいろいろ委員会がありまして、その委員会の決定がどことこへ上がっていきまして、それがまた重役会でいろいろ検討いたしまして、それでまた不審な点があると委員会に戻しまして……何回いってもその答えしかしていないんです。だから簡単にいうと全員で決めたんだと、私が決めたことじゃないということなんです。いろいろ議論して上がったり下がったり、下がったり上がったり、なんとなく決まっちゃったんだ。だからあれは、決断した人間がいないのだといってるわけです。

小室 決断した人間がいないということは、すなわち、誰も責任をとらないという……。

山本 ええ、とらないということです。だからあのときにまったく不思議だなあと思って……「私企業においては機種を他から強制されるようなことは絶対ありませんから、そういうことをするわけはございません」とまずいってるわけですね。機種は全日空が決めることであって、政府は関係ないんだと。それじゃ、あなたが決めたのかというと、いや、そうじゃないと、こういうことなんです（笑）。

小室 ですからね、民主主義の基礎は多数決だと、日本人はいいますけどね、日本人が思い込んでいるデモクラシーはそもそも「決」じゃないんですね。

山本 ええ、「決」じゃないんです。多数意見無決であってね（笑）。

ですから、こういう組織には外部からどんな働きかけもできるわけですね。いろんな方法で何人かにそういう空気をつくらす。そうすると、何となくそれが誰の決定でもないかのごとくに決定になってしまう。だから黒幕というのはちゃんといるわけです。そうすると、黒幕の権限とは何だということになるわけですが、元来権限がないはずだから黒幕といわれるわけで、その権限は何ぞやというこ

金権政治が批判され、ロッキード事件で刑事被告人となった田中角栄のロッキード裁判を小室直樹氏は暗黒の裁判と批判の論陣を張った

とは、始めからナンセンスになるわけです。それが明らかでないからこそ、黒幕であり得るんで、それが明らかになったら黒幕じゃあり得ないわけですね。ロッキード裁判でも「首相の権限」が問題になっているわけですが、田中角栄（たなかかくえい）という人が首相兼黒幕なら、この権限云々（うんぬん）は意味を持たないわけです。ですから黒幕は否応（いやおう）なしに出てきますね。

小室　その場合、日本の黒幕というのは、欧米の黒幕とは意味が全然違いますしね。欧米の黒幕というのは決定を陰からあやつるのが黒幕ですね。ところが日本の場合は、決定そのものをあやつらずに、決定に至る空気を操作するのが黒幕。

山本　そうなんです。

小室　ですから黒幕の責任となると、ますますわかりにくくなりますね。別に教唆でも、共同謀議でもないわけです。

山本　ないんです。空気の操作は証明できませんから。これは戦犯裁判のときにも出てきますね。共同謀議があったのか、なかったのか。それを聞いていくと、みんな「おれは戦争に反対だった」といっているわけでしょう。

小室　みんなが反対していて、気がついてみたら戦争が起きていたと、かつて丸山真男（まるやままさお）教授が強調したあのメカニズムが今も生きているんです。

山本　だから、全日空の場合も、みんながトライスターに反対していても、気がついてみたらトライスターになっていたと、そういうこともあり得るわけですね。

拘束力のない決定

小室　それで思い出すのはポーランドですね。ポーランドは中世末期において巨大な国家でしたけれども、だんだん勢力が弱くなるでしょう。それは議会が機能しないから。つまり、昔の議会というのは満場一致じゃないとだめだったんです。それと近代議会との違いというのは多数決にあるわけでしょう。つまり多数決でもって何かを決めるというのは、近代デモクラシーの出発点（スタート・ライン）でしてね、何も決まらないというんだったらば、これはそもそもデモクラシー以前の状態である。

山本　そうですね。あれは貴族の議会で、各人が拒否権を持っていたわけですね。

小室　つまり、昔は、中世的な固有の貴族の特権がありましたから、王さまといえども、新しい税金をとろうと思えば全貴族の承諾を得なくちゃならない。多数決でもぶんどるわけにはいきませんので、一人残らず賛成しないとだめです。税金だけじゃない。万事全員一致でないとだめなのです。だからそんなことをいってるうちに議会が機能しなくなって、ポーランドがだんだん衰退に向かうわけですね。

山本　ところが日本の場合にはそれ以前ですね、まず単独採決は悪として非難され、その場合はむしろ無採決が賞賛されますから。

小室　つまり満場一致で決めていいかというと、そうもいかないんですね。満場一致に至るような空気といいますか、そういうものができあがらないと、いけない。だから日本の場合、根回しが決定的な意味を持つのはそのためだろうと思います。

山本　そう、そこから出てきますねえ。

小室　だから山本さんも書いておられるように、会社で何か決まると、今度は飲み屋ではまた別な決定ができると。

山本　ええ、別な決定ができる。つまり決定は拘束力を持たないんです。ですから、あのとき、満場一致で決まったじゃないか。うん、あのときの空気がああだったからそうなったんであって……。

小室　今はいやだと（笑）。そうしたらそれっきりなんですからね。ですから中世ポーランド以下ですよ。

山本　ええ、決議というのは元来ないわけですね。

小室　ですからデモクラシーにとって、最も必要不可欠な決定（デシジョン・メイキング）という概念装置がそもそもない。

民主主義は重苦しいもの

山本　なぜ戦後そういう形になってしまったか、いわゆる焼け跡民主主義というものの問題になってくるわけですが、すなわち、マッカーサーが来たときに何かなくなったんです。ところがそれまでにあった何かというのは、非常に重荷だったということですね。だから重荷が消えてほっとした。このほっとした状態を持続したいという意識じゃないですか、日本人における民主主義的意識というのは。

小室　考えてみれば、これほど非民主的なことはないのでして、民主主義というのは、ある意味では重苦しいもの。

山本　重苦しいものですね、これは実に重苦しいもの。

小室　いわゆる日本の知識人は、戦後民主主義を支持(サポート)する論理として、戦争体験をあげています。あ、いやだったと。あんなの、もう繰り返したくないから民主主義はいいというんですね。つまり民主主義のいい点として、自由と、平和と、豊かさと、三つセットになっている。それに比べて戦争中は物質的に生活が悲惨であったし、B29にいじめられたし、それから自由もなかったと。だから今のほうがいいと、そういう論理なんでしょ。したがって、民主主義にとって最も根源的であるところの自由と、豊かさと、平和、この三つのうち、どれか一つ失わなければならないとしたら、まずどれから失うのかという問いかけというのが一度もない。こういう民主主義ってありませんよ。

山本　ないですね、そんなことといったら、そういう質問自体が非民主的だといわれますな、これは。

小室　しかし、民主主義をめざす国家では、解放のスローガンとして、自由か、しからずんば死を与えよというでしょう。これは、英国の詩人シーレーの言葉ですが、ここにこそ、近代デモクラシーの真髄があると思います。ところが日本の民主主義のスローガンというのは、自由も、豊かさも、平和しょう。

も、みんな与えよ（笑）。これら三つがセットになっていないものは始めから受けつけんと、そういうことは考えてもみないと。これが民主主義なんですからね。ほっとしたという内容はまさにこれで

山本　まさにそうなんですね、「助かった」というね。

ですから、その場合、その三つのものが、どのようなコストで獲得できかつ維持できるのか、この発想もないわけですね。

小室　ないわけですね。ですから、山本さんが訳された『日本人とユダヤ人』の最初に〝安全と水はただである〟というテーマが出てきまして、大変面白いんですけれども、現在の日本人にとっては、自由も平和もみんなただである。ただであるどころじゃなしに自由であり、平和であれば逆に豊かになる、ということを、自動発想的に思い込んでしまっている。だから、これほど奇妙な民主主義というものは考えられないですね。民主主義においては、自由は大変に高価なものである。しかし、高いコストの代償としてもあがなう価値のあるものである。この考え方が前提になっているわけでしょう。ところが日本人的発想にこの考え方はありません。

オイル・ショックも天変地異

山本　その発想とはどこからきたかという問題ですが、おそらく昔の日本人にとって恐かったものは天変地異だけなんですね。そして、天変地異に対していかに処するか、それだけです。発想は。これ

は武家法、たとえば貞永式目（じょうえいしきもく）（一二三二年、鎌倉幕府の執権北条泰時（ほうじょうやすとき）が制定した。従来の慣習法や判決などを成文化したもの）なんかでもそうで、なにしろ天変地異が恐い、これをどうするか。ふだんは自然の循環的秩序にのっかっていれば豊かであり、日本はほんとに豊葦原瑞穂国（とよあしはらみずほのくに）で少しも困らない。そのかわりこの循環が狂ったら大変だ、こういう発想なんですね。もしそうなった場合に為政者のやるべきことは、これに対応していくこと、これだけなんです。ところがお天気とは契約するわけにいかない、なにも方法がない。だからひたすらこちら側が相手に対応し、自分の方の基準を変えていくだけである。これは戦後のあらゆる問題への対処に出てくる日本人の発想の基本でしょうね。たとえばオイル・ショックも天変地異なわけで、天変地異に対応するように対応していますよ。

小室　そうなんです。民主主義の受け止め方もまさにそれだと思いますね。戦後のいろんな民主主義論争の暗黙の前提は、「民主主義の世の中になった。だから誰しも民主的でなければならぬ」と、こういう感覚的受け止め方が圧倒的に多いんですね。

山本　そうですね。天変地異で民主主義になっちまった。だからそう対応すべきだという発想です。面白かったのは、敗戦直後に「おまえはまだ頭の切り替えができておらん」という非難が出てくるんです。つまり、頭というのは新しい状況ができたらすぐ切り替えなくちゃいけない。

小室　たとえば飢饉（ききん）がきて、昨日まではうんと食っていたけど、今日からは食えない、そのつもりでいろというのと同じ発想。

山本　同じなんです。で、今度は豊作になった、経済成長ですね。

小室　それについて一つの例をあげれば鶴見祐輔が敗戦の悲劇についていろいろ書いているんですが、その題が印象的だ。『冬きたりなば春遠からじ』――戦争に敗けたということを、冬来たりなば春遠からじのセンスでとらえている。今の日本人もそうでしょう。戦後苦しかったけど、高度成長で春が来たという受け止め方ですね、まさに。したがって為政者としての対応にしても、マッカーサーをうまく手なずけた吉田茂が偉いということになる。

山本　なりますね。ですから、できてしまった秩序を正統化して、それに対応して生きていけばいいんですね。しかし、そうなると変革ということはないわけです。天変地異に対応して変わるだけであって。

小室　つまり、民主主義というものを、自分たちの手でかち取ったという契機が欠如しているわけですね。近代民主主義の大前提である「作為の契機」が全然ない。この点、むしろ大正デモクラシーよりも後退しているのではないでしょうか。多くの学者は、大正デモクラシーは現在の本物のデモクラシーにいたるステップであったと受け止めてますが、私の考えは逆ですね。大正デモクラシーの場合には、むしろ不完全ながら、「作為の契機」があったと思います。強大な藩閥政権を打倒したわけでしょう、ある意味では。それ以前の藩閥の威張りようなどは、大変なものでした。いわく、日本の今日あるは薩長の力なり、ゆえに薩長にそむくは日本にそむくなりと。たとえば薩摩出身の樺山海軍大臣なんかですと、議会で堂々と、「おまえたちがどうしても軍事予算を通さないなら、議会に大砲をぶち込むぞ」とまでいったんですから。そういうような藩閥をとにかく押し込めてしまった。その意識は大正デモクラシーにあったわけでしょう。

山本　尾崎咢堂が議会で質問をしたら、「われわれ、馬上天下をとったんだ、言論の徒なんかにそれを渡せるわけがない」っていわれたと、咢堂が書いてます。たかが口舌の徒にそれを渡すわけにいかない。これは確かに明治藩閥の意識ですね。

それが大正時代、原敬の時代に多数党の首領が総理大臣になるという一つの原則ができて、議会の獲得議席によって政権が移動することになったわけですから、この点では戦後以上ですね。

小室　だから彼らは非常に強い使命感と、このような状態を自分たちの努力でかち取ったという意識があって、単に藩閥が去って、冬から春が来たなんて意識じゃないですよ。

厚木飛行場に降り立ったマッカーサー元帥。手には有名なコーンパイプを持っている

山本　しかし、これは明治の人間にもあるわけですね。いわゆる尊皇思想以来の、この思想によって明治維新をやって明治をつくったんだという意識。それらの意識が完全になくなって、徳川幕府成立時のような意識になったのは、むしろ戦後でしょう。

小室　戦後ですね。ですから、その意味では戦後デモクラシーを、デモクラシーの原点である「作為の契機」という点から評価すれば、大正デモクラシーはいうに及ばず明治政権よりも、はるかに後退していますね。マッカーサーがもたらしたもの、裏からいえば、マッカーサーが失わせたものの一つは、まさに「作為の契機」だと思います。

アニマの大衆支配

山本　占領軍の実質的軍政がデモクラシーをもたらすなんていうのは語義矛盾なんです。

小室　つまり、もしもそういうことがいえるためには、占領軍でなく解放軍じゃないといけないわけですけれども、来る直前までは、日本人は玉砕しても鬼畜米英をやっつけようと思っていたわけでしょう。それなのに、占領されたとたんに解放軍になる。こういう解放軍というのはありませんね。

山本　あれは面白いんですわ。昭和二十年八月十四、五日ごろの新聞の社説と、それから十月の野坂参三帰国歓迎国民大会の記事、三ヵ月もたたないんですが、この間の転換ですね。これは読んでるとちょっと気味が悪いんです。一体、これは何事が起こったんだろうと。

小室　初めのうちは、まったく戦時中の通りでしょうね。これはもう一億総ざんげで。

山本　ええ、一億号泣で。で、その「朝日新聞」の八月十五日の記事ですが、宮城前でおじぎをしている人間の描写があるんですよ。その最後は戦中と同じですよ。「日本人は破れなかった」と、結論しているんですよ（笑）。あ、なるほど、これはやっぱり敗戦はなかったんだと。あれから徐々に変わっていくんです。

小室　徐々に、しかも急激にですね。

山本　そうです。その年末、「本年を顧みて」の社説になると、ぜんぜん変わってくるんです。いや、まったく面白いです、この間わずか四ヵ月ですから。

小室　それと満州事変から支那事変にいく場合の、新聞や雑誌の論調の変化、これは終戦時に比べますとはるかにテンポは遅いですけれども、同じですね。昭和の初めにはファッショ反対、軍国主義反対ですね、新聞の論調というのは。それが満州事変、支那事変を経ますと、徐々に徐々に、しかも急激に変わってくるんです。

山本　「新帝新政の新年」という社説があるんです。昭和二年の元旦になるわけですが、これが面白いんです。戦後と同じなんです。まず、国際連盟でもっと指導的な役割を演じろ、軍縮は自分がリーダーとなって世界中に推し進めろと。これを昭和二年の正月にいってるんですね。

小室　ところが昭和五年になってロンドン軍縮会議のころになると、人々の意見は大きく変わっています。今度は、日本全権は腰が弱いという。重巡洋艦(ヘビー・クルーザー)の対米七割、これだけは何がなんでも獲得してこいと新聞がいい出す。

山本　しかし、日本が何がなんでもそれやったら、軍縮会議つぶれますよ。しかも、全体としての比率は六割九分と七割ぐらいの差で、たしかほとんど差がないんですよね。

小室　ところがそれでも、日本が最も重視した重巡洋艦の比率は対米六割におさえこまれそうになった。そこで世論は、重巡洋艦は対米七割から一歩も引いちゃならない、と。しかし国際会議で一歩も引いちゃならないというのは、論理必然的に決裂せよということ。

1945年8月15日、日本の降伏を知り、皇居前に駆けつけて頭を下げる親子の姿

山本　そういうことになりますね。一歩も引いちゃならないとクルッと変わっちまう。昭和二年に軍縮、昭和五年に一歩も引くな、これはどこでどう連関するんですか。

小室　統帥権の問題なんかいい出されましてね、それによって「空気」が変わったようですね。

山本　うん、「空気」が変わったんですな。そうとしか考えられませんね。そのような空気支配が戦前といわず、戦後といわず、それのみが支配しているのが問題点だと思います。

小室　ところが論理的にいいますと、「空気」の支配ほど民主主義とほど遠いものはありません。欧米諸国においては、「空気」の支配に類似した現象、すなわち大衆のアニマ（空気、呼吸、霊魂という意味のラテン語）の支配というものが、最も非民主的なものとされ、それをいかに排撃するかということが、民主主義にとって、暴君から民主主義を守るのと同じくらい重要なことになってます。

山本　確かに、重要なことですね、これ。

発砲するデモクラシー

小室　カリフォルニアのゴールド・ラッシュのときに、ヨハン・アウグスト・ズーターというならず者が、幸運にもすごい鉱区を発見したんですね。ところが、ある女の口からそれがもれてしまった。そうなると大変。これを伝え聞いたすべての人が、仕事をおっぽり出して彼の鉱区に殺到した。もちろん、この鉱区は、政府の正式の許可に基づく彼の私有財産で、他人が勝手に金を採ることは非合法。しかし、明々白々な天下の公法も、金に憑かれた人々を押しとどめることができなかった。彼らは、ズーターの土地を荒らし、これを占拠して自分たちの家を建て、必死になって金を採りまくった。ゴールド・ラッシュはいよいよ激しくなるばかりで、ニューヨークから、また、ドイツ、フランス、英国、スペインなどからも、投機家の大群がおし寄せて、ズーターの私有地は、たちまち一つの都市になってしまった。

他方、鉱区を奪い取られたズーターは、乞食同様になったんですね。そこで、彼は裁判を起こす。一八五〇年、カリフォルニアがアメリカ合衆国に編入され、合衆国の法が施行されることで、無法の時代は終わったと考えたからです。彼は、自分の鉱区から出たすべての黄金に対する権利を主張して、一万七千二百二十人もの人々を告訴した。一八五五年三月十五日、判決が下って、トンプソン判事は、ズーターの権利を全面的に認めた。

さあ、ところが、それから、アメリカのデモクラシーを試練するようなことが起こったんですね。たちまち暴動が起きて、裁判官は私刑(リンチ)されそうになり、ズーターの息子はすべて殺され、彼の全財産は焼き打ちにあって、彼自身、やっと身一つでのがれたほどでした。

この例のように、裁判所の命令が実効性を失い、正当な権利が暴民によって蹂躙(じゅうりん)される、これこそが、デモクラシーの最大の危機なんですね。

山本　いや、それがね、私なんかも経験したんですが、終戦のとき前線で武装解除されて、マニラまで船で運ばれて、貨車に乗せられて、カンルバンの収容所に送られたんです。その途中で集団リンチに会いそうになった。すごいんです、陸橋の下なんか通ると直径十五センチぐらいの石が上から雨のように落ちてくるんです。そのとき、アメリカの護衛兵がそっちに向かって発砲するんです。これには日本人、驚いたんですわ。

小室　発砲する人が結局民主主義を守る者なんで、発砲しなかったらそこに民主主義ありませんよ。西部劇なんかでも、保安官が悪党をつかまえて牢獄(ジェイル)に入れる。この悪党に恨み骨髄(こつずい)の群衆がおし寄せて、引き渡せと要求して暴動化しようとする。そうすると保安官は散弾銃を発砲して悪党を暴民から守る。これこそがデモクラシーなんですね。ここのところがどうも、現在の日本人には、あまりピンとこない。

その証拠に、六〇年安保騒動のとき、樺美智子(かんばみちこ)が機動隊にふみ殺されたといってデモ隊は激昂(げっこう)した。これによって騒動は、いちだんと激化したわけですが、彼らの目的は一体何だったのか。自民党の単独決議がけしからんといってあばれ出したのですから、彼らの目的は、議会制民主主義を守ることにあったはずです。それならば、国会議事堂に暴徒が乱入するということは絶対に許されないはずです。

機関銃でなぎ倒しても守らなければならない。女の子が何ダースふみ殺されることより、国会議事堂が暴力で占拠されるということのほうが、デモクラシーにとって、はるかに致命的なのです。

このデモクラシーの初歩が、安保騒動のリーダーには少しもわかっていなかった。イデオロギーに基づく信念ではなしに、一種のストームだといえばいいでしょう。だから、過ぎてしまえばそれっきり。香山健一はじめ、安保のリーダーが多数自民党の走狗になったのも当然だと思います。そもそも、暴徒に発砲できないデモクラシーなんてあり得ませんね。

山本 ええ、それは、デモクラシーではありませんよね。ところが、直前まで敵であった日本兵を守るための発砲を逆にわれわれは大変驚いて、後で彼らはだいたい非民主的だと（笑）。

マイナスシンボルとしての民主主義

デモクラシーと法の支配

小室 ちなみに言葉のことからいいますと、デモクラシーというのは、語源的には悪い意味だったんです。

山本 ええ、そうなんですね。

小室 ギリシアの場合、デモクラシーといったら暴民政治という意味でしょう。ですから、十九世紀までは、現在われわれがデモクラシーと呼んでるものも、西ヨーロッパでは、デモクラシーとは呼ばなかったんですね。デモクラシーがマイナスシンボルではなくて、プラスシンボルになったのは一九一八年、ウィルソン米大統領の対独宣戦布告で、世界をデモクラシーをして、住みよき場所とならしむるために、アメリカはドイツに宣戦布告するといってからです。それからデモクラシーという言葉が初めてプラスシンボルに転化したんです。そういう伝統がありますから、いわゆる欧米諸国においては、デモクラシーと呼ぶことに少しうしろめたいものが……。

山本　なるほど、あるわけですね。

小室　だからそこに緊張関係(シュパヌンク)があるわけでして、デモクラシーといったならば、実は法の支配であって、暴民政治ではないことを常に正面に出さないと気がすまない。つまり、デモクラシーというのが法の支配を失ったら、あっという間に暴民政治になるという、その恐ろしさですね。これは欧米諸国では何回でもデモクラシーのテーマとして出てくるんですけれども、日本ではデモクラシーという言葉は、戦後、文句なしのプラスシンボルとして入ってきたわけですから、その背後にある法の支配ということが、いかに重要であるかということの感覚がスッポリ抜けて落ちてしまった。

山本　そこに前に述べた小学生の丸はだか私刑(リンチ)を民主主義とする要素があるわけですが、では、これの実体は一体何だろう、という問題になるわけですね。

デモクラシーの反対は何か

小室　そこで、いろんな人と議論する場合に、じゃ、デモクラシーが何か、おまえ知ってるかと聞くんですよ、新聞記者だとか、編集者だとかにね。学者もいますよ。そうすると、まず口を突いて出ることは、国民を大事にするのがデモクラシーだといいやがんの。そんな馬鹿なことないんであってね。いろんな思想がありますけども、国民を大事にしなくてもよいという思想がむしろ例外なんですね。日本の場合ですと、崎門学（山崎暗斎の学派）、およびその系統の吉田松陰だとか。またヨーロッパの場合ですと、カルヴァニズムのある側面、それだけにしか出ていないんですよ。それ以外では、たとえば東洋専制国家であろうが、古代国家、中世国家であろうが、その政治思想を要約すると、政治としていちばん大事なのは国民を大事にすることである。これはどこでもそうです。中国でも『論語』だって、『孟子』だって——特に『孟子』なんかの場合には徹底的にそれを強調していますね。それから、現在ではデモクラシーの正反対といわれるような、ナポレオン戦争後の神聖同盟ですね、あの最大のテーマも、各君主は国民を子のごとく愛することを誓うという……。だから国民を大事にするのが民主主義であれば、民主主義以外の思想なんていうのは、まずほとんどないですよ。大概の思想は民主主義になってしまう。そこで、民主主義とは何かということを理解するために、どうしても民主主義の反対は何か、というふうに設問を変えなければならなくなってくるんです。

デモクラシーの反対は何か、という設問に対して、多くの日本人の口を突いて出る言葉は、まず軍国主義。この反応は、実によく日本人のデモクラシー観を表わしています。しかし、論理的にいって、デモクラシーであるかないかということと、軍国主義であるかないかということは実はまったく無関係です。デモクラシーであっても軍国主義であることもあり、非デモクラシーであっても徹底した平和国家であることもあり、そんな例は、史上にいくらでもあります。たとえば、平安時代の日本なんか、延暦三年、平安王朝成立直後、若干の例外を除いて常備軍を全廃してしまいます。戦争放棄ですね。それから日本は、五百年以上にわたって、外国とは侵略戦争、自衛戦争を問わず、いかなる意味の戦争もしなかった。これほど徹底した平和国家でありながら、いかなる意味においてもデモクラシー国家ではあり得ません。

　では、デモクラシーの反対は何か。ある人は、それはファシズムだといいます。果たしてそうでしょうか。これは、ファシズムとは何か、という定義の問題にもかかってきます。一口にファシズムといっても、ムッソリーニのファッショとヒトラーのナチス、これはとても同一視できないほど多くの相違点があります。独裁という点は共通ですけど、もし独裁者がいるのがファシズムだとすると、リンカーンのやり方なんかもそうなってしまいます。リンカーンは、南北戦争の途中で人身保護令を停止するんです。そして、独裁に近い権力を握るんですよ。だから、今でも南部の人の中には、リンカーンは戦犯でファシズムの元祖だと主張する人もたくさんいます。

　しかし、大多数の学者はそうは見ません。あれは臨時的な委任独裁であってデモクラシーに矛盾しないのだ、と。委任独裁とは、国家の危急存亡のときに、国民が指導者を選んで、今は大変なときだからお前さん一つ独裁者になってくれということで、ギリシア、ローマ以来いくつかの例があります。

ポイントは、危機が去ったときに独裁を止めることです。

ナチスの論理によると、総統(フユーラー)は国民から全権委任を受けたんだと。それはローマ時代の委任独裁と同じであって、決してデモクラシーと矛盾しないだけでなく、西欧流の堕落したデモクラシーではなく、これこそドイツ流のデモクラシーであるといいます。つまり、ナチスに反対の学者が、これはデモクラシーでないと論ずるのは勝手だけど、ナチス自身はデモクラシーでないとは思っていないわけです。

だから戦後になって、ナチスの戦争責任が問われるでしょう。そのときにドイツ人が答える一つの言葉として、われわれは委任独裁を与えるつもりでヒトラーへの全権委任法を可決したと。あれは最初四年間の時限立法だったのに、ヒトラーがあんなふうになってしまうとは誰も思わなかったといっているんですね。だからヒトラーが四年間でやめれば依然として一種のデモクラシーですよね。

つまりファシズムはデモクラシーの反対だというのは一つの説であって、そうじゃないという説もあり得るわけです。

これと同様な議論で現在でも重要なのは、共産主義・社会主義はデモクラシーであるかないか。西欧の学者は、ソ連や東欧諸国はデモクラシーではないといいます。確かに、西欧型のデモクラシーのみをもってデモクラシーと考えればこの説は正しいでしょうが、これに反対する説もある。すなわち、資本主義諸国はみかけの上ではデモクラシーだが、その実、独占資本の利益にすべてが奉仕するようにできているので人民の利益は省みられない。これに対し社会主義国では労働者独裁によって人民の利益が守られるようになっているのだから、これこそ真のデモクラシーである、と。

「作為の契機」のはじまり

山本　ヨセフスはデモクラシーの対応としてセオクラシー（神政制）を置いてますね、テオクラティア。彼はデモクラシーといったような、ギリシア、ローマ的な考え方と、自分たちの考え方はどう違うか説明した。テオクラティアというのは彼がつくった言葉だそうですが、これはある意味で絶対主義なんです。神が支配しているんで、これに対して人間は一言もいえないんです。神との契約が絶対で、その契約内容が法ですから、その法を完全に行うために、全員死んでもしようがないんですね。もし日本が全部滅びても憲法を絶対守るという態度を日本人がとれば、それは世界史に類例のない「神なきセオクラシー」になるわけですが……。

小室　つまりヨーロッパにはそのような伝統があるんです。デモクラシーの反対は何かという設問における非常な緊張関係（シュパヌンク）。だからテオクラティアがデモクラシーの反対だとしますと、専制政治であろうと、貴族支配であろうと、人間が治める以上は全部デモクラシーになり得るわけです。

山本　ええ、なり得るんです。独裁者が治めてもデモクラシーで……。

小室　ここまでさかのぼって理解しないとデモクラシーの真の理解は難しいのではないかと思います。日本にはテオクラティアが全然ありませんからね。ですから、その否定としてのデモクラシーというものがどうしても理解されないんです。初めから人間の支配ですから。それだけでデモクラシーならば最初からデモクラシーであって、それ以外は考えられない。

西欧の場合、近代以前の社会では、絶対的一神との契約がすべての規範の根底にある。これがいわば根本規範（グルントノルム）です。すべての法もここに依拠する。この「神との契約」が「人間のあいだの契約」に取ってかわられることによって近代社会が成立するわけです。近代デモクラシーの出発点となる社会契約説にせよ、統治契約説にせよ、みなそうでしょう。このようにして、「人間のあいだの契約」が社会の根本規範（グルントノルム）になるということは、実は、「作為の契機」の成立ということと表裏をなしているのです。前近代社会においては、人間にとって習慣、風俗、規範、法、政治制度、すすんでは社会一般は、神がつくったものであって、とうてい人間の力によってこれを変えるなんて思いも及ばないものでした。

ところが、近代人はそうは考えない。法も政治制度も社会も、すべて人間がつくったものであるからして、人間の作為によって変えることができる。これが「作為の契機」ですが、この作為の根本になるのが実は契約なのです。法や政治制度や統治者を変えるということは、実は契約の更改にほかならない。この考え方があるかないか、ここがデモクラシーとそれ以外のものとを区別するための決め手ではないかと思います。ところが、日本には、そもそも契約という考え方がない。だから、契約の更改ということも考えられないわけです。これでは、「作為の契機」など出てきようがありません。たとえば、日本人は、今でも立法ということがわかっていない。つまり、合法であるかないかは、実定法に依存するのであって、その実定法は人間がつくるものである。これが飲み込めないとデモクラシーなどあり得ませんね。

山本　そうですね。それもね、アメリカの戦犯裁判の秘密文書に出てくるんですが、自分はドイツ国民であるからドイツの法律に従った、それゆえに自分は法的に無罪であるという論理を許さないというのが、戦争裁判の前提に出てくるんですね。というのは、このことをいわれてしまうと戦犯は一人もいなくなるのです。なにしろナチス政府は列国から認められた正統性を持つ政府ですから、それが発布した法律に自分はなんにも違法はしていない、法律通りにやったんだと。これまた日本に持ってくると、日本ではその論理が機能しないんです。日本側の受けとり方は「負けたんだから、しようがない」ですから……。

小室　責任というのは、自分に与えられた権限に対応する概念であるというような考え方が日本に全然ありませんから。

山本　ないんです。だからたとえば捕虜問題ですが、これが陸軍大臣の責任なのかというと陸軍大臣の責任でもあるような、ないような。いろいろ追及していくと、最後には天皇の責任以外、出てこなくなるんですね。ところが帝国憲法では、天皇は責任負わないんですから……。

小室　はい。責任はどこともなく蒸発してしまう。だから丸山真男先生がいっているように、無限責任の裏返しとしての無責任になると。常にこのメカニズムが作動しているんですね。

山本　そうなんです。そうなりますね。

小室　一般に、責任は限定されたもので、その限りにおいては、常にきちんと責任を取る。この原則のないところにデモクラシーはあり得ませんよ。いつでも無責任に転化しうる無限責任ほどデモクラシーの土壌に異質的なものはない。

ところが、驚いたことに、その無限責任の脈々たる伝統は戦後まで生きておりまして、連合赤軍事件のときに、当時の横浜国立大学の学長越村信三郎(こしむらしんざぶろう)が国会に呼ばれましてね、申しわけございませんと頭を下げた。ところがこういう場合には、論理的にいえば学長は責任ないですよ。大学の学長が何で治安問題に責任があるのか。しかも大学生というのは保護を要する未成年じゃなくて、成年ですからね。私の知ったこっちゃないとひと言いえばいい。

山本 しかし、それをいったら大変なことになる(笑)。

小室 後で論じますが、戦前において、帝国陸軍軍人が、軍人の責任ということ――軍人の規律ということを全然わかっていなかったのと同じに現在の大学の学長も、民主主義の初歩の、またその入門が全然わかっていない。こういう構成(コンストラクション)になっています。

日本人の自由感覚

自由を阻害するもの

山本 そこでなぜ、こういう無原則状態になるのかというと、日本人の持ってる自由という概念の内容が何かということになるわけでしょう。まず、自由とは何かと。これは大変に面白い問題で、日本語にも自由という言葉が徳川時代にあるんです。これは石門心学にもあるし、鈴木正三にもあるんです。まず、「商人なければ自由なし」というまことに面白い定義が鈴木正三に出てくるんです。これは需要と供給との間をちゃんとつないで、不自由を感じさせないのが商人の任務である。だから「商人なくして世界の自由、成るべからず」という……確かに日本人にとって、こういう自由という概念はあるんです。いわば、不自由の解消です。戦後、「自由になりましたね」というのは、どこへ行ってもものが買えるようになったということで、こういう自由という意識は、確かに一六四〇年ごろからあるんでして、この場合は俗にいう「不自由しない」という概念ですね。これから見ていけば、逆に日本人の持っている自由とは何であるか、わかるんです。「不自由でお困りでしょう」というのは、つまりそういったことがちゃんとしていない。だから商人の社会的任務は何かというのを、正三は人々を自由にすることに置いてるわけで、そこで「商人なくして世界の自由、成るべからず」、商人とは「国中の自由をなさしむべき役人に、天道よりあたえたもう所也」といっているわけです。これが徳川時代の初めに出てくる自由の一つの定義ですね。

もう一つ出てくるのは石門心学の終わりのほうになるんですが、布施松翁という人も、どうすれば人間は自由になるかを論じている。彼は自然とは全部「からくり」であるという機械論的宇宙論を展開する。この「からくり」とはメカニズムと訳していいのかどうか、ちょっとわからないんですけど、宇宙は全部「からくり」で、太陽が回ってるのは大「からくり」。水が高いほうから低いほうへ流れるのも「からくり」。琵琶湖という天然の貯水槽をつくってくれたのも「からくり」。そういう「からくり」の中で人間は生きているんだ。だから、この「からくり」にそのまま身をゆだねて、少しも抵抗を感じない状態になってるのが人間にとっての自由であると。今の日本にとっても、おそらく社会組織まで「からくり」なんです。だから、こういう「からくり」にそのまま身をゆだねて、抵抗しちゃいけない。抵抗してギクシャクすることが人間にとっての不自由なんだ。そのまま身をゆだねて、何にも抵抗を感じない心理状態になるのが、すなわち自由なんですよ。これが大体、自由という言葉の徳川時代における世俗的用例でしょう。全部調べたわけじゃないんですが、大体見ていくと、これが町人的、農民的自由なんです。

これと関連してもう一つ出てくるのが、心理的にどういう状態になったら人間は自由という気持ちになれるかということなんですが、真宗の『妙好人伝（みょうこうにんでん）』にもそれが出てくるんです。すなわち、ギクシャクするのが不自由なんでして、たとえば財布を取られた場合、そういう状態にありながら、なお、非常に自由な気持ちでいられるにはどうしたら可能なのか。先世の因果だと考えよ、先世に自分は財布を取ったんだから、これは現世にお返ししたにすぎない。こう考えて、心理的に解決してしまうと、少しもそのことに抵抗しようという状態にならない。訴えて取り戻そうなんていうのは、はなはだ不自由なんでしてね、これは。そうじゃなくて、社会的問題であれ、何であれ、全部自分の心理的な問題として、自己の内心で解決してしまう。これが非常に自由な状態にあるという意識。

つまり日本人の考えてる自由、戦後、急に自由になったという意識は、まず心理的拘束を感じなくなり、次に経済成長時代が来てさらに経済的拘束を感じなくて自由になった、つまり、ものに不自由しなくなった。この不自由しなくなったと感じうる状態がすなわち、あらゆる意味で自由なんです。それが日本人のいう自由なんであって、それを阻害するものは全部いけない。ですから自由のために、「自由か死か」なんていうのは、とんでもないことになるんです（笑）。日本人にとってはこれは語義矛盾なんです。

リバティーとフリーダム

小室　それに対して、西欧における自由というのは、まったく反対の概念（コンセプト）なんですね。つまり自由という場合に、リバティーというのとフリーダムと二つあるでしょう。語源的にはだいぶ違うんですね。

山本　違いますね。リバティーというのはリベルティオで解放免除、それから解放奴隷という意味もあります。

小室　フリーダムのほうは何とかかんとかをする権利という意味。ですから語源的には違いますけれども、西欧の感覚からいったら、同じことに収束しつつある。

山本　ううん……。フリーというのは「ただ」という意味がありますね。「ただ」なんですね、あれは。払わないでいいんですわ。払わない権利みたいなものがある。

小室　そうだと思うんです。たとえば面白い例は、近世初頭に、特許を受けた会社があるんで、一番典型的なのは東インド会社です。そこにフリーマンというのがいまして、その場合のフリーマンというのは東インドに行って貿易をする権利がある人という意味でしょう。ですからフリーというのは、そもそも何とかかんとかをする権利という意味だった。たとえば法的自由といいますと、訴訟を起こす権利……。

山本　そうなんです。訴訟を起こす権利というのは、非常に大きな権利でしてね、ローマ時代でも「市民権」すなわちローマ市民の一番大きな特権というのはカエサル上訴権を持っているということです。これがあるかないかというのは大変なことなんですね。

小室　なかったら奴隷なんですよ。

山本　それが日本では大変面白いんでして、「イタイイタイ病裁判」のとき、上訴権を放棄しろという論調が新聞に出てくるんです。会社は控訴するなと。三審を受ける権利というのは、日本じゃ大新聞がいとも簡単に否定し、その結果簡単に失っちゃうんです。できなくなるんですね。

小室　これは驚くべきことですね。たとえデモクラシーじゃなくて、専制国家であろうとも、裁判を受ける権利というのは絶対失われない。なんとなれば、裁判を起こす権利がないということは、彼が自由民でなくて奴隷であるということでしょう。ですから、そのような論調は「三井金属は奴隷になれ」ということになるでしょう。日本の法人に奴隷になれといって、何のデモクラシーぞや。

山本　まさにそうです。それから自由というものの一番基本的なものは経済的自由つまり企業を興す自由だと。契約をする権利ですね。奴隷には契約の権利ないんです。奴隷というのは誰とも契約できないんです。これは家畜と同じですから、家畜が契約できないのと同じでしょう。ですからローマ時代の奴隷解放の手続きというのは大変面白いんで、おまえを今日から解放してやるといっても解放できないんですよ。デルフォイの奴隷解放碑文というのが残っておりますけど、まずアポロなどの神殿にお金をデポジット（供託する）するんです。次にアポロ神に奴隷を売りまして、デポジットしたお金を受けとる。この間に神さまとの間に売買契約も登記もちゃんと取ったあと、やっと自由になるわけです。そうするとそのときからその奴隷はアポロの奴隷でしょ。人間の奴隷じゃなくなるわけですね。こういう手続きをちゃんととるんです。ですから「神によってあがなわれた」という聖書の言葉はそういう社会から出てくる言葉なんですね。神さまは無償で自分を解放してくれたんだ、だから自分は自由なんだと。しかしこれを日本語に訳すと、何の意味も通じなくなっちゃうんです。「あがない」とか、「贖罪（しょくざい）」とかいったって、何をいってるのかと……。つまり、当時、神によってあがなわれた人間はいっぱいいるんです。アポロが買ってくれたから、おれは自由なんだ、この発想が基本にあるんです。

契約の対象としての自由

小室　日本の場合ですと、おまえ、もう解放してやると。明日からもう普通の家来として任命してやると主人がひと言いったら、明日からそうなっちゃうんです。だからいにしえの下僕にしても奴隷じゃなくて、法的にはすべて自由人。ただ非常に悲惨な状態に置かれたというだけなんです。輸送船に積みこまれた兵隊は馬よりも悲惨な状態にあっても決して奴隷ではありませんものね。問題はその根本にある「契約」ということです。これによって、人は自由人にもなり奴隷にもなる。

ところが、さあ、日本人というのは契約の対象なのかどうかということになるんですよね。契約の考え方がないですからね。だから、純粋論理的にいえば、日本人はすべて自由人でもなければ奴隷でもない。だから逆に、自由人であると同時に奴隷であるといってもいいわけです。

山本 奴隷は売買の対象、自由人は契約の対象といった判然たる区別がないですから、どっちともいえるんです。たとえば雇用契約さえはっきりない。いや、これがねえ、私は戦後、一番驚いたのは、アメリカ資本の百科事典販売会社が日本へ進出してきたころのことなんです。当時、日本の出版社には資力がないから、今みたいに月賦販売も何もできない時分でしょ。それがものすごく長期販売をやってるらしい。どうもその契約のフォームがおかしいんで、公正取引違反ではないか、というわけで出版界のお偉方から、おまえ、ちょっともぐって調べてこないかということになったんです。

行ったら、まず、驚いたことに誰でも働ける。国籍を問わない。日本人、韓国人、中国人、アメリカ人とさまざまな人がいて身元保証人も要らない。ただし契約書がある。これにサインしたら、明日から来てよろしい。契約書の中身は、大体日本人は読まないでサインします。その契約書の写しというのを、一枚こっちへくれる。一枚は向こう。もう一枚は何かと思って探ってみると、それをシカゴの保険会社に送り自動的に保険をかけてしまうわけです。何か悪いことをして会社に損害をかけたとき、自動的に損害保険がおりるようになっている。つまり、社員というのは会社に損害を与えうるものであるから、こういう契約でこの社員を雇っておりますというのを、そのまま保険会社に送ると、その社員が変なことをした場合には保険がおりるんです。だから身元調べも保証人も、何にも要らない。全部それが組織的なんです。もし日本でそんなことをやったら大変だ。なんてみずくさい会社だ、おれを信用しないのかということになる。

小室　つまり契約というものは、破ったか破らないかということが一義的にわからないといけません し、それから破った場合に、ではどうするかという最終的な結論が出ないと困るわけ。

山本　ところが日本では会社に迷惑かけたといったって……。迷惑の定義がないですものね。

小室　日本の契約書を見ると、よく、「この契約に定める事項について疑義を生じたときは、双方誠意をもって協議に入る」なんてありますが、なんの内容もない（笑）。

しかし、本当は自由というのは、そもそも契約を前提とした概念（コンセプト）なんですね。

山本　そうなんですよ。だから契約の対象にならない人間は自由人じゃないんです。結婚の場合でもそうです。ユダヤ教徒でも、イスラム教徒でも、離婚した場合にどうするかということがちゃんと契約に入っています。日本でももしも高砂や～のところで、離婚した場合、どうするか、ちゃんと本日、契約書を交わして書きなさいといったら、塩まかれるか、叩き出されるかですね。なんて野郎だということになる（笑）。

政治的自由と市民権

小室　政治的自由というのも、日本人にはまったくわからない。普通の人は学生運動ができることぐらいを、政治的自由というふうに思っている。勝手にデモやっていいだとか、総理大臣の悪口いっていいだとか、そういうものを政治的自由だと解釈している。

山本　ええ。政治的自由とは参政権を意味しており、その基本は選挙にあることがわからない。つまり、決断を下すのが国民であるということが自由の基本ですよね。そうでなきゃ国民主権じゃないですもの。

小室　ですからね、八〇年代直前の一九七九年の総選挙なんてね、あれは選挙でもなければ何でもない。だって、自民党は、一般消費税をやるようでもあり、やらないようでもありでしょう。大平首相はやるといい、代議士はみな反対した。その場合に自民党のとるべき態度は二つしかないのです。総裁に反対するそんな党員は全部除名するか、総裁をリコールして別な総裁を出すか、そうしなかったら選挙に臨めない。

山本　だから国民としては、プランを出さないで決断しろといわれているようなもの。

小室　各政党は公約という形で明確なプランを出す。これに基づいて国民が選挙における投票という決定を下す。これが国民主権の発動でしょう。だから、公約をしたようでもあり、しないようでもあるというのでは国民は決定の下しようがない。このような状態に国民をおとしいれることは、国民主権の否定にほかならない。それに対して、誰も何ともいわない。そういうことを指摘したのは私だけでしたが、何の反響もない。要するにデモクラシーどころか、憲法が蹂躙（じゅうりん）されたということです。これに対し護憲運動も起きない。日本は立憲国家ですらないということです。八〇年の総選挙となるともっとひどい。同じ自民党から大平、福田と二人も首相候補が出るなんて立憲政治がありますか。この時点で、自民党は二つに割れていないといけない。ついに大平内閣は不信任案を可決されて解散に追い込まれて、その結果自民党は「圧勝」したのでしたが、これを圧勝と呼んでいいかどうか。不信任の主体は一体誰なんです。本会議を欠席した反主流派も主体の一部分だといわなければなりません。国民は大平内閣に率いられた自民党を信任するのかしないのか。この一番大事な決定主権（デスイジョン・メーキング）の発動ができない形で「総選挙」が行われたのです。

山本　政治的にいろいろ拘束されて不自由を感じるのはいやだ、それがなるべくないほうがいいと。よくにらんで、なるべくそれをしそうもないほうに投票しときゃいいと、こういうことになるわけですな。

小室　そういう意味ではどんなに自由でも、政治的自由がないということはあり得るわけでしてね。

山本　あり得ます、あり得ます、いくらでもあるわけですよ。

小室　オーストリア・ハンガリー帝国なんかの場合には、ずいぶん長い間、参政権持たない人がいた。ところが社会的にいうと、あれほど自由な社会はなかったということをシュテファン・ツワィクが書いている。十九世紀のアメリカ婦人にも政治的自由はなかったといわれるのも、この意味です。

山本　ところが、アメリカへ行って、日系市民協会で、市民権をとるために、本当に苦闘した人たちの話を聞くと、アメリカにおける自由とは、こういう概念なのかということがつくづくわかります。これ持ってない限り、どうにもできないんだという感じが、悲壮なくらいはっきり出てくるんです。日本にいると市民権なんて、何でこんなに必要なのかいなと思うわけですね。こっちに市民権という意識がないから。政治的権利という意識がそもそもないでしょう。

小室　ですから、それを見た日本人はこういうふうに感じるわけですよ。日本においては「外人」は差別されているでしょう。それについて日本人が反論していうに、われわれの移民がアメリカに行っても大変差別されるんだと。アメリカだってやってるじゃないか、同じことだと。ところが意味はまったく違いましてね、アメリカの場合なかなか市民権はくれない。しかしひとたび市民権を取ったら、まったく平等になる。いかなる差別もない。ところが日本の社会でなんぼ市民権とっても「外人」だったら絶対だめでしょ。ものすごく差別される。まず就職で差別される。役人だとか、一流会社だとか、大学なんかには、まず就職できない。とんでもない差別です。

山本　たとえば日本の市民権を持ってる白人が、国家公務員になれたら、これはなかなか立派なことです。彼らにとっちゃ、当たり前ですけど。

小室　アメリカでいえば、大統領になることだけは制限はあるけど、それ以外の大概の者になれる。帰化したての人が、明日からキッシンジャーのように国務長官になったっていいわけ。

政治的拘束と宗教の自由

山本　というように自由の問題は、経済的自由、それから政治的自由としてあったわけですね。次に宗教的自由というのを、簡単にいうと、個人の宗教的な問題に政治は関係ないということでしょう。でも、これはヨーロッパの政教分離というのをよく読んでいくと、むしろ「教会が政治にタッチするな」なんですね。日本だとこれ逆になりましてね、「政府は宗教にタッチするな」になる。同時に、政治家というものは無宗教じゃなくちゃいけないという原則が出てくる。これでは逆な意味で自由じゃなくなるんです。宗教的な場へ行って、いいのか悪いのかというと、はなはだわからないですからね。

小室　つまり宗教的自由というのは、一神教における契約という考え方があって、初めて具体的内容を持つわけでしょ。だから違う神との契約を結んだ者は許すべからざる者である。ただちにぶち殺して当然だとなる。また、同じ神と契約を結んだ者でも、契約の解釈が違った場合も同様である。だから異教、異端というのは自由に殺していい。

山本　だからそういうものと契約を結んだり、そういうものと仲良くなったりするのは、本来的にはスキャンダルなんですね。

小室　これが実は、宗教的自由ということの前提になる考え方でしょう。このことがよく理解されていないと、宗教の自由などわかりようがないのです。この意味で、日本人の精神構造は宗教的自由がわからないようにできている。たとえばヨシュア記。日本人はあまり読んでいないようですし、日本のキリスト教徒は、こんなものが聖書の中にあることを隠したがりますが、これほど一神との契約を理解するのに適当な文献も少ない。ヨシュアの指揮でカナンに侵入したイスラエル人は、そこに住みついていた異教徒をやたらに殺すわけだ。そうしないと神に罰せられてしまう。で、皆殺し（ジェノサイド）に次ぐ皆殺し。ナチスも三舎を避（さ）ける（相手を恐れてしりごみすること）ほどです。

これが宗教というものの本来の姿なのですが、この前提のうえに、それでも異教、異端を許そうという寛容の精神が出てくる。これが、近代国家における宗教の自由でしょう。そこが近代国家のものすごい緊張（シュパヌンク）のある点でして、すなわち内面と外面を峻別（しゅんべつ）して内面は問わない。内面はおまえ、悪魔であってもよろしいと。しかし外面的なものだけ、つまりフォーマルな国家秩序さえ守れば、その限りにおいては何らわけへだてなくつきあいしましょうと、それが宗教的自由の内容なんです。

山本　ええ、大平首相が靖国神社に参拝するかしないかは、大平さんの宗教の問題であって、これは政治的拘束とは関係ない。だからクリスチャンが神社に参拝しちゃいけないというのは、キリスト教の教義から論じなくちゃいけないはずの問題であって、教義的にはっきり証明をして、おまえはキリスト教徒として、そういうことをすべきではないという議論がちゃんとあるのかというと、ないんですよ。

小室　問題は、誰がそういうことをいう権利があるかといいますとね、大平さんが属している教派だけが、それをいう権利がある。ほかの人は大平がどんなに宗教的に矛盾したって、わしは知らんで済む。ところが勝手なことを、関係のないジャーナリズムがいう。あれこそ変なんです。

山本　関係ないですものね。教義はそれを信奉していない者には無関係ですからね。それに干渉すれば宗教的自由の侵害になってきますよ。

オスマン・トルコ式奴隷制

小室　ですからね、そのような宗教的自由と社会的自由というのは、密接な連関がありまして、社会的自由というのは簡単にいえば、公権力はプライバシーに入ってくるなということです。つまり、内面と外面を峻別して、外面においては絶対、責任をとるが、内面においては他人に対して責任をとらないと。その人だけの責任であって、他人との関係においては、一切責任を問われるいわれはない。これは宗教的自由の裏返しでして、そういう意味での社会的自由というのは、近代デモクラシーの不可欠の前提なんですよ。しかし、ここが日本人にはわからない。

山本　だから日本人はソ連における自由、サハロフだとか、ソルジェニーツィンが何であんなこと大問題にしているのか、わかんないですよ。だって、彼らは忠良なソ連の愛国者であり、共産主義の現政府を転覆しようとしているわけではない。ソルジェニーツィンなんて、独ソ戦争のときには勇敢に戦っています、砲兵中隊長で。

小室　それからサハロフはソ連のために水爆までつくったわけでしょう。ですから彼らは、私はソ連の市民として義務は尽くしますとはいう。しかし、いかなる政治的権力も私の内面に入って来てもらっては困ると、そこだけをビシッとはねのけてるわけです。

山本　これはもうソルジェニーツィンにはっきり出てきます。日本だと、これがわからない。あの人たちはソ連政府打倒のための何かをやろうといってるんじゃない。外面的には当然に従う、しかし自己の内面には絶対立ち入るなということでしょう。

小室　日本人にはわかりませんね、戦前も、今も。たとえば戦前ね、「私は天皇の命令には絶対服従します」と。しかし「天皇は大きらいで、名前聞いただけで身の毛がよだつ」なんていったら大変なことですよ。戦後もそれとまったく同じわけで、たとえば会社につとめたときに、社長のところへ行って、「社長さん、社長さん、おれは、あなた大きらいだ」と。しかし「いかなる命令でも忠実に果たしますから使ってくれ」と、まさかそこまでいう人はないでしょうけど、というようなことが、もしも態度だとか、なにかの節々でわかったら、絶対だめ。

山本　劇団四季の浅利慶太さんの話で、面白いと思ったのは、たとえば、ある会社のある課がいつも観に来てくれる。いいお得意なわけです。ところがあるときからパッと来なくなった。課長が代わって次の課長はプロ野球が大好きだ。そうなるともう次の瞬間、誰も来ないわけ。

小室　戦前と同じ精神。ところがアメリカではこういう話があるんですよ。ジョンソン大統領というのは非常に専制的なパーソナリティで知られたでしょう。その補佐官は年齢が三十ぐらいで親子くらいの歳だけど、すごくかわいがっていた。それでジョンソンがあるとき、「おまえの働きはすばらしい、感謝のために次の日曜日に、うちの晩餐会に招待したい」といった。そのとき、その補佐官がいうには、「次の日曜日は娘との約束がありますから」と、パッと断った。ジョンソンは、じゃ、しかたがないといってその話はそれっきり。

日本で社長がお気に入りの秘書に「おまえ、次の日曜日一緒につりに行こうか」といってね、「いや、うちの娘と動物園に行きますからいやです」なんていったら、どうですか。まず絶対にいえません。

山本　オスマン・トルコ式奴隷制だな、これは。

小室　そうですね、奴隷の主人に対する言葉は、「聞いたことは従うことでございます」というんでしょう。奴隷が主人の命令を聞いた以上、それがいかなることであれ、正当性を問うことは許されない。これに対し自由人は、合法的な命令にだけ従えばよい。絶対服従といっても、合法的な命令だけに限定される。これを裏からいえば、非合法的制約以外のことなら何やってもよいということです。それがなければ近代デモクラシーというのはあり得ない。しかし、日本には初めからそれがありませんからね、社会的自由といえば、勝手気ままに生きることぐらいにしか考えない。社会的自由といえば、女の子と自由に遊べるということとか、お酒をいくら飲んであばれても誰にも文句いわれないとか、そんな連想しかない。その意味だったら現在の日本というのは非常に自由ですよ、世界にも例がないくらい。ところが本来の意味の社会的自由があるかといえば、それはまったくないといってもいいんじゃないでしょうか。個人において、内と外とが峻別されていないだけじゃない。個人は集団から析出されていない。たとえば、日本での犯罪のとらえ方一つ見ても個人が確立されていない前近代社会の様相を呈するのではないでしょうか。

罪は九族にとどまらず

山本　罪九族に及ぶような空気ですな。これは旧約聖書だと「エレミヤ」で否定されるんです。父がすっぱいぶどうを食べても子の歯は浮かないと。父がどんなことをやっても、子は関係がない。これが「エレミヤ」「エゼキエル」で確立する。紀元前七世紀のことです。だが日本ではたとえば、丸紅があいうことをやるでしょう。すると守衛さんにまで罪が及ぶんです。丸紅社員の子どもが小学校で排撃される。排撃されて当然だというような投書が新聞に出るわけです。すなわち、その責任というのは誰か個人にあるのではなくて、丸紅族全部にあるんです。

小室　罪九族に及ぶと、いうのは中国の原理ですよね。つまり、中国の場合には、重罪は本人だけではなく、彼が属している宗族（基本的な父系集団）にも及ぶ、という意味。ここで重要なのは、宗族は血縁集団であって機能集団ではない、ということ。つまり、罪は九族つまり宗族には及んでも、本来別に彼が属する機能集団にまで及ぶわけではないということです。ところが、日本の場合、それとも違うんで、家族や宗族に及ぶだけでなしに、機能集団にまで及ぶ。彼が属する会社などにまで及ぶでしょう。つまり、日本人における責任というのは、いってみたならば一つの汚れである。「罪は汚れた布のごとし（A guilt is filthy rag）」みたいなもので、それに触れるものがみな汚れるという考え方なんです。

山本　そうなんですね。九族という明確な限定があるわけでもない。

小室　だから極端な場合には、ちょっとつきあいを持ったら友だちまで汚れる。たとえば児玉誉士夫が悪くいわれているときに、衆議院で、なんとか大臣は児玉と昔親交があったんじゃないかとか追及を受けると必死に否定する。それからNHK会長が田中角栄を訪ねていったというだけで首になるでしょう。なんでね、個人的に訪ねていって悪いのか。

山本　角栄の汚れが伝染した、だからやめろと（笑）。

小室　あんな変な話ないですよ。つまり、こういうもののあるところに近代的自由はないですよ、うさんくさいやつに近づいちゃいけないんです。

山本　東条英機（とうじょうひでき）の娘さんの一人がアメリカ人と結婚したときに、よくぞ東条の娘と結婚したというのがなんかに出ていましたね。アメリカ人にとっちゃ、関係ないことでしょ。日本人にとっては、あの汚れが移ってるはずの娘となんでアメリカ人が結婚したんだろうと、こういうことになるわけですね。

小室　だから、これは罪九族に及ぶという考え方とも実は違うんですよ、表現は大変似てますけれどもね。中国でもそういうことはありませんよ。「九族に及ぶ」んなら九族にだけ及べばいいので、それとちょっとつきあった人なんていうのは関係ないですよ、共同謀議でもしない限り。

日本にはそういう意味で、戦前も戦後も、いかなる意味の自由もなかった。正確にいうと、日本的な自由の考え方と、それから西洋の自由の考え方というのはまったく違う。したがって、そうした自由の上に立つ民主主義というものが、いかに違うものか。こういう誤解のうえでは権利という考え方も、日本では絶対に入ってきません。一番いい例が、老人が若い者を非難してね、「この頃の若い者は権利ばっかり主張して義務をぜんぜん行わない」と。これこそ奇妙なことで、正しい意味では権利というのは主張できるから権利なんですね。主張できない権利なんて、そもそも論理矛盾。

山本　契約と同じで、契約というのは必ず主張できるんですね。

小室　だから「今の若い者は、本来、権利でないものを、あたかも権利のごとく錯覚する」というんだったらお説教になるけど、権利を主張すること自体を非難するのは、意味ない。それにもっと重要なことは近代社会というのは、要するに権利のシステムであって、権利のシステムの上にデモクラシーができるわけです。だから権利を理解しなければデモクラシーもへちまもないわけです。これが大変重要なことです。

つまり多数決であろうが何であろうが、権利というのは絶対侵せない。むしろ逆に、すべての国民が多数決決定に参加する権利があるというのが前提にあって、初めて多数決というのは意味を持ってくるんです。ですから冒頭にあげた、生徒を「多数決」でストリップにしてしまった先生の話などはそうしたことを一切抜きにしてのことですから、ここにきますと、そもそも民主主義の基本的前提の蹂躙（じゅうりん）ですね。

言霊（ことだま）と「言論の自由」

「魔術の園」の言葉

山本　いや、それは「言論の自由」の問題についてもいえるんではないでしょうか。まず、言論の自由という言葉の定義ですが、どういうときに言論の自由が絶対に成立しないかという、そっちから始めていくと逆に面白いんじゃないかと思います。非常に古い時代までさかのぼると、言葉に呪術（じゅじゅつ）的要素を認めると、言論は自由じゃなくなります。これは旧約聖書の「アモス書」に出てきます。アモスが王を批判すると、アマジャという祭司が、アモスが反乱を起こしましたとご注進に行く。今見るとこれは讒言みたいに見えるんですが、そうじゃなくて、預言者がそういうことをいった場合には、すぐそうなる。こういう呪術的要素を言葉に認めると、言論の自由はできてこない。

ところが日本の場合は非常におかしなことに呪術的要素をみんなどこかで認めている。戦争中に敗戦主義者という言葉があったんですね。日本が敗けるんじゃないかというと、「そういうことを言うやつがいるから敗けるんだ、縁起でもない」と。これも入るわけですね。

小室　一種の言霊の信仰。

山本　ええ、これがまだ完全に抜けてないわけで、これが抜けない限り、まず言論の自由はない。この前提があっては無理です。

小室　そうですね。今でも、平和論者というのはまさにそうでしょう。戦争なんてことをいうから戦争が起きる、憲法についても、憲法改正なんていうから憲法が維持できない。

山本　だから、いってはいけない、議論してはならないということが、いっぱいできて来ざるを得ないんです。これはもう戦前、戦後も変わりません。

小室　そういうことをすべきだということと、そういうことが現にあるということが、まったく無媒介的に混同される。だから、何かが好ましくないという空気が出てくると、たちまちそれがタブーになってしまう。たとえば差別があるということをいってはいけない。いわんや、現在日本の倫理は差別規範である、なんていったらとんでもないことです。

山本　ああ、とんでもないことです。現にそうであっても、そうであるといってはいけない。というのは、おそらく、そういったらそうなるという意識なんでしょうね。そうすると、あっていけないものは、日本じゃ、全部指摘しちゃいけない。

小室　一種の念力主義ですね。ですから公害問題にしろ、平和問題にしろ……たとえば、平和を愛するとは、戦争のことを一切いわない、日本の周囲における脅威というものに絶対言及しないことになる。これが平和主義の内容になってしまう。しかし、西洋的な意味で言論の自由のまず第一は言葉の魔術的意味を切断するということ……。

山本　ええ、まずこれが一番基本になるんです。

小室　ですから、アメリカの場合ですとアメリカにとっていかに不利なことをいっても、そのこととアメリカに対する忠誠宣誓とはまったく別です。たとえば戦争中、アメリカ人記者がアメリカ大敗の事実を驚くほどあばいていますが、かといってアメリカに対する忠誠がないということになりません。また『ルーツ』だとかその他の出版物において、実際に奴隷牧場があったとか、そういうことを後から後からあばくわけでしょう、同じアメリカ人が。しかし、そういうことをもって民主主義に対する脅威だとは思わない。実際にそういうことがあったということと、それがアメリカの理想であるということとは、まったく別ですから。それであればこそ、アメリカというのは、アメリカ民主主義の恥部をどんなにもあばき得るんですわ。それはアメリカは自信があるんだとか、寛容だとかということじゃ説明になりませんね。言葉が魔術の園から解放されている、ということなのですよ。日本にはそれがない。

言葉と人格の分離がない

山本　ところが今の日本では、たとえば、中国と仲良くしよう、だから中国にとって悪いことは一切いっちゃいけない。ほとんどのマスコミがこぞってそうでした。これは誰も命じたわけではないのにそうなってくるんです。

　第二に論争してはならない。これは日本における一つの原則です。絶対にしてはいけないんであって、相手の人格を無視したときにのみやっていい。それ以外は日本では一切やっちゃいけないんです。

小室　ですから、これも言霊（ことだま）の信仰の系（コロラリー）（それから直ちに導出される結果）だと思いますが、言葉とそれをいった人の人格が分離してないんです。

山本　これが、イスラエルなんか行ってみると全然違う。大学院生ぐらいのが学会で、長老学者を堂々と批判するんです。これがまたすごい。世界的な聖書考古学者を前にして彼の年代決定はこのように間違ってるといって、スライドを掲げて論証する。そこへ長老学者がやって来て、間違ってないといって壇上でものすごい議論になるんです。これは彼らの社会にとって当たり前のことなんです。だから、やられたからといって、彼らが学者としての地位を失うわけでもなんでもない。と同時にその学生がそれによって学界から村八分になるわけでもない。また社会的にまずい状態になるわけでもない。

あれを日本でやったらどうなるだろうか、という問題になりますね。

小室　いや、大変なことになりますよ。日本の場合ですと学生にとってみれば、これは一種の反乱(リボルト)でしょう。他方、教授にしてみれば、あんな若僧にやられて、なんて人徳がないと。結局、けんか両成敗。

山本　これじゃ議論はできないですよ。議論する場合は、少なくともその議論の場においては両者対等でなくちゃできない。同時にそれによって誰も人格的に傷つくわけではないという原則が確立されていなくちゃできない。これは当たり前のことでしょうね。

小室　アングロサクソンなんかでは相手の人格に対する言葉と、単なる情報に関する言葉と厳重に分けられている。たとえば同じようなことをいっても、相手に対して「おまえは嘘つきだ(ユー・アー・アー・ライアー)」といえば決闘になる。「お前のいったことは事実と違う(ホワット・ユー・ハブ・セイド・イズ・ノット・イグザクト)」といえばなんでもない。向こうは単に反論すりゃいいわけですから。

さらに手近な例では、赤軍派のハイジャック事件のときに、いろんな議論がありましたけど、一つ日本のジャーナリズムで出なかったというのは、人質は殺されてもやむを得ないという議論です。こういうことでもって、ハイジャッカーをつけあがらせれば、これが前例となって、日本の飛行機はいっそう狙(ねら)われるであろう。それを予防するためには、人質が殺されてもやむを得ないと。そういう議論は欧米だったらやたらにあるし、そういう議論と、何がなんでも人質を助けなきゃならんという両極論の間に、千差万別の可能性(ヴァリエーション)があり得る。

山本　そうですね。

小室　ところが日本の場合、人質は殺されてもやむを得ないなんていったら、その家族から親のかたきのごとく恨まれる。ジャーナリズムでもそんなことといったら袋だたきです。したがって、そういう発言なんてあり得ないんですね。

山本　言葉と人格の分離がないですから。それと言霊の信仰がありますから、人質が殺されてもやむを得ないなんていうと、なんとなしに殺されるような気になってしまう。イタイイタイ病などの公害裁判のときもまさにそうでしょう。果たしてイタイイタイ病がカドミウムによるものか否かを、徹底的に論ずるということができなくなる。今になってやっと、あれはカドミウムじゃないんだというのが出てくるんです。あの当時には絶対いえない。

小室　カドミウムでないということは、つまり患者にとって不利になる。患者に不利になることは、憎むべき公害を出したものに加担することであると。

山本　そうなんです。もう、はっきりそうなりますよ。原子力発電問題、むつ問題、防衛問題、憲法問題……もう数え上げれば切りがありません。

小室　つまり言葉とその言葉が持つところの社会的機能というのもまったく分化されていない。この点、戦前の場合ともまったく同じでしてね。軍国主義者というのが日本にもしいたとするならば、軍国主義者の目的というのは戦争に勝つことです。戦争に勝つためには、敗戦になるような条件を全部消去していくことが勝つことにほかならないわけでしょう。だから軍国主義者であればあるほど、衆知を集めて、敗戦のための諸条件を議論して当然。

山本 そうなんです。しかし、そういうことは、一切やっちゃいけない。皇祖皇宗（こうそこうそう）の神霊、上にありとかなんとかいってね。

小室 だから、その精神構造と、公害に対する態度、それからハイジャックに対する態度は構造的にはまったく同型ですね。

山本 ところが、江戸時代にこういう言霊を、どういう人たちがある程度脱却したかというと、売買に関する限り、町人なんです。

小室 それは面白いですね。

山本 これは、商人にとってはなにしろ儲（もう）けか損、それだけですからね。非常にはっきりしていますから、そこからは脱却していますね。

言論は仮説である

小室 重要なことは、すべての町人がそうであったということよりも、ある町人のあるパターンの行動において、そういう萌芽が見られたということ。それが決定的に重要なことです。日本全国が魔術の園に埋没しているときに、いかにさめた町人といえども、あらゆる意味でそういうさめた行動をするということは不可能です。しかし言霊脱却の端緒的な契機が見えたこと、それが重要なんですね。

もう一つ、言論の自由が成立するためには、言論は科学的でなければならないと思います。科学的であるというのは、現代科学の方法に則（のっと）っているということ、すなわち、自分の所説（オピニオン）は一つの仮説（ハイポセシス）にすぎないことを明確に意識することです。この意識があって初めて議論の積み上げ――弁証法――ということが可能でして、立場が違った人々の間の協同（コーディネーション）が有益なものになり得る。不幸にして、日本人の意識にはこれもない。

山本　いや、もうそれが本当に困ることなんだなあ。仮説を立てて、それを証明しようとする以外に科学って考えられないでしょう。

そうであればこそ、その仮説をめぐって論争する必要があるし、逆に討論の過程で負けることも、勝つこともあるんです。誰も怒る必要ないですよね。

小室　つまり、自分のいうことが仮説にすぎないということは、実は絶対神との契約という考え方の裏返しでしてね。神との契約のみが絶対なんですから、それ以外に絶対的なものはあり得ない。神の言葉以外のものは仮説になります。おれが仮にこう思う、あいつが仮にこう思う。つまり、近代科学は全部仮説です。

山本　これはコペルニクスがそうでしょ。仮説として出しているんです。だから天動説、地動説にしても、出すほうは仮説として出しているんで、その仮説をどこまで証明できるか。コペルニクスは完全な円形で動いていると思っており、さらに冥王星、海王星もわからないんで、コペルニクスの場合は自説を完全に証明できてないから、いろいろな議論が出てきたわけなんです。

小室　しかし、仮に完全に証明されたと仮定しても、その命題が仮説であることには変わりはない。

なんとなれば、現代科学で使用される実証法はすべて不完全帰納法でしょう。だからその人が観察ないしは実験した場合にはみなその通り起こっても、観察しなかったところで別のことが起きてるんじゃないかということはあり得るわけでしょう。だから、本当の科学者であれば、いかなる場合でも、自分の意見が仮説であることを絶対否定しないですね。厳密に証明されたかに見える科学的命題ですらこのありさまです。いわんや、そこまで至らない個人の意見においておや。これを単なる仮説以上のものだと思いこんでいるとしたら、それはずいぶん思い上がった態度です。

山本　それと関連して、面白いのはユーモアのとらえ方なんですが、アングロサクソンのユーモアと、日本の諧謔（かいぎゃく）とは大変に違います。アングロサクソン人というのは、英帝国にせよ、アメリカにせよ、文化を異にし、信仰を異にし、人種を異にする人がたくさんいるでしょう。だから立場を突き詰めていえばお互いに悪魔なんですね。しかし、それじゃ人間関係は成りたち得ない。お前もこういうことをいう、おれもこういうことをいう。しかし、どうせ両方とも仮説にすぎないんじゃないか、そう真剣にならないようにいたしましょうということの宣言（ディクラレーション）なんですよ、アングロサクソン的なジョークというのは。

小室　その意味においてジョークというのは中世におけるジョーカーと同じわけでして、中世の宮廷というのは大変厳粛なものでしょう。ところが絶対に厳粛なものというものは、人間にはあってはならない。だから、見かけはこんなに厳粛なんだけども、被造物がそんなに厳粛であるわけないということを、態度で表明するジョーカーは万能である。トランプのジョーカーがキングやエースよりも上なのはそこから来たんですね。つまり、ジョークというのがそれほど重い意味を持つというのは、言論が仮説であるということの裏返しなんです。だから言論が仮説でなくて、言霊信仰があるところにジョークの入り込む余地はありません。

山本　冗談をいったら侮辱になり、「冗談いうな」といって怒りますからね。だから日本ではユーモアやジョークが論争において入り込む余地がないということは、言論の自由がないということの一つの重大な兆候なんです。

差別用語の絶対化

小室　そこで一番驚いたのは、この前の東京都知事選のときに、ある候補者が差別用語を使ったというわけで、選挙管理委員会で選挙公報を書き直したというんです。しかも学者も、言論人も、評論家も、そのことを何もいわない。つまり、これが「差別用語」であるということは、ある人の判断でしょう。一つの仮説にすぎない。ところが選挙公報を書き直させられるということは、明白な国民の基本的権利の蹂躙です。違法ですらある。それが、全然問題にならないというのは、「差別用語」という単語自体が絶対化している。それこそ言霊の信仰によって、単語が一人歩きしている証拠です。つまり、「差別用語」を使うやつがいるから差別がなされるということになるわけです。たとえば、私が差別反対論者にこう質問をするとします。あなたはいかなる差別に反対するんですかと。そうするとみんな口をそろえて、いかなる場合の、いかなる差別にも絶対反対だと。まったくばかじゃないかと思うんです。いかなる場合の、いかなる差別にも絶対反対するんだといったら、差別撤廃なんかできっこないです。アメリカの場合ですと、差別撤廃の具体的な例として、就職における差別、就学における差別、住居における差別の撤廃だとか、内容を限定するんですよ。そうしなかったら差別撤廃ということは意味ありませんもの。

ところが日本において、いかなる差別にも反対だなんていうものですから、表面において差別という言葉を使ってならないと同時に、差別が地下に潜行してしまって、依然として残存するというようなジレンマが必ず起きる。

山本 この前アメリカへ行ったときに、有色人種地位向上協会を訪ねたんですが、あるものがぜんぶ裁判の記録です。具体的な例をあげてどんどん告訴するわけです。その協会はそのために機能しているようなものであって……。お金の多い黒人がお金を出して、どこにどういう差別があって、どこの判例がどうって、事務所いっぱいに裁判記録。今はもう裁判することがなくなってしまったんで、次の自分たちの目標にどう立ち向かうべきかが問題になっているところなんですね。それまでのあの記録、すごいものですよ。日本にそれだけの差別に関する法廷闘争があったかというと、実はないんですね。

小室 法的にいいますと、明治時代にすでに全部撤廃されている。

山本 ええ、撤廃されているんです。四民平等でしてね。

小室 それにもかかわらず差別がある。なんとなれば差別というのは言霊的にとり上げていますからね。

山本　しかも、事実を事実として指摘することが、結果として最後はどういうことになるのか。その例として、『明治言論史』を見ていると、大変面白いんです。「讒謗律」（一八七五年制定された言論取り締まり法）というのがあるでしょう。官吏を侮辱してはならないという。それから〝民法典論争〟なんて純然たる法律の論争をしているのが、しまいに両方で、ただ悪口いい合う形になるんですね。それこそ讒謗の支配。だから、この頃すでに批判とか反論とかなくなって、単なる悪口の投げ合いになっていくんですよ。それが法律論争で出てくるんだから面白いんです。今でも論争すると、返ってくるのは罵詈讒謗だけなんです。

共同体規制と内部告発

小室　日本人というのは批判と指弾の区別がつかない。ところが、欧米民主主義諸国においては、批判というのは同時に相手を認めることで、批判というのは発展的解消という意味でもある。一番面白い例は、マルクスですね。マルクスっていうのはある意味では、古典経済学をこてんぱんに批判してるわけですよ。ヘーゲルについても「逆立ちした弁証法」などといっています。ところが、シュンペーターがいってるようにマルクスは、リカード理論のえさだけではなくて、針から浮きから釣りざおまで飲み込んでしまったというほど、リカードの理論を継承してます。ヘーゲルに対しても同様です。だからマルクスに反対しながらも、マルクス『資本論』はヘーゲルの最良の解説であるという学者もいるくらいでして。徹底的な批判というのは同時に継承になるわけですね。

山本　これは宗教でも同じで、テリッヒ（ドイツ生まれの神学者）はシュライエルマハーの自然神学を批判してるけれども、読んでると継承してるんじゃないかっていう気がするわけ。そこで言論の自由に基づいて、なんらかの一つの決断に達するということが日本にないとすると、じゃ一体何によってことが決まっていくのかということになりますね。これは〝共同体の規制〟という問題にもなってくるわけで、いわゆる内部告発というのがあり得るかあり得ないかという問題とも関連します。つまり〝言論の自由〟と〝共同体規制〟という問題。

小室　簡単にいえばこういうことだと思うんです。日本では市民社会（シビル・ソサエティ）が成立してない。市民社会（シビル・ソサエティ）っていうのは、一般的規範が支配する社会でしょう。日本では共同体が現存してますから、共同体内の規範と共同体の外の「規範」というのが峻別されてます。だから簡単にいいますと、共同体の中にいる人間だけが人間である。ゆえに、規範はそれらの人々に対してだけ適用されます。共同体の外の人間というのは、獣と同じ。

したがって本来の規範は彼らには適用され得ない。たとえば公害問題なんかそうです。つまり企業がこんなことをすれば公害が出るってことは、経営者も従業員もみんなずーっと前からわかってたんですよ。しかし、彼らにとっては規範が存在するのは共同体内部だけでしょう。だから企業内の人間関係や企業がもうけることは非常に重要だけども、その結果、巡り巡って企業外の民が死のうがくたばろうが知ったことか。まさにその論理なんですよね。

山本　それが大変面白い――というと語弊（ごへい）がありますが、三菱重工の爆破事件のときのこと。たしか外国の新聞記者が書いてるんですが、倒れている人に、知らんぷりしてる場合と駆け寄る場合があるが、駆け寄るのは自分の会社の人間に限っている。その隣がどんなに息たえだえであっても、そっちはみんな知らんぷり。自分の会社の人間が人間なんですよ。ああいうときになると、表にはっきり出てくるんです、それが。

小室　本来、市民社会（シビル・ソサエティ）では、同じ市民として義務は持つけど、過分の負担が要求されるほどの義務ではないわけ。たとえば、レストランに行っても、ソースがまん中にあるでしょう。そうすると、見ず知らずの人に対して「それとって（パス・ミー・オーヴァー）」と一言いえば、十人くらいの手を経てもすぐ来るわけですね、その程度のことは誰でもやってくれる。ヒッチハイクも成立するわけです。

山本　逆にいえば、〝小さな親切運動〟なんかは日本であればこそあり得るんです。

小室　彼らの社会では、一般規範が優先しますから、自分の企業が悪いことをしているというのであれば、内部告発するのがむしろその人の義務で、内部告発しなかったならば、逆に共謀したとして社会から指弾される。

ところが日本では内部告発っていうのは、共同体規範に対する反逆ですから、その共同体は内部告発者を絶対許さないし社会でも許さない。

山本　社会も本心ではそれを許してませんね。そのため国会に出てきて宣誓をしても、共同体規範のほうが先に立ちますから、言論の府においても言論の自由がないわけです。ですから、たとえば、いろんな会社が問題になると、証人が国会に出て宣誓をする。誰も本当のこといわないですよね。もしいえば、なんであんなに本当のことをいっちゃったんだろうと、内部では逆にあきれるわけですよ。驚くってのは、つまりその規範がないっていうことですわ。

市民社会と言論の自由

小室　たとえばアメリカなんかで、誰かと、このことは絶対にいわないって約束するでしょう。ところが、そのあと必ず言葉が続きまして、「宣誓の場合と武力（アームドフォース）でもって威嚇された場合を除いて、このことは誰にもいいません」って約束するんですね。ところが、日本で「誰にもいうな」「ああ、いわない」っていう場合、まったく限定条件つかないでしょ。だから、なんかの拍子にいっちゃっても「ああいう場合だからやむを得ないだろう」と。

山本　そうそう、そうなんです。そこで、共同体外の規範とどういうふうに違うかっていうと、みんなそれは方言を使っていることなんですよ。これは業界紙ってのがあるわけですね、内報屋っていうのがあって、その中だけで通用する論議ってのは実に大胆なことを書いてるわけですよ。しかし、その人間が一たびマスコミにしゃべるときってのは、そういうことは絶対いわないわけです。こっちは標準語の世界みたいなもの。だから「石油が上がった、千載一遇（せんざいいちぐう）の機会である」なんて内部じゃ当たり前で、「今までの赤字が全部解消できてうれしい」と、これ企業のトップとして当たり前でしょう。しかし、外部へ行ったら絶対いわない、きちんと規制できてるんです。このことをうっかり失念すると、社長辞職にまでなるわけです。

小室　この点において、戦後デモクラシーの世の中になっても、人々の行動様式(エトス)は、戦前の行動様式(エトス)とまったく同じですね。市民社会(シビル・ソサエティ)が成立せず、一般規範がありませんから、共同体内部の規範のみが優先されることになる。そのため、共同体内向けの言論と、共同体外向けの言論とが当然違ってくる。その例として面白いのは乃木大将の評価なんていうのは、陸軍の内部、特に高級将校の間ではケチョンケチョンだったそうですね。

山本　ええ。これは陸大の教育では最も愚劣なる作戦の一例としてちゃんと教えていたそうです。外部に対しては軍神なんです。

小室　明治の新聞記者にもそれはありまして、乃木大将っていう人はジャーナリストにはすごく評判が悪かったんだそうですね。乃木大将が切腹したときには、あれは気違いじゃないかとか、ばかじゃないかとかって、ジャーナリスト間の雑談ではさんざんサカナにしていったんだそうです。ジャーナリストの私的な共同体の中の言語はこういう見方が圧倒的に多かったそうです。

　ところが、そのうち一人の若いジャーナリストが、じゃ、明日の新聞はあんなふうに出るんだろうと思って、次の朝の新聞見たら、「軍神・乃木大将」ってバーッと出てるんで、あとでびっくり仰天したと。

山本　だから共同体内では案外、言論の自由はあるんです、ある一定範囲内で。これは京極純一先生のいう〝政界という名の業界〟もそうですね。業界内で通用する言葉は全然違う、誰かがどっかから五億円もらったって、内部では問題にしないが、外部に対していっちゃいけないんですね。だから、言論の自由ってのは成り立たないんですよ、そういう私的なヒソヒソ話以外は。

小室　本来の意味においては市民社会っていうものが成立してないところでは、言論の自由っていうことが初めからナンセンスなんです。たとえばゼネラルモーターズの社長、ウィルソンが、確かアイゼンハワー大統領時代に国務大臣になったとき、彼はゼネラルモーターズの株を持ってたでしょう。それで大問題になって、売れだとかなんとかすったもんだしたときに、彼は「ゼネラルモーターズの利益とアメリカの利益は一致する」ということをいったわけですよ。それは日本だったら、どうでしょう。社長は社内ではいってるでしょうけども、そういう状況でそんなこと、いったら大変なこと。

山本　大変ですよね。国家の利益と一会社の利益が同じだと明言したりすれば。

小室　いっただけで、国務大臣なんてふっ飛んでしまう。

第二章　戦前日本は軍国主義国家ではない

真の軍国主義者とは何か

「百人斬り」競争の意味

山本　では、戦後社会について、前章で論じたような日本人のまったくの誤解があるとすると、それでは戦前社会についてはどうかという問題になってくると思うんです。日本人のほとんど全部が全部、大変化を起こして戦後はそれよりましになったと思っている、その戦前ですね……。

小室　ましになったかどうかは主観の問題で科学の関与するところではありませんが、ここでいえることは、戦前の日本と現在の日本は、見かけ上は大変に違う。何千年分の社会変動がまとめて生起したみたいで、全然別の国になってしまったほど違いますが、その本質においては――つまり構造的には、まったく同じだと私はいいたいのです。

現在は民主主義、戦前は軍国主義というのが常識になっていますが、科学的に分析してみると、戦前の日本に軍国主義者などいません。また、大日本帝国は天皇制国家だといわれていますが、戦前の日本は天皇制国家ではなく、大日本帝国など幻想にすぎないという結果も出てくるんです。そこをこれから論じたいわけですが、まず最初にとり上げる「軍国主義」概念についてはっきりさせておかねばならないのは、それが近代軍隊に関する概念だということです。

つまり、前近代的軍隊に関する概念としては、軍国主義はあり得ない。ところが日本人っていうのは、朝日の本多勝一記者を典型として、歩兵砲小隊長が砲側を離れて「百人斬り」(山本七平著『私の中の日本軍』参照)ができるだとか、大隊副官にもそれができるだとかいう。こういう意識の国民に軍国主義ってことあり得ませんね。

山本　ええ、前近代的な一騎打ちの発想なんですよ。大体戦場において敵の「百人斬り」競争が許されるということを、もしもそれを報じた新聞を読んで当時の日本人が不思議に思わなかったら、それこそまことに不思議なことなんです。これ、組織原理に反しますでしょう。近代軍隊は、こういうことがあり得ないのが原則なんですね。

小室　クロムウェル以来のことですね。

山本　はい、これは絶対あり得ないんであって、指揮系統に基づいて発せられる命令にピシャッと従わなくちゃいけない。これは日本軍においても、その直属上官の命令以外、聞いてはいけないわけで

連載当時から疑問視されていた朝日新聞・本多勝一記者の記事「中国の旅」の「競う二人の少尉」などの見出し

中国の旅

競う二人の少尉

殺到する日本軍

村人狩出し惨殺

すから同じです。これがほんとに理解されないいんですね。戦争中、理解されないだけじゃなくて、戦後もわかってないんですよ。だから「百人斬り」が戦後再び朝日新聞紙上で堂々と事実として再生できる。たとえば師団長が中将で、そばに上等兵がいても必ずしも命令は下せないんです。

小室　直属部下じゃないから。

山本　指揮系統は絶対ですから。その上等兵の直属上官以外は命令できない。

小室　いわんや、いかなる命令もなくて、兵隊が勝手なことができるなんてとんでもない。そこで何人敵を斬ったって、手柄になんかなりっこない。最悪の場合、銃殺ですよ。軽くても、勝手に切腹しろくらいのことでしてね。

　ですから、国民がこういう意識を持ってるってことは戦前の日本が軍国主義じゃない証拠ですよ。

山本　だから、戦時中あの「百人斬り」競争報道を陸軍が見すごしたっていうのも、あんまりばかばかしくって、もう怒る気もしない、批評の限りじゃなかったんですね。ところが戦後には新聞にこの「百人斬り」が軍国主義の証拠として出てくる。何もわかっていない。

小室　というのは、近代軍隊っていうのは任務の束(システム)ですから、任務でもないことを勝手にやって功績になるなんてことあり得ない。近代軍隊でなくても、前近代軍隊でも、組織的に進歩した軍隊はみなそうですよ。戦国末期といえども、抜け駆けの功名なんかは、秀吉だとか信長の軍団でも、まず許されない。

山本　そうそう。これは命令系統の否定になりますからね。

英米が軍国主義の本家

小室　〝軍国主義〟という言葉にしても、日本人がいかに英米両国の宣伝に乗せられてしまったかの証拠でしてね。英語でいうと〝陸軍軍国主義(ミリタリズム)〟もあれば〝海軍軍国主義(ネイビイズム)〟もあるんです。ネイビイズムってのは、強い軍艦を並べて外国をさんざんにいじめること。もっと正確にいうと、それらを自国の利権を拡大するために使うこと。その一番簡単なのが砲艦政策(ガンボード・ポリシー)。これは相手が後進国の場合、これ以外にもあるわけでして、超一流国(スーパーパワー)がヒラ一流国(パワー)をおどしつける海軍軍国主義(ネイビイズム)もあります。英米両国が元祖開山。たとえば、英国はポルトガル帝国をさんざん軍艦で脅しつけてリッツェン条約を厳守させ、その結果、植民地ごとポルトガル帝国を家来にしてしまった。英国なんか十九世紀にずいぶんやりましたね。

山本　アメリカもやりましたよ。あのとき、誰だったかな、大統領が「中南米諸国に対しては、太いこん棒でもって静かにものをいえばいいんだ」といったんです。だから、威嚇は、静かにものをいいながら、砲艦を山のように並べてみせる、すなわち太いこん棒を持って静かにものをいう、これネイビイズムでしょう。

小室　だからアメリカやイギリスこそ、ミリタリズムではないけど一種の軍国主義(ネイビイズム)の本家本元。日本なんか逆立ちしたって足元にも及びません。

山本　興味深いのは軍国主義という言葉すら、戦前にはなかったんです。〝軍国日本〟っていう言葉はありましたが、これは非常にほめた意味なんですわ。

小室　ここで軍国主義っていうのは論理的にまとめておくと、軍事目的のために国家の総力を合理的に組織せよっていうことでしょう。ところがその意味からすると戦前日本に軍国主義者は一人もいませんし、ましてやそれを実践した人は石原莞爾(いしわらかんじ)ぐらいかな。彼が、参謀本部に入ったときに、日本の陸軍力は議論にならないくらい旧式化して弱かった。したがって、近代工業を興して、日本陸軍を近代化することこそわれわれがまず最初になすべきことであるといって、彼はこれができるまで、いかなる軍事行動にも反対したんでしょう。なんといっても陸軍はたった十七個師団しかなかったというじゃありませんか。

山本　そうです。しかも機械化部隊がほとんどないんですよ。まだ、馬で引っぱってるわけで。

1940年に進水した大和の公試運転中の雄姿。日本の最高技術と戦艦史上最大の排水量、46センチ主砲を誇った

小室　その軍馬もできたてのホヤホヤで、あんな大きい馬ができたっていうのは、つい最近だそうですね。明治四十年における第一次帝国国防方針の努力がやっと実ったばかりなのです。

山本　ほんとですよ。でも、あの頃まだいくぶんか日本馬って残ってたんです。いよいよ軍馬がなくなって最後に農民の馬を徴用したんです。いや、驚いた、その貧弱なことね。あんな馬に山砲なんか積んだら、すぐ腰抜かしちゃうんじゃないかっていうような馬しかないわけですね。

小室　だから軍国主義者であれば、たちまち戦慄(せんりつ)して、日本は絶対に戦争するなと口をきわめて主張するはずです。これぞまことの軍国主義者。極端な場合には、バリバリの軍国主義者が降伏主義者になったって不思議じゃないです。戦争やったって敗けるに決まってるから降参しろと。一番、軍国主義を効果的にやったのはアメリカですよ。戦争に勝つために自然科学者及び社会科学者まで全部動員した。今の行動科学の発端がまさにそうですね。物理学者、数学者はいうに及ばず、心理学者、人類学者まで全部動員して……。

山本 ルース・ベネディクトはそこから出てきたわけですね。

小室 これこそ軍国主義の理想的形態。日本でこんなことは夢にも考えられません。大学教授だろうが、世界的医者だろうが、みんな二等兵にして若い軍曹がバンバンぶっとばす。彼らの能力の最適利用なんて考えてもみません。これほど軍国主義とほど遠いことは考えられない。

山本 そうです、そうです。

小室 当時の兵力十七個師団といいますと二十三万人で、今の自衛隊と大して違わない。それで戦争遊技(パワー・ゲーム)を始めたのですから、考えただけで戦慄する。それこそほんとの軍国主義者がいれば、議会で政府を追及する。「日本の軍備ってのは想像もできないほど弱体じゃないのか、これで国防の責任が果たせるのか」と。しかし、そんなことといった人いないんで、その点、英米の議会と違いますねえ。

山本 「忠勇無双なる将兵をもって守っていけばだいじょうぶだ」ということになって、気魄(きはく)の問題になってしまう（笑）。

小室 戦艦大和建造のときにしても、日本はまったく秘密にしてたわけでしょう。ところが、英米は新戦艦を続々と出してくる。そういうとき、国民は大和を知りませんから、まず代議士が気をもんで、「日本の新戦艦はどうなってるんだ」と大騒ぎしなければおかしい。ジャーナリズムも議会でも、そんなこと問題になったこと……。

山本　ひと言もないです。つまり、軍のことに昔はタッチしちゃいけなかったんです。同時に戦後は、軍隊、軍事問題そのものにタッチしちゃいけない。なぜかっていいますと、農民、町人は武士のやることにとやかくいっちゃいけないんです（笑）。

統帥権独立の必要条件

小室　ですから、そういう意識があればこそ、統帥（とうすい）権の独立っていうものは徹底的に誤解されたんですよ。統帥権の独立とは、まず、軍隊を国民から隔離することであると。それからさらに、軍部が勝手なことをしてもよろしいと、そこまで誤解したんだからどうしようもないですね。統帥権の独立ということが意味を持つための第一の必要条件は、政府と軍部との間の密接な協同（コーディネーション）にあるのです。これが、日本には全然なかった。たとえば、戦艦大和や武蔵つくった当時、あれが世界最強なんですね。それであれば、なぜそれを日本の外交当局に教えなかったのか。日本の外交当局がもしも有能であれば、威嚇（ブラフ）にも抑止力にも使いますよ。戦争しないでアメリカやイギリスに日本の要求を聞かせることだってできたはずですね。そうできなかったのは、軍部と政治当局の間に協同（コーディネーション）の契機がなかったことだ。統帥権の独立とはそうならないことですよ。その条件としてただ一点、政治当局者、権力者が作戦のオペレーションの内容に関与するなってことを守ればいい。

山本　まさにそうですね。そうなると大和による「砲撃政策（ガンボード・ポリシー）」もない、すなわち軍国主義もない。

小室　歴史的にいいますと、統帥権の独立とは、ビスマルクとモルトケとウイルヘルム一世の関係から出てきたのです。ビスマルクは鼻っ端が強いから、用兵の内容にまでいちいちくちばし出すんだそうですよ。ところがモルトケは、「おまえは外交の天才かもしれないけど、戦争のほうはおれにまかせとけ」と。一切作戦内容には容喙させなかった。しかしながら、国家的見地に立った大国策、大戦略に関しては、モルトケはビスマルクに絶対服従。たとえば普墺戦争のときなんか、ケーニヒッグレーツに大勝したプロイセン軍は、ウィーンに一撃指呼の間まで行くわけでしょう。ところがビスマルクが「進撃をやめろっ」といったら、モルトケはどんなに不満でも服従するわけだ。日本の軍部だったらどうなりますか。

山本　聞きませんね。天皇がやめろっていってもいうこと聞かないです。日華事変がいい例です。

小室　近代戦っていうのはそういうものじゃなくて、クラウゼヴィッツもいってるように、軍事は政治外交の延長であるという理解から出発します。ゆえに軍部は統帥権が独立していようがなかろうが、総理大臣の命令には絶対服従するというのでなければ意味がないわけです。だから内閣の方針として「戦争やめろ」といったら、ピタッとやめる。ただし統帥権が独立している場合には、総理大臣といえども、軍隊の動かし方の内容に関してはひと言も発言できない。そういう意味なんですよ、本来。

山本　とすると、そういうことがまったくわかっていなかった戦前日本の軍隊をどういうメンタリティが支えていたのかということになるんですが、ヨーロッパの場合は傭兵から始まるでしょう。だから、契約なんですよ。シラーの劇「ワレンシュタイン」なんかに出てくるんだけれども、宣誓だけで秩序ができてて、やる範囲のことってのはあの時代でも決まってるわけですね。しかし、日本には軍務宣誓（サクラメントゥム）という古代ローマ以来の伝統がなかったがゆえに自分たちの総司令官が天皇だと誰も明確に意識してないわけですよね。これがまず第一、大変おかしいんですわ。私の体験からしても師団の編成会議に部隊長代理で出席して編成命令の前後に「御名御璽（ぎょめいぎょじ）」とあったんで、「ええーっ」て思うわけですよ。そんなことあんのか、「ああ、ああ、そうそう、天皇は総司令官だったのか」っていうわけです。だから、戦闘序列の下命ってのは天皇のみの権限であって、作戦要務令のあの条項はこういう意味だったのかと、初めて納得する。陸軍少尉にしてそんなもんなんです。これは軍国主義もなにもあったもんじゃないですよ。

小室　「軍人勅諭」は軍人必須であって、「朕はなんじら軍人の大元帥なるぞ」とはっきり書いてあり、朝晩それ読んでいて、しかもわからん。それが問題です。

山本　それが何を意味しているかがほんとわからないんですね。これはほんとに面白いんです。だから、それからさらに一歩進んだ、内閣と天皇と軍隊との関係はどうあるべきかという問題、つまり前に触れた統帥権の独立なんていう発想が西欧のような形では出てきっこないですよ。

小室　というのは、日本軍隊の組織原理は、きわめて前近代的であったから、軍隊内規範を絶対化しないと、軍隊組織が有効に機能し得ないんですよね。

運動部のシゴキと同じ

山本　その通りです。それで非常に面白いと思ったのは、戦後にアメリカの将校集会所っていうのをのぞいたときです。集会所で兵隊が立ってるわけですよ、ナプキン持って。それがレストランのボーイが立っているのとおんなじ立ち方なんです。これがちょっとショックだったんです。すなわち彼らの社会においては、市民社会における儀礼と軍隊内における儀礼は違わないんです。これは市民社会から出てきた軍隊だから当たり前でしょ。不動の姿勢っていうのは、何も特別なもんじゃないんですね。ところが日本人は、あれやらされるのが非常に苦痛なんです。やっぱりちょっとにこっとしたりちょっとお辞儀をしたり、すぐくずれちゃうんですわ。だから、明治の初めに近代的な軍隊的秩序を完成するってのは大変だったんでしょう。元来、ああいう「組織のみ」みたいなものは日本にないです。農民、町人を召集してきて、近代的な軍隊つくり、向こうのやり方をそのままやるわけでしょう。だから、大変な苦痛だと思うんです。

それから言葉、軍隊語。だいたい方言だけだから長州系の将校と地方地方の連隊区で集められた兵隊の間で言葉が通じない。命令下したって命令が通じないわけですよね。まず、言葉の統一、それからやってかなきゃなんないでしょう。だから、徹底した規範を設けて強制しないと機能しなかったんでしょうね、明治の初めには。ところが、逆から見れば、ああいうことを徹底化されるってのが非常に苦痛だったんですよ。そこで、できない、できないと、ぶんなぐられた。この苦痛を与えたものがすなわち戦後いう軍国主義なるものであって、軍国主義者というのは、そういうことを強行した者をいうんですね。

小室　ですから、戦争反対っていうのは、軍隊がいやだった、その論理なんです。すなわち〝軍国主義復活反対〟ってのは、つまりそれをいってるわけです。

山本　と同時に、自衛隊批判なんか見ると面白いんです。起きたあとの毛布が乱れてるじゃないかと、「これで果たして、いざっていうときに国が守れるか」なんて投書に出ている（笑）。あの批評ってのは昔の初年兵をいじめるときの批評です。「この毛布のたたみ方はなんだ。こんなことで戦（いくさ）が勝てるか」「毛布のたたみ方と戦争とどういう関係があるんですか」「理屈をいうなっ」パシッてわけですね。これが戦後日本人がなんとなく受けとっている軍国主義なるものの内容なんですね。運動部のシゴキとおんなじことで、それに対する拒否反応みたいなもんです。

小室　別な言葉でいうと、西欧的近代は当時の日本人にとってまったくの非日本的生活を意味したわけです。これが、軍隊がいやだというときの心理的基盤。

山本　そうです。あれ、一番非日本的なんです。だから、たとえば「歩兵操典（ほへいそうてん）」なんてあるでしょう。これはどう動くべきかをきちんと決めてあるマニュアルですよ。フランスからの翻訳だそうですけどね。しかし、日本人にとってはあらゆる場合、マニュアル通りよりも、そのときの気分によっていろいろやり方変えないと、気分悪いんです。そしてしまいに名人芸になるのが昔からの行き方です。

たとえば、こういう面白い話があるんですよ。〝射撃の神さま〟っていわれる大隊長がいて、中国でいきなり射撃をしろといった。「おおむねその方向、なにはともあれ、まず一発」って号令かけたわけです。これは日本人なんですよ（笑）。本来その場合、どういう命令を下すかってのはマニュアルできちーんと決まってるんです。照準点がどこどこで、方向角、高低角、射距離、弾種（砲弾の種類）、信管、指名射とか連続射とかね。ところがその後がありまして、戦前にこんな変なことがあったんだと自衛隊の将校にいったら、「だんだんそうなっております」といってました（笑）。

小室　近代軍隊は任務の束(システム)なんであって、個人の戦闘の集積ではないこと。そういう認識が現在に至るまで国民はいうまでもなく、軍隊の中にも必ずしも浸透しなかった。

山本　だから、「命令」はいつもものすごく抽象的なんです。第十四方面軍の降伏命令ですが、最初なんとかかんとか、四ヵ条ある。最初の三つは精神訓話が並んでるわけです。最後は「細部は参謀長をして指示せしむ」と書いてある。実際の命令ってのはそれだけなんですよ。

戦目付と指揮官

小室　日本の命令のタイプは、みなそうじゃありませんか。

山本　みんなそうです。〝奉勅命令〟とかいって、ふた言み言あって、最後は「参謀総長をして指示せしむ」。それが方面軍だと最後は「参謀長をして指示せしむ」。もう、なんでもそうでしょう。そこに命令受領の将校が来ている。ところが、「参謀長をして指示せしむ」だからと、参謀長のとこにのこのこ行く将校がいたら常識違反なんで、参謀部の一番下っぱの准尉に「一体どうすりゃいいんですか」と聞くわけです。そこで談合みたいになる。まことに変で、今でいうと官庁の行政指導みたい。それで隊長にこうこうっていうと、「そいつは承服できねえ。おまえもう一回何々准尉のとこへ行ってこい、だめならおれが閣下に直訴する」となる。だから命令が一回あっただけで三回も四回も行って談合するわけですね、私なんかのように指揮系統の中枢部の下っぱにいると一番よくわかるんです、軍隊っていうのはこんなとこなのかと。

小室　その点では、むしろ戦国時代的感覚ですね。ですから、参謀ってのは戦目付でしょう。

山本　ええ、戦目付です。

小室　戦目付は、全然命令は下さないわけ。それでいて細目に関して変に干渉するでしょう。だから実際にどういうような決断が下されるかということは、戦目付と指揮官との間の微妙な談合によって決まるんですよ。最終的決定権がどっちであるのかは、誰もわからない。しかし、そもそも、直訴に行くだとか確かめに行くなんていうこと自体が近代軍隊としてはあり得ないことですよ。

たとえば、秀吉は島津征伐のときに長曾我部元親を指揮官に任命しましたが、戦目付として仙石権兵衛をつけた。この権兵衛が元親の作戦に変な口出しをしたので征伐軍は散々に負けた。秀吉は戦目付の権兵衛のほうを厳罰にして封土（領地）を全部没収してしまったが、指揮官の元親のほうにはいかなる処罰もないんですね。かえって、あとから秀吉からねぎらわれるんです。ですから、戦国時代の日本においてはまだ命令系統っていう考え方はありません。戦目付と指揮官との微妙な関係で「命令」が決まって、そのときの実質的な働きによって責任が問われる。軍の「命令」が、形式的な、法的な秩序であるという考え方はありません。それがずーっとズルズルと大東亜戦争のときまで持ち越されて……。

山本　やれやれ、戦目付の時代をわれわれは二十世紀において再現してたわけですか。

小室　それであればこそ、指揮権のない参謀が勝手につくりあげる〝私物命令〟なんていう怪物が横行し得るんですね。要するに、戦目付と指揮官との役割分化がどうもはっきりしない。だから、最終的に決まる命令は、軍の法的な秩序とはまったく別な原理で決まるのです。この点、戦国時代どころか源平時代です。義経と梶原景時と同じ関係ですよ。景時と義経が議論した場合に結局、義経は議論に勝つんですけど、最後の決め手は、「予は鎌倉殿の弟であるぞ」って……。これは、「命令」の正当性をいうんじゃなしに、景時は、血縁＝カリスマでついに黙るんです。

山本　「おれは陸士の第何期である」と同じ。

小室　辻政信もそれを書いてましてね、シンガポール作戦のときに先頭を切ってた第五師団が自動車が足りなくなって困ったんだそうです。第十八師団から回せといっても、絶対に回さない。この際、辻政信が十八師団の師団長に対して「閣下と同期の第五師団長閣下がいま困っておられる」ということをいったら、それが決め手になったそうです。

山本　それ、日本ですな。まさにそうだ。「彼は、閣下の同期生なるぞ」というと、たちまち出てきちゃう（笑）。

小室　もしその場合に、「予は鎌倉殿によって合法的に最高指揮官に任命されたるぞ」っていったんでは、家来はポカンとして、何と変なことをりきむ大将だろうということになってしまう。

勲章をやらない日本軍隊

山本　この点でも契約の傭兵を基礎にしてできた西洋の軍隊と梶原殿の時代から連綿と続いてきた日本軍とではまったく違うわけですね。ローマの軍団なんか、ディシプリンの典型的なもんですね。あれ見てると、実に組織的なんです、動き方が。

小室　ギボンの『ローマ帝国衰亡史』を読むと、ローマの末期においてもローマ軍は寡兵にして、圧倒的に優勢なゲルマン軍を敗った記録がなんぼでもある。

山本　トリスモンドのときですかな、やはり傭兵が四十万ぐらいのアッチラを敗るんです。日本軍はこれと違うから、個人の戦功が非常に重んじられて、感状をもらうのが最大の名誉なんですよ。軍司令官の感状とか、誰かの感状とか。

小室　ということを下敷きにしますと、大東亜戦争において、実に社会学的に面白いことに、ただ一人も勲章もらった人いないわけでしょ、生きていて。

山本　なるほど！

小室　死んだ人は勲章もらいましたよ。ところが大東亜戦争で死んだ人、生きてる人を通じまして爵位もらった人、これは一人もいない。日本軍は個人の名誉の積み重ねから成り立っていながら、勲章やらなかったです。一方、ドイツだとかソ連だとか、アメリカはすぐ勲章やるんです。英国の場合には勲章だけじゃなくて爵位までやるわけでしょう。

山本　うーん。面白いですねえ。

小室　というのは結局、日本では軍隊組織という機能集団がすべて共同体になりますから。組織の中にすべて名誉が吸収されてしまうから、こういうことが可能だったんでしょうね。

山本　そう。その連隊の名誉ってのがあるんだな。

小室　つまり名誉を一種の基礎的財産（グルント・ライヒテイーム）として、まずそれを共同体が共同に占有して、その後にそれを個人に分かち与える。だから中世共同体における土地の占有様式みたいな、そういうことになっている。これだけ見ましても日本の軍隊は、共同体原理のもとに立っていたことは社会学的にほぼ明らかです。しかも強烈な連帯を持つ共同体。だって、誰も勲章もらわなくったって死にもの狂いになって働くんですもの。

山本　ヒトラーの場合も〝撃墜王〟だとか、スカパフローに単艇潜入して英戦艦ロイアル・オークを撃沈した二五〇トンの小型潜航艇長、プリン大尉の第十三号艇だとか、名誉を与えるのに出し惜しみはしません。乗組員全員を総統官邸の晩餐（ばんさん）会に招いて、ヒトラーが自ら鉄十字章をつけてやるだとか、そういうことやるから兵隊は必死になって働くので、日本でそんなこと一回もなかった。

小室　この点は組織原理として、現代もその当時も共通ですから、注目すべきですね。たとえば日本でどんな手柄立てても、その人に、天皇が自ら金鵄（きんし）勲章をつけたもう、なんていったならば、その人は部隊にいられなくなる（笑）。

山本　いられないです。これはほんとにいられないです。部隊長さしおいてそういうことになったら大変です。下手すると……。

小室　かえってその人のためにならない。

山本　今の会社でもそうじゃないかなあ。あんまりやりすぎると「あいつはスタンドプレーが多すぎる」なんてことで、足引っぱられちゃうんですね。逆に「いやいや、これは皆さんのおかげです」っていっていれば丸くおさまる。

　そこで面白い問題が出てくるんですが、たとえば戦前の軍隊でも私的制裁（リンチ）は絶対やっちゃいけないわけですね。しかし、天皇のその命令が内務班に入らない。内務班の原則ってのと軍隊の命令ってのは違うという問題ですね。

共同体の内部規範

小室　つまり、戦前軍隊で私的制裁は初めから禁止されていたし、特に東条首相は、私的制裁禁止の励行にものすごく厳格だった。しかし、それにもかかわらず、内務班における私的制裁は、一向になくならない。天皇の軍隊において、天皇の命令も独裁官の指令も内務班の前でピタッと……。

山本　止まっちゃう。それがまた部隊差、内務班差ものすごくあるんです。その内務班長が非常に温情家で、先任上等兵も大変にいい人でというところにはないんですよ。「私は全然そんなこと経験しなかった」と、こういう人もいるわけです。つまり、それぞれの共同体によってみんな規範が違うから。

小室　すべてこれ、共同体の内部規範の問題でしょう。内部規範がゆるやかであれば、それはそれでいいんです。厳しければ厳しいで、内部告発なんかとんでもない。それは先に触れた戦後社会の図式とまったく変わらない。なんとなれば、内務班も戦後の会社も共同体ですから内部規範が圧倒的に優先しまして、その場合には天皇の命令や独裁官の司令といえども外部規範ですから。彼らにとっては天皇絶対ってことと天皇の命令を拒否することは全然矛盾しない。

山本 ええ、矛盾しません。

小室 だから、この規範の二重構造が重要でして、〝一君万民〟といいましても、初期キリスト教会における個人の神との対決ということと全然意味がちがいますね。この場合にはいかなる当人が共同体に属そうと、神と自分の内面との対決でしょう。ところが日本の場合、〝一君万民〟といいましても、天皇と私との対決ということはあり得ない。共同体を媒介にして初めて可能だ。

山本 それは絶対ないですよ。なぜかと申しますと、それがあるからキリシタンはいけないということを江戸時代すでに鈴木正三(すずきしょうさん)はいってるし、新井白石(あらいはくせき)も、それをいってるわけですよ。白石がいうには、儒教にも「天を敬うことあり」だから、そのことでキリシタンが悪いのではない。ただ、儒教で天を敬っていいのは皇帝だけである。次に、「諸侯は皇帝を天とすること」、すなわち皇帝を拝すること、これが天を拝するゆえんであると。家臣は諸侯を敬うこと、これすなわち天を敬うゆえんであると。子供は親を敬うこと、これすなわち天を敬うゆえんである。みんな、すぐ自分の上が天なんです。ところが、キリシタンは個人が直接天を敬ってしまう、神と対決しちゃう。これがはなはだよろしくないんです。というのは、そうなると、その人間には二天があることになる。すなわち自分の天である殿さまと、ほんとの天である天と二つの天ができてしまう。だから、こういうものが来たら日本国は成り立たない——こういうことをいってるわけですね。天皇と自分とが直接対決してるなんていったら、とんでもないことになるんですよ。

小室　しかし、近代軍隊は、ナポレオン以来個人の国家に対する直接の対決でしょう。ところが、その輸入した原理とその矛盾が端的に表れたのが二・二六事件。

山本　そうなんですよ。あれなんか考えれば、一番大きな問題点を露呈してるんです。上官の命令が直ちに天皇の命令ならば、上官が天皇を殺せといったらどうすればいいんですかと、この質問出てきて当然なんですね。ところが裁判でもどこでも、一切出てこない。これ、日本の軍隊における、いわゆる統帥権なるものの一番基本の問題のはずなんです。すなわち、それは上官の命令であっても、ある一定の法的な、ないしは組織的な原理があるっていう意識はないですから、だから「どうしたらいいのかね」ってことになるんですよね。

小室　ただ一つのカウンター・エグザンプル（反例）は渡辺錠蔵（てつぞう）でして、あの人が衆議院でこの質問をしてるんですよ。戦前ですから、まさか天皇を殺すなんて言葉はいってませんが、たとえば海戦で陸奥と長門が敵の艦隊と決戦してるときに、陸奥の艦長が水兵に「長門を撃て」といったらば、その命令に服従しなくちゃならないかということでもって、陸軍大臣、海軍大臣に、政府に迫ってるんですよ。

山本　うーん、どんな返事してます？

小室　それに対して、「わが国は徴兵制の基礎に立ってる。そのようなことを考えれば直ちに徴兵制度は崩壊するから、お答えできない」って。

山本　これは日本的問答における日本的答弁。なるほどねえ。

合法的な「命令」

小室　この質問は非常に鋭いと思うんですけどね。しかし、政府はその最も急所というべきところを全然答えてない、答えられないんですね。本来、近代軍隊では命令は絶対で、上官の命令っていうのは主権者の命令と同じですけど、その場合軍隊のオペレーションのために「命令」ということの意味が問題なのです。上官のいったことが、すべて命令になり得るわけではなく、それは合法でなければならない。つまり、合法的な「命令」のみが絶対服従なんです。だから違法な命令っていうのは始めから効力ありませんし、効力ない以上、それは上官の命令じゃないわけですから、「馬糞を食え」なんて命令はあり得ない。

山本　そうなんです。ところが「おまえ、この便器をちゃんと洗ったか」「はい。ちゃんと洗いました」「きれいと思うか」「はい、きれいと思います」「じゃ、なめてみろ」ってのがあったんです、内務班の初年兵いじめにね（笑）。

小室　だから、命令であり得ないものに違反したとしても、全然それは命令違反になり得ないわけです。ところが日本の軍隊の場合に、もちろん論理としてはそういうふうであったわけですが、そこが、市民社会抜きの軍隊ですからね。どうしても、一般規範ではなしに、共同体内規範が優先する。「上官のいいつけ」にそむくかそむかないかってことは、微妙な状況によって規定されるわけでしょう。状況規範だ。

山本　そうです。もう一にそれによって規定される。私の体験でこんなことがあるんです。大隊長の先任大尉が大隊本部づきの経理少尉に「毎朝、おれのために〝光〟を三箱買ってこい」っていったんです。一方は少尉ですから、「なにをっ」ていう気があるわけで、買ってこなかったんです。「昨日、こう命令したのに、なぜ買ってこなかった?」「命令とは思いませんでした」「じゃ、おまえ、命令だったらやるか」「命令だったらいたします」って、そこで大隊命令を出したんですよ（笑）。何々少尉は毎日〝光〟を三個ずつ買って自分の机の上に置けっていう大隊命令を。ただ、これをやると共同体内でものすごく非難されるんです。あの大隊長はどうも汚ねえ奴だなあってことになるんです。ある一線越えちゃうと、とたんに人望失うんです。そこがはなはだ微妙でしてね。でも、日本の会社なんかの管理職もそうじゃないですか。まだ「たばこ買ってこい」はいいけれども、どっか、越えちゃいけない一線があるでしょう。それ、何によって決まってるかっていうと、別に決まってないけども、なんとなくそのときの状況によって決まるわけでしょう。だから社命でそんなことといったら、「なんてやろうだっ」てことになっちゃう。それとおんなじなんですよ。

小室　その場合、近代ヨーロッパの軍隊では、有効な命令はその内容にかかわらず兵隊は命令である以上、ひと言も反対できないけど、命令じゃないものにはまったく服従する必要はない。だから、部下がつべこべいったときの隊長のせりふは決まっていて、「ここは軍隊である。おまえらは議員ではない。だから質問に答える必要はない。ただ従え」ってね。歴史的に有名なのはマゼラン艦隊ですね。マゼランが太平洋に行く前に、海峡捜してモタモタしたでしょう。それを見た部下の艦長がマゼラン長官に対していろいろ意見いうんですよね。すると、マゼランは「おまえたちがなすべきことは、ただ従うことである。質問することではない」っていうんですね。そうすると部下は、「しかたがないや」とかって、それはそれで通っちゃうんですね。もしそれに反抗すればもう反乱なんですね。その場合部下としては反乱を起こすか、命令に絶対服従するか、二つしかない。ところが日本の場合には反乱でもないけども、いつの間にか命令が実効性を失ってしまうということがよくある。

山本　そうそう。そうなんですよ。骨抜きになっていくんですわ。どっかで消えちゃうんです。

小室　人望がないとそういうことになる。だから人望がないってことは致命的なんです。

日本軍隊の責任の取り方

山本　ほんと、致命的です。これは今の日本の会社でもそうですよ。

となると、一体日本軍における責任ていうのはどういう点にあったか、こういうことになるわけですね。戦争中にもずいぶん局部的には敗戦があったわけですが、敗戦があった場合に責任をとるかとらないかっていう問題で、誰一人として軍法会議にかけられた軍司令官がいないですね。じゃ、全然無責任かっていうと、そうでもないんですわ。ノモンハンの小松原兵団長は自殺してるわけですね。

なんとなくハラを切らされちゃうみたいなことにはなるけど、じゃ、それが一体彼の責任なのか。一師団長の責任といえるのか、それともほかの人間が責任を負うべきものなのか、こういうことは一切論議されないですね。なんとなくそういうことになっちゃうわけで、「つめばら」というやつですね。

旅順攻略後、要塞司令官ステッセリと水師営で会見した乃木希典将軍（写真中央）

これは大体日本軍においては、ほぼ共通してんじゃないでしょうか。たとえば乃木希典の旅順攻撃で、児玉参謀長が来て、一時的に指揮権を剝奪するんですね。参謀長が来て、「今日からおれが指揮をする。おまえ、それでもいいか」といったら、「じゃ、よろしく、おまえ頼む」と、それで旅順が落ちるわけでしょう。それに対して、明確に指揮権を剝奪されてるといっても、別にそれが問題にもならないし、責任をとることにもならない。第一、参謀長が勝手に第三軍を指揮するなどということは、戦闘序列を下命した天皇の命令の無視で……。

小室　近代軍隊におきましては、指揮権を奪われるなんてのは大変なことです。奪ったほうも奪われたほうも軍法会議なんです、それだけで。ところがこの場合にはその責任はまったく不問。

山本　一応〝指揮権を委譲すべし〟という命令を大山総司令官からもらってくるんです。ただ、彼は最後までそれを見せないんですよ。「これ見せちゃ、あんまりかわいそうだ」(笑)。ここが面白い！「これ見せちゃ、乃木がほんと、たまんないだろう」。それを見せないで、一応話し合いをしようと。だから指揮権ての は天皇が、これに指揮権を委譲せよといったんでもなければ、上級指揮官である大山総司令官の命令でもないわけですね。参謀長と第三軍司令官の私的な話し合いによって、「一時的におれが預かる」と、こういうことになっちゃうわけですね。

小室　まさに〝私物命令〟ですよ。

山本　ええ、〝私物命令〟です、ほんとの。

小室　ですから、近代軍隊とすれば、大山総司令官の命令書を見せればこの行為はまったく合法的。ところが、それ見せないで、勝手に奪ったら明らかに児玉のほうはユーザーペイション（越権行為）ですし、乃木のほうは任務放棄です。極端な場合、両方とも銃殺です。

山本　これがはなはだうるわしき話とされてるわけですね。乃木さんも傷つかない、旅順も落ちた。しかし、あれ、誰がほんとに指揮して、旅順落としたのかというと、児玉源太郎なんですよね、実際は。

小室　第三軍は初めから二〇三高地に攻撃を集中すればよかったんですけど、変な作戦やって。それこそ乃木も伊知地参謀長も、まったく戦争目的がわかってなかった。だって旅順をとるっていうのは、バルチック艦隊が来る以前に旅順のロシア艦隊を撃滅することが目的ですから、二〇三高地をとり、二十八サンチ砲を備えつけて艦隊全滅させれば、旅順なんか立ちがれてしまいますから、そこに何万人のロシア軍がいたって関係ない。

山本　関係ないですよ。しかも、二〇三高地をとればいいんじゃないかってことは、海軍も示唆してるんですよ。

小室　大本営でも何回もそれを示唆(サジェスト)するけど、それを全部ネグって(無視して)、勝手な戦争をしたわけで、これは大変な軍司令官の責任ですよ。

山本　ところが、児玉参謀長が来るまで、現地は全然それ、わかんないんですね。ということは、乃木大将の重大な責任でしょう。

小室　だから、兵隊をたくさん殺したなんていうことよりも、こちらのほうがはるかに罪重い。いつまでもこんなことしてたら、最悪の場合には日本帝国が雲散霧消するわけですからね。しかし、国民はそのような重大な戦争責任を誰も追及しない。たかだか国民が追及したってのは「おれの息子も殺された。あいつの息子も殺された」と。

山本　そうなんです。

小室　ところが、それに対するまた乃木の態度っていうのは、ひと言も弁明しない。そして、たとえば長野で乃木将軍が講演したときに、壇上に上がって、黙って涙流し、「皆さまの子弟をたくさん殺した乃木でございます」って、いたたまれないような格好で退出したと。そうしたらば聴衆もみな泣いちゃって、「なんと立派な将軍だろう」と。

山本　そういうことになるんですね。

小室　つまり、山本さんが書かれてるように、日本人における責任というのは、本人が責任を感ずれば、もう責任はなくなる。

山本　ええ、なくなるんです。だから「私の責任です」といった瞬間に責任はなくなるんです。そういうのが日本的責任のとり方ですね。だから「私の責任です」といったからといって追及すると、「おれの責任だっていってるのになぜ追及するのか」ってことになるでしょう（笑）。

小室　そのとき乃木大将が弁明したら、とたんに軍神でも何でもなくなってしまうんです。

一人もいなかった天皇主義者

天皇に対する大逆

小室　以上のような点からすると、戦前の日本というのは軍国主義国家のように見えながら、軍国主義とは最も遠い国家であるということになります。そして、その論理からすれば、戦前の日本は天皇制国家だなんてとんでもない。また天皇主義者なんか一人もいなかったともいえるのではないでしょうか。

山本　最も典型的なのは三長官会議です。これほど明確な謀反ていうのはないですよ。しかも、憲法違反であり、日本人的な論理からいっても、天皇に対する大逆(たいぎゃく)でしょう。

小室　なんとなれば、総理大臣を自由に選ぶのは、天皇の大権事項です。また当時の国民としての義務(オブリゲーション)からしてもそれに対して協力する義務がある。それがいやであれば、議会を通して内閣を叩くことこそ合憲です。ところが、別なルートでもって、それにさからうってことは近代国家の論理として許されることではない。

山本　ええ。ところが三長官が陸軍大臣を出しませんという決議をして、内閣がこれで流産してしまった。そのことに対して、誰もこれを謀反(むほん)だといわないわけです。天皇よりも三長官の決定が上になっちゃったんですわ。

小室　ですから立憲国家の論理からすれば、たとえ、宇垣一成(うがきかずしげ)が気に入らないとしても、その前提のもとで、最適任と思われる大将か中将を天皇に推薦する義務が三長官会議にはあるわけです。これに不信任を表明しうるのは、帝国議会であって軍事官僚である三長官ではない。このように行動しなかったら、三長官は、明らかに謀反人ですよ。天皇大権を私議によって否定したのですから、明白な大逆(クリムソン)でしょうな。

このように、三長官会議の決定は、近代国家の論理からしても立憲の本義からしても許すべからざることであるだけではなく、戦前の日本においては、道徳的にいって、あり得べからざることです。戦前の教育において、忠臣の代表は楠木正成(くすのきまさしげ)で、逆臣の代表は足利高氏(あしかがたかうじ)ですが、その理由は、高氏が天皇の命令を無視したのに対し、正成はあくまでそれを守ったからです。この論理からすると、陸軍はまさに高氏だ。

それにもかかわらず、当時、三長官謀反人論を唱えた者もいなければ、陸軍高氏論を展開した者もいない。憲法学者も議員もジャーナリストも右翼も、一人もいなかったのは驚くべきことですよ。ということは、天皇主義者は一人もいなかったということです。天皇は絶対であるといいながら、絶対の天皇の大権が蹂躙されるのを国民は指をくわえて放置してたんですからね。

山本 ええ。だから、憲法からいっても尊皇思想からいっても、許されざる行為をしていながら、その人間が一番「天皇、天皇」といってたんですな。これがまた面白いことですわ。

小室 立憲君主としての天皇を支持するものは一人もいない。それから正統なる皇国日本の統治者としての天皇を支持するものも一人もいない。これでは天皇制国家といえるはずはないですよ。

山本 それで、なんとなく変だなあという気をどっかで持っている。

小室 もう一つ、組織論的にいってもおかしいのは、一応そういうことをやる法的可能性があるのは陸軍と海軍だけです。なんとなれば陸海軍の大臣は現役の大、中将に限るっていうわけですから。海軍はやろうと思えばやれないことなかったけど、絶対にしなかった。

ところが、この論理を組織論的に推し進めればべらぼうなことになります。そんなことというんならば、たとえば鉄道省が、機関車の釜たきもやったことない人が鉄道大臣になるのは反対だと。それから逓信省が、郵便を配達したこともない人が逓信大臣になるのは反対だとかっていい出したらどうなるか。

山本　陸軍だけがそれは可能であった、なぜかっていう問題ですよね。これは「統帥権」という意識と関連がありますでしょうね。陸軍だけ特別である。だから陸相といえども、単に総理大臣の下にいる人間ではないという意識がどっかにあったんでしょうね。

小室　ですから、まだまだ幕府意識っていうのか、山本さんが書いていらっしゃるように、日本陸軍が最も占領したがってたのは日本国であったと。まさにそうでしょ。

山本　そうですね。やっぱり幕府だな、あれは。陸軍幕府。

北条泰時の論理

小室　ところが幕府ってのはそもそも制度でなくて下位制度(サブ・インスティテューション)でしょう。だから陸軍は、いかなる制度もつくらず、統帥権というものは、一種の陸軍幕府のための下位制度だと解釈して……。

山本　そうそう、そう解釈すりゃわかりますね。

小室　だって徳川幕府といえども、いかなる法制的根拠ないんですもの。陸軍の行動はそれと同じです。

山本　ないです。幕府がいつ独立政権になったのかというのは非常に問題なんですけど、「貞永式目(じょうえいしきもく)」の公布で問題がはっきり出てくるわけです。つまり義時(よしとき)追討の院宣(いんぜん)が出る。それに対して軍を起こす、これも純然たる反乱です。三上皇を島流しにし、仲恭(ちゅうきょう)天皇を強制的に退位させてしまう、義時、泰時(やすとき)が。次に勝手に「貞永式目」という法律を出す。これはもう大変なことですよね。革命です。ところが、革命をやってるっていう意識が泰時には全然ないんですよ。ひたすら恭順なんですよ。もう、気味悪いぐらい恭順であって……そのことを明恵上人にいわれると、ハラハラと涙を流すんです。

小室　栂尾の明恵上人が来て、「三上皇を流したてまつるとは何事かっ」てことを……。

山本　ハラハラと涙を流して、それで今天皇家が天下御一統をしたら、すべてがごちゃごちゃになってしまう。今、この日本で安全なのは関東分国のみである。だから、なんとかしてやらなくちゃならない、私心から出たもんではないと申す父義時の言葉にも一理あると考えてかくいたしたと。そのときに三島の明神に参って、自分のやってることが理にかなわなかったら、すぐ命をとって、後生、助けたまえ。理にかなってるのならば助けたまえといって、一切私心を捨ててやったんだと。そして、明恵上人に「今慈悲の仰せ承って感涙禁じ難し」といって、それでおしまいになるんです。そうやって、今度、勝手に法律出しちゃう。あれ、絶対に法律じゃないっていうわけですね。式目であって律令ではないんであると、彼は主張する。じゃ一体なんだ。なんだかわかんないんですよ。幕府っていうのはいつもなんだかわかんないですね。だから、陸軍幕府というのができて不思議じゃないんです。

小室　陸軍の意識においては、帝国憲法だとかその他の法律は律令。それから三長官会議に連なるいろんな慣行が式目。だから、実際においては式目のほうが優先するわけです。

山本　ただし、これは法律ではない。だから、天皇は絶対であるといってるわけですね。

小室　天皇っていうのがまったく無意味であればこそ絶対であるといわざるを得ないです。そして、そのバランスを支えるのがいわゆる「純粋」。国のことしか考えないということになると、どんな不

昭和11年2月27日、東京・永田町で建設中の新国会議事堂に続々繰り込む反乱部隊

法なことも通用してしまうんです。泰時の論理と同じですよね。

山本 ええ、泰時はまさに純粋人間なんです。そこでもう一言付け加えれば、義時がこういったそうですね。上皇の軍隊が来たら最後まで戦え、ただし上皇が自ら陣頭に立ったら、おそれ多いから降伏せよと。しかし、これはおかしいんです。上皇の軍隊と上皇ってのを勝手に分けてるわけです。まことに不思議なんですね、この論理は。そんなことといってて上皇を島流しにしちゃう。

小室 また、昭和の場合にもそうでして、天皇と天皇が任命した大臣とは、全然別なものだと考えている者が多い。しかし、論理的に考えると天皇が信任してる総理大臣を殺すと明らかに謀反ですよ、どこの国だって。もし、ロシアのアナーキストが皇帝(ツァー)の大臣を殺したら、皇帝(ツァー)に対する反逆です。それが反逆じゃないっていうことを証明するためには、その大臣の任命が非合法であることをいわなければならない。それは正統性議論になるんですけど、正統性議論をなにもやらないで大臣ぶち殺したら、明確に謀反です。これをそうでないというのは、泰時の論理ですよ。尊王義軍と名乗ってますね、二・二六の反乱軍は。天皇の大臣を殺しても尊王義軍ですからね。泰時のように、上皇の軍を全滅させて、三上皇を島流しにしても依然として皇室に対して忠義である、と本人たちは固く思ってるのと同じですね。

山本　そう、固くそう思ってる。そして固く思ってればこそ、すごく人気が出るから不思議なんですよ。

忠孝の概念が無原則

小室　戦前においては、天皇の命令に、一番服従しなかったのは右翼と、それから軍部ですね。しかも、軍部の場合、上に行けば行くほどそうなる。一方、法律を最も守らなかったのが役人と警察。彼らは宗教の弾圧やブタバコの中で、法治国の人間とは到底思えないことを平気でやってきたわけです。このことと対比しながら考えてみるとすごく面白い。

山本　その人間が一番〝天皇絶対、天皇絶対〟といってるわけです。それが偽善者だったら立派なんですけど、本気でそういってるから始末が悪いんですよ。

小室　本気であるってことは、最近発表になった二・二六事件の磯部（いそべ）中尉の手記など読んでも、自分はこれほど天皇のために尽くしたのに、なんで銃殺されるのかと。

山本　その恨みつらみですよね、ほんとに。

小室　どこ見ても、天皇の大臣を殺したから天皇によって死刑にされても、当然だっていう論理は出てこない。「なぜ天皇(すめろぎ)は人になりたまいし」だとかいった三島由紀夫の論理はその意味で、まさに天才だと思うんです。絶対にその論理は日本教以外のものからは出てこないです。

山本　これは大変な信仰の徒だ。大変なもんだなあ。

小室　〝不合理であるがゆえにわれ信ず〟と意識しないだけでね。構造神学的には、まさにそれとしか分析できませんよ。

山本　いやあ、こんな不思議なもんないんでね。つまり、戦前の最大規範である忠孝の概念(コンセプト)が戦前すでにまったく無原則だったんですわ。

小室　ですから、戦前の日本では〝忠〟なんていってもどういうことが忠の内容であるか全然わかんない。

山本　〝忠孝〟なんていってもわからないですよ。忠のマニュアルってのはないんですよ。

小室　中国には〝孝〟のマニュアルが厳然とあるんですからね。たとえば、父親が死んだときには、何オクターヴの声を出して、何といって何時間泣けとか、三年間どんな着物着て、どんな家に住んで、何を食って喪に服せとか、みんな決まってます。それに合うのが親孝行、合わないのが親不孝。それにもう一つ重要なのは〝忠孝一致〟っていうでしょう。ところが忠と孝というのは、まったく違う概念(コンセプト)なんで一致しようがない。

山本　違う概念だから字が違うわけでしょ。これ一致しちゃったら〝孝孝〟でいいんですよ。

小室　さらに中国の場合ですと、一つは君主に対する〝義〟（中国では、主君に対する忠誠は、「忠」とはいわず、「義」という）と親孝行の〝孝〟のドグマをはっきり分けて、ここからここまでは孝の分野、ここからここまでは義の分野としてそれぞれの規範を峻別することになっている。一方が他方を飲みつくしてしまうということはあり得ません。とはいっても限界状況においてはそうとも決められず、そこに両者の間にものすごい緊張（シュパヌンク）が生ずるわけ。ところが日本の場合には緊張（シュパヌンク）をまったく解消したのが忠孝一致。このように、似たような言葉（ターム）でも、中国の場合と日本の場合ではまったく意味が正反対になる。そんなことが現実問題としてあったわけでしょ。息子は予科練を志願したいといい、おふくろが泣いて止めるという場合に、じゃどうするのか。これこそ忠孝一致を論ずる場合の最大の問題。

貫徹しない天皇制の論理

山本　これは戦前の軍隊において「おれ、もう軍隊いやだ。早く帰りたい」といっちゃいけなかったわけですが、いう方法があったんです。「ああ、おれは親孝行がしたいな」といえばいいんですね。そのとき絶対に「早く帰って親孝行がしたいとは何事だ」っていえないんですよ。いえないから、この表現を使えば絶対だいじょうぶだと兵隊は知ってるわけですね。そのときせいぜいいえることは、「今、おまえはお国のために一生懸命働いていることがつまり親孝行になり得るのである」ってとこまでしかいえない（笑）。だから、この表現っていうのは非常に微妙なんですよ。

小室　それが不均衡な場合にものすごい制裁（サンクション）がくる。たとえば、「親孝行したい」ならばいいですけれど、「恋人に会いてえな」などといったら半殺しの目にあう。

山本　ええ。〝忠孝一致〟というフィクションがあるから「親孝行したいな」っていったときに、これ否定できないですね。それは即忠になるはずでしょう。そのときいえることは「こうやってるのがおまえ、親孝行なんだ」という、それをグルグル循環するだけで、なんともいえないんです。だから徴兵忌避、戦場忌避的な表現で一番いいものは「親孝行したい」なんですよ。絶対、反対できないです、忠なんだから。

小室　中国みたいに、基本道徳（グルントノルム）としての五倫の中でも、特に〝義〟と〝孝〟とが最高道徳であればこそ〝義〟と〝孝〟との緊張関係（シュパヌンク）があるんですけど、日本では逆に最高道徳であればこそ緊張関係がないのが理想。

山本　先ほどの死にそうになってる親をほっといて予科練に志願する。これは忠なのか。忠のはずはない、老いたる両親のために尽くすといったら孝で、これが忠と一致するなら、徴兵忌避は逆に忠になり得る。そうでないなら、一致してるってことは、どう考えたらいいのかってなことは、誰も議論しないわけですね。

小室　議論しちゃいけないんですよ。そういうこと議論したら、大変なことになります。日本教でなくなってしまう。

山本　それは、もう絶対いけないです。

小室　またここに、なんで浅見絅斎（けいさい）が明治になってから忘れ去られたのかの原因があると思うんです。そういったことを徹底的に議論しようとしたのが崎門学（きもん）――後ほど詳しく論じますが、特に絅斎の学問なんです。だから嫌われて当然です。というよりも、みんな忘れたがるのも当然ですよ。そこで、こういう議論があるんですね。昭和十二年ですか、例のエドワード八世の〝シンプソン夫人事件〟で、国王が退位するでしょう。そのときの日本の新聞のいろんな論調を見ると面白いんですが、「英国に一人の忠臣なきか」っていうんです。

山本　日本人の感覚としてはそうですね。

小室　たった一人の女のために主君が窮地に陥る。そんなら、その女殺せばいいじゃねえかと。その家来が責任とらされるならば、切腹すりゃいいじゃねえかと。

山本　まさに〝お由良（ゆら）騒動〟だなあ、それでは（笑）。だから天皇制国家といえども、天皇制の論理ってのは全然貫徹せずに、封建時代の〝お由良騒動〟的な論理というのがずーっと続いてる。「生かしているやつも生きてるやつも、もってのほかだ」と、こういうことになる。それが今もまったく変わっていない。

構造的にまったく変わってませんねえ。主君のために、そういう意味でもって死ぬっていうのを、戦国時代においては主君の馬前において討ち死にするという。それから、主君の責めを負って切腹するといったら、武士道の最高の規範です。その場合に、なんか理屈いったらだめなんですよ。

小室　日本の場合だったら、日商岩井の海部八郎がいかなる無理なことをやったとしても、部下の島田常務がそれを告発しちゃならない。黙って切腹しないと……それが武士道の規範の一方の極地です。ところが、他方においては主君を殺したって、それも一つの規範になるんですね。

山本　あの時代、そうでしょうな。徳川時代だって、主君殺したっていい場合ありますよ。お家が危ないっていう場合、切腹をさせちゃう。たとえば幡随院長兵衛（ばんずいいんちょうべえ）の事件を見てもそうでしょう。町人とけんかして、切られて帰ってくるんで。そんなことがわかったら、水野家とりつぶしになったら大変だ。だから、家来が実質的に主君を殺しちゃう。こういう場合だってあるわけです。

小室　この場合注意すべきことは、そうしたまったく無規範なありようが、戦前の天皇制を見ればまことに明瞭（めいりょう）によくわかるということですね。

さて、この辺で今までの補助線的な意味の話を少しまとめておきますと、戦前、戦後の日本社会についての私たちの討論は、大多数の日本人の常識とはまったく逆の結論が出てきたわけですね。いわく、現在の日本はデモクラシー国家ではないのみならず、戦前日本は軍国主義国家ではないと。それどころか、戦後、国民はデモクラシーとは何かについて少しも理解しておらず、戦前、天皇主義者は一人もいなかった。そして、戦前、戦後を通じて社会的自由もなければ言論の自由もない、政治的自由もなく国民主権もない、また、戦前日本で忠孝の概念（コンセプト）を誰も理解せず、天皇の命令に最も服従しなかったのが右翼と軍隊だったと。

しかし、私思うに、それが科学的分析の効用ではないでしょうか。常識と同じことしかいえないようでは科学の存在価値なんかありませんよ。ですから、私たちは日本人の錯覚をちょっと裏返して見せたわけですね。

第2部

神学としての日本教

第三章　宗教へのコメント

最狭義と最広義の宗教

宗教の語源

小室　戦前、戦後とも、日本の社会は軍国主義でも、民主主義の国家でもなかった。では、一体日本社会とはどんな社会なのか。この問題に答える際の中心概念（コンセプト）になるのが、山本さんの提起されている「日本教」という概念であると思います。

以前、山本さんとのテレビ対談で、私が日本に宗教はない、といったら大変な反論がきた。その一方で、今「日本教」などという。一体日本に宗教はあるのかないのか。この問題を考えるために、まず、宗教とは何ぞや。宗教の定義から考えてゆきたいと思います。

山本　宗教（レリジョン）、これはラテン語でレリジオで不安・畏怖（いふ）・敬虔（けいけん）・勤行（ごんぎょう）・拘束力・神聖性といった意味ですが、原意は、それらのためにあるものを継続的に読み返すというような意味ではないか、という人もいます。つまり勤行ですね。たえず教義のようなものを再読する。これをなぜ「宗教」と訳したのか。「宗教」という日本語は元来ありませんでしょ。

小室　ないですね。明治になってからつくったものですね。

山本　何か教義のようなものを敬虔に拘束的に勤行的に継続して再読・再確認する。そして、その書かれてる対象と自分との間柄を考える行為が行われたら、非常に広くいえば全部レリジオ、こういえるわけですね。だからおそらく人間の歴史が始まってから不安・畏怖からするこのような「再読」は常にあったわけで、宗教をこの種の「再読」と考えれば、宗教のない世界はないんですね。

小室　そうですね、無神論者であろうとも。またさらに、それを本人が意識しなくても。

山本　だから、これは最も広い意味にとれば、日本にも宗教があるわけです。

小室　それで、この意味がヨーロッパでどういうふうに使われていたのかというのに興味持ちましてね。ＩＣＵの梅津順一氏に聞いたんです。そしたら彼がいうには、この言葉が今のような意味で用いられるようになったのは十七世紀ころから。といってまったく今の意味と同じではありません。そのころは、レリジョンに対する言葉はイクリージアスティカ、つまり教会の儀礼ですね。それに対して、レリジョンは内面における神との対決を表す。ですから、そのころの使われ方からいうと、イクリージアスティカというのがカトリック、それからレリジョンはプロテスタントのことをいったらしいんですね。

山本　プロテスタントは、もう一回聖書を読み直そう、敬虔に拘束的に勤行的に再読しようということですから、それは当然に使われて不思議じゃないと思います。

小室　カトリックのほうは必ずしも読まないで、坊さんの説教を聞いてそれでおしまいと。

山本　イクリージアスティカというのは、初めはエクレーシアからきた言葉で、もとの意味は「民会」なんです。これはローマの植民地の統治形態が、一番上がローマ人の植民者（コロン）で、これが各市の元老院（セナートス）を形成する。その下にあるギリシア系の市民が持っている、一種の自治的な合議体、これがエクレーシアなんです。その民会が、ユダヤ教の会堂（シナゴーグ）との関連で教会に転化する。だからそこへ加入して一員になることができる。同時にこれは組織的なものです。何かの組織がなくちゃいけない。だから、教会というのは元来そういう意味ですね。エクレーシアスースというと、そういう所にいて講義をする人、プリーチャーの意味になります。集会において話をする人間の意味でコーヘレトというヘブライ語の翻訳語として使っています。

小室　そういうことから発展して、だいたい近世の初めにおいては、イクリージアスティカといえばカトリックのことになったわけですね。ですから、レリジョンという言葉も最広義に使えば、いわゆるわれわれが「宗教」といっているのだけでなしに、イデオロギーから生きざまから全部入りますよね。それから一番最狭義に解釈すれば、そういうふうなプロテスタントのことになる。

山本　広い意味では、儒教、仏教、道教、キリスト教、ユダヤ教、それから未開人が何かを拝んでいるという場合のアニミズム……もマルキシズムも一切入ります。

小室　そうすると日本教も入ってしまう。で、その意味からしますと、マックス・ウェーバーの定義と非常に近いわけです。マックス・ウェーバーの宗教の定義は、レーベンス・ヒュールンク、つまり生きざま、行いの仕方、行動様式――もっとも単なる外面的な行動様式だけではなくて、外面的な行動様式を内面から支えるような心的条件を含めた行動様式(エトス)ですけど――彼の場合は「エトス」という言葉と「宗教」という言葉をほぼ同じ意味に使っているわけです。

これで、大体レリジョンの意味がわかったんですが、宗教の中でも、特に印象的なもの――ユダヤ教を元祖とするキリスト教、イスラム教といった、絶対的一神との契約としての宗教は日本人には大変にわかりにくい。しかし、きわめて独特のものでありながら、ある意味では宗教の典型のように見えますので、これらの宗教の基本的特徴について、お話しいただければ、これを一種の座標軸にして、いろいろな宗教、日本人の独特の宗教観も含めて位置づけができると思うんです。

人格的絶対神との契約

山本　なぜ神との契約という発想が出てき得たかということ。これにはいろんな説があるんです。聖書学者がいろいろに論じておりますから、これから申し上げるのはその仮説の一つですけれども、メンデルホールと、いう聖書学者が大変に面白いことをいっている。

これはオリエント宗主権条約の宗教化であると、だからもとは国際法なんです。これはヒッタイト宗主権条約ともいうんですが、ヒッタイトの大皇帝とその下の王たちとの間に上下契約である宗主権条約があった。この宗主権条約の形式がほぼ『申命記』の形式になっている。このヒッタイト宗主権条約（もしくはオリエント宗主権条約）の形式は、まず皇帝の自己紹介がある。私はおまえたちの皇帝のなになにであって、と。それから次に過去における歴史的経過、自分が与えた恩恵があるわけですね。それから次に条約があり、その次にその証人としての神の名を列挙して、それから祝福と呪い（のろい）がある、いわば順守した場合の祝福と違反した場合の呪いです。こういう形になっている。唯一絶対神との契約がほぼ同じ形式だということをメンデルホールがいい出したんです。

ですから、神との上下契約しか認めない。その下にいる従属国というのは、相互の契約というのは許されないですね。やったら一種の反乱になるでしょ。これが申命記の構造に非常に似ているんじゃないか、と。ではなぜそれが個人倫理になったのかというと、そこの説明がないんです。

小室　ないでしょうね。いろんな根源的な社会的現象を見ますと、発生論的な説明というのは非常に困難なんですね。

たとえばアフリカの奥地の婚姻集団をレヴィ・ストロースが研究したところ、その結合法則というのは、ごく最近になって発見された抽象代数学の「群（グループ）」の法則に従って行われているわけですよ。そんな未開民族が抽象代数学なんかわかるはずがない。いうまでもないことだが、調査表なんか配って「あなたは何ゆえに抽象代数学の法則に従って結婚しましたか」なんて聞くのは、ナンセンス。つまりどういう発生論的結果によってそうなったのか、ということを科学的に解明するのは絶望的に困難であるのが普通ですね。

山本 そのことはローラン・ド・ヴォーという聖書学者も指摘しています。契約宗教の発生論的説明は確かに曖昧なんです。しかし、絶対神との契約の基本になる政治的発想はあったことは事実なんでしょう。だからこれは始まりが政治的だ。同時に意識的なんです。決して神さまがどこかにいるんじゃなくて、もし中国の大皇帝とその下の王との間を上下契約で律するという発想があれば、それがそのまま個人の倫理になってきたような格好にあるんです。

小室 そこで、唯一の絶対的人格神との契約があったところを出発点として考察を始めましょう。

構造神学の論理からいいますと、最高神が絶対神であることと、それが人格的一神であることと、その人格的絶対神との契約が宗教の内容をなすことと、これらは、いわば三位一体の論理的関係がありまして、どの一つが欠けても他の二者は成り立ち得ないのではないでしょうか。

山本 成り立ち得ないでしょう。モーセが本当に唯一神教徒であったのか？ これは大変面白いんで、唯一神教徒という言葉が「もしも〝神が唯一である〟という説教をする人間という意味ならば、彼はそうではなかった」と、ブライトという聖書学者がいっているんです。というのは、旧約にある「他の何者も神とすべからず」という言葉は、〝他にある〟ということを前提にしていますでしょう。これは語義矛盾なんですよ。では、なぜこれだけが神であるか。生ける唯一の契約の対象だからです。だから、他を契約の対象としてはならない。つまり唯一になってくるんです、結果として。契約の対象として唯一であって、他の〝神〟は生きてない非人格的なもんだから契約の対象にならない、だからこれは神とはいえない――そういう論理になってくるんです。だから唯一神教というのは非常に微妙なんです。

「維摩経(ゆいまぎょう)」の本質

小室 そこで重要なことは、契約という考え方がなければ、最高神は絶対的一神になれませんし、また逆に、絶対的一神がなければ、契約が即宗教の内容にはなれないということですね。つまり、ユダヤ教のように、神との契約が宗教の内容をなす場合には、この契約を守るということが救済のための必要かつ十分な条件です。かかる条件が特定されていればこそ神は人間を救済することが可能になるわけです。他の何者にもよらず人間を救済することができる神こそが絶対神でしょう。そうだとすれば、神が絶対神であるためには、どうしても契約という考え方が必要となってくる。

この反例が法華経における釈迦(しゃか)です。仏教には、仏と人間との間の契約という考え方はまったくない。だから、釈迦は、どうしても絶対的人格神にはなり切れないのです。

山本 その通りですね。

小室 法華経、特に従地涌出品(じゅうじゆしゅつほん)第十五や如来寿量品(にょらいじゅりょうほん)第十六などを読むと、そこに出てくる釈迦は絶対的人格神に大変に近い。これでもか、これでもかと超能力をデモンストレートする。この点、旧約の神さまそっくり。それどころか、彼は見宝塔品(けんぽうとうほん)第十一において六神通(すべての超能力)を備えた人でも、八万四千の法蔵十二部経をくわしく説き明かすことができる人でも、仏教の真理を悟るのは困難であるとうそぶきます。それは、あらゆる超能力を自由に駆使するよりも、すべてのお経を解釈するよりも、ずっと高い境地なのです。そして、釈迦こそがその最高の真理の体得者である、と。さらに、釈迦の人格に対するあらゆる讃美が続く。絶対的人格神に今一歩と見える。が、この一歩の差は実に千里の差でして、両者は曲線とその漸近線のごとく、永遠に交わることがない。その理由は、釈迦は、救済（悟りを開くこと）のための条件を特定できないからです。つまり、人間がいかに戒律を守ったからといって、また、釈迦の教えにどれほど忠実であったからといって、そのことによって釈迦は人間を救済することはできない。この意味で釈迦は、到底絶対的人格神にはなりきれないのです。

山本　まさにそうですね。

小室　だから仏は仏の慈悲によって救済はできないんです。論理的にできないようになっている。その点、神の恩寵と大いに違いまして、仏といえども悟りを開くための、いろんなノウハウを提供するだけで、せっかくノウハウを提供してもらってもそれでも悟れないやつはどうしようもない。

このような例は「維摩経」にたくさん書いてある。

維摩は俗人であって、釈迦を尊敬はしているが弟子ではない。なんらの戒律を守っているわけではないが、独力で悟りを開いてしまっている。仏教の立場からすれば、これでよいのであって、彼はすでに救済されている。彼は、ヴァイシャーリーの町に住む大金持ちの自由人で、あるとき、仮病をつかって寝ている。ここから維摩経の本論が始まる。そこで仏陀は十大弟子に見舞いに行くようにいう。十大弟子はまた十大声聞ともいい、舎利弗、大迦葉、須菩提などをはじめとして、お経にもよく登場する仏陀の最高の弟子たちで、仏陀の教えに忠実で、完全に戒律を守っている人々です。

ところが、十大弟子の誰もが、しりごみして見舞いに行こうとはしない。というのは、かつて維摩にこっぴどくやっつけられたからで、頭陀第一（無執着の生活規範をたもつ第一人者）といわれ少欲知足の清貧の行者といわれた大迦葉も、座禅によって名声が高かった舎利弗なども、いけません。その理由は、彼らの行いは完璧で一点の非のうちどころはないが、悟り方が足りないじゃないか、というのです。これでは、戒律を百パーセント守る清貧の行者もペッシャンコ。維摩のほうは、魔王から家来の魔女をもらい受けて妾にしたりしている。こんなことをしても、悟りさえ開いていれば、それでいいわけです。これこそ、仏教の真髄。古来、維摩経がきわめて高く評価されてきたのも、当然だと思います。

仏は救済の裏書きをしない

山本　それで面白かったんですけど、仏教の人と〝仏教とキリスト教〟という対談をしてくれといわれて、私はいやだといったんです。基本的な概念が違っているのに、それを無視して対談しても意味がない。そこでまず経典のコンコーダンスはないのか、もしあれば、たとえば「慈悲」という言葉がどういうふうに使われているかわかる。聖書ならコンコーダンスがありますから、それと対比すれば、たとえばそれが「愛」とどのように違うかといった語義の違いが明らかになる。そのように両方を対比する。いわゆる慈悲と愛や恩寵とはどう違うのか、がそれでわかる。ところが先方がいうのに「コンコーダンスなんてものはない」っていうんです。第一、仏典というのは正典じゃない。悟りのための、いわゆる「ハウ・ツー・悟り」でしょう、だから仏典はあってもなくてもいい。

小室 だから全部読んでその通りやっても悟れなければそれっきり。また全然他の方法を用いても、悟ったら仏なんです。

山本 だから仏典は一つも読まないで悟れたら一番いいんであって、これが根本的な違いなんです。聖書だと、これは正典である、これは契約であって、契約はすなわち法である――となってるでしょ。守るか守らないか。実にはっきりしている。

小室 そもそもカノンがあったら、それは仏教じゃないわけだ。またカノンは出ようがない。だって〝仏との契約〟という考え方がないんですから。結局、神は恩寵というかたちで救済のための裏書きをしているけど、仏は全然救済のための裏書きをしていないわけです。

山本 そうなんですよ。ですから、仏教は、お経を「よかったらお読みなさい。ただこれを読んだからといって救われるとは限りませんよ」と。

小室 ただし、お経を読めば悟りを開くための確率は増すでしょうけども（笑）。

山本 仏典において、独覚が仏と同様に尊敬されているのはまさにそこでしょうね。

小室 すでに述べた維摩などがその典型的な例ですけれども、日本でも一休禅師がそれに近い側面を持っています。七十すぎてからの彼の行いは、常識では、とんでもない堕落僧でしょう。ポルノもいいところ。口語訳したら野坂昭如どころじゃない。起訴は確実でしょう。それでも「法」を理解するという意味で高い境地に達しているから、あれは高僧。

山本　お金もうけのハウ・ツーものを一つも読まなくても実際にお金がもうかればそれはよいビジネスマン、全部読みつくしても、お金がもうからなければだめ、そんなものですかねえ。で、同じように、儒教の場合も契約という発想がないから絶対的一神になり得ない。

小室　ですから、「救済」という言葉の意味一つとっても、救済のための必要かつ十分条件がユダヤ教、キリスト教、イスラム教の場合には絶対的人格一神との契約を守ることで、これ以上でも以下でもない。ところが、仏教の場合には悟りを開くことです。さらに儒教の場合には、それは、つまりよい政治をすることが救済の意味するところです。仏教や儒教というのはこうした意味で同じく宗教といいましても、ユダヤ教、キリスト教、イスラム教という三つの宗教とは根本的に違う。

日本教的宗教観

最後の審判

山本　そこで、日本人だったら、そんな契約にがんじがらめになったものが宗教とは到底考えられない。つまり、日本人の素朴な宗教観というのは、おそらく浄土真宗の影響だと思いますけど、死んだあとの面倒を見るのが宗教なんです。

小室　ところがそんなことをいったなら、世界的な有名な宗教はたいてい宗教じゃありませんよ。まずユダヤ教が宗教じゃない。ユダヤ教では死んだあとどうなるか、なんてどうでもいい。ユダヤの神が人を罰するのは生きてる人間を罰するんで、死んだあとでいじめるんじゃない。救済といっても、死んだあと地獄へ行くの極楽へ行くのというのではありません。生きている間の救済です。つまり、今は賤民（パリア・ネーション）すなわち辺境民族（ガスト・フォルク）として差別されているユダヤ人が、神との契約を更改してより有利な契約を結び直すことによって、世界の主人公になると、簡単にいうとこれが救済の意味ですね。この救済は現世的ですぐれて政治的です。この意味では、中国における儒教の救済と似てますね。

山本　キリスト教になってくると、そこが大変微妙な問題になってくるんです。もちろん日本人の素朴な宗教観のように、死んだあと神さまが直ちにテイク・ケアを多くして可愛がってやるとかいうんじゃない。すべてモラトリアムで、最後の審判のときに弁護してやるんだと。だから最後の審判というのがキリスト教の主題になるんです。終末における絶対の義の確立、これはもうキリスト教のテーマとして絶対なくてはならないんです。

小室　ダンテの『神曲』では地獄に落ちてるでしょ。しかし地獄に落ちて、それで済みじゃない。もう一回死ぬ。大変しつこいんですけどね。あれ見ていくと、三審制みたいなんで、最高裁の判決はその最後の審判に出るんであってね、その間は係争中なんです。

山本　一審、二審勝ってりゃね、最高裁も大丈夫だろうということですが、それも多分そうなんであって、絶対に保証はない。それでみんな最終判決を待っているわけですよね。これは大変面白いんで、キリシタンが日本に来たとき、不干斎ハビアンがこういっているんです。「キリシタンでは現世で悪いことをしたやつは、死んだあとで一人残らず全部裁判される。そういうことを考えたら人間現世で悪いことをしなくなるから、この戦国の世は治まって秩序はできるだろう」と。だから秩序の学として大変にいいといっているんです。それが途中で逆転して、これは一番悪いっていうんです。そういう〝審判〟というような意識に堪えられなくなってくるんです。前に出た『妙好人伝』みたいな発想をすれば裁判はない。盗んだって来世で返すわけでしょ。みんな罪人である。みんな被害者で、みんな加害者なんですよ。しかし儒教にも裁判がある。その場合の法というものは儒教ではどうなんですか。

小室　必ずしも法という言葉だけではありません、律というのもあります。唐律、清律などという。法という言葉を使うときは、たとえば軍法。いずれにせよ、今日でいう刑法が中心です。ところが、儒教で最も重要視するのは、律で治めるよりも道徳で治めるのが最高である。といいますのは、いわゆる諸子百家の中で法家というのがあって、法律を厳格にするのが政治のエッセンスだと考えた。その代表的なのが韓非子、商鞅など。これで大成功を収めたのが、秦の始皇帝の時の丞相（総理大臣）であった李斯ですね。彼は法家の思想によって秦に天下をとらしめたが、後がいけなかった。たった十五年でペチャンコになっちゃったのです。これを儒家が批判するわけですね。

山本　法三章（刑法を殺人、傷害、窃盗の三ヵ条だけにして、法律の規定をなるべく簡単にすること、法家の思想と正反対）がいいんですな。あれはトーラー（旧約聖書の律法書）みたいにたくさんあっちゃいけないんだ。

小室　儒教において、法を尊重するのは、そういう意味ですよ。もっとも、儒家にもいろいろあって、荀子(じゅんし)などは法家に近いんですが、その後の儒教の発展を見てゆくと、荀子とは正反対の意見を持つ孟子(もうし)が主流となったので、儒家が説く道徳は国法よりも上位の規範であるとするいわば徳治主義的色彩が強く出てきた。この意味で、法イコール規範であるユダヤ教とは違います。

山本　そうすると、皇帝というのはある意味で、道徳の象徴にならなくちゃいけない。

小室　ですから、中国では皇帝は聖人であるべきだと。逆にいえば、中国の場合の聖人は為政者なんですね。そういう意味でも儒教とは徹頭徹尾政治的な宗教で、政治を離れて救済はあり得ない。

日本教徒キリスト派

小室　そこで、現代日本人が「宗教」と呼ぶものの交通整理をしてみたいと思うんですが、明治以前には「宗教」という言葉がなかったことは、すでに指摘した通りですが、面白いことに仏教、儒教なんて言葉もなかった。今日でいう仏教は、仏法または単に法といった。儒教は儒学といいました。要するに、「教え」ではなかったわけです。また「法」と「学」とでもずいぶん違うわけです。さらに、このことは絶対的人格神との契約ともずいぶんと違う。つまり、これらを全部包括した宗教概念を出すとなると、ウェーバー式によほど一般化して、宗教とは、特定の行動様式(エトス)であると定義しないと、理論的生産性があがらない。が、そうすると、イデオロギー、生きざま、などもみんな宗教の中に入ってしまうわけです。

山本　広い意味では全部宗教に入るという中で、契約があるかないか、これは前にも述べましたように宗教を考える際、一つの要点になってきますね。次にもう一つ、体系的組織的発想があるかないかも要点になってくると思うんです。しかも、契約と体系というのはある意味でくっつきますでしょう。組織的にこうであらねばならないというのは、契約でなくてもそれに似た機能をする。

不干斎（ふかんさい）ハビアンはそこで、神道をもう頭からばかにするんです。次にいろいろの宗教を論ずるのですが、結局、キリスト教が一番いいと、こういう格好になるんです。組織的発想があるかないかで神道、仏教、儒教という序列をつくっちゃうんです。ですから、こういう組織的発想がないものは秩序の役にたえない。また仏教みたいなことをいってたら永遠に天下は治まらないと。だから神道は笑殺すべきもの、仏教は否定すべきもの、ただ儒教はややよろしい。そして伝道文書の『妙貞問答（みょうていもんどう）』ではキリスト教が最高。ところが、いったん棄教するとキリスト教が決定的な問題になってきて、何よりもいけないとなる。何でいけないかといいますと、キリスト教は不自然だからいけないというんです。

小室　しかし、ユダヤ教やキリスト教やイスラム教の考え方からすれば、宗教というのはまず不自然であるべきなんですね。自然のままでいいなんていったら宗教なんて出てきっこない。

聖書は裏がえして読めば不聖書なのであって、人間は自然のまま放っておいたらどんなに悪いことをする動物であるか、その例示で全巻が構成されているといっても過言ではない。それを制御するのが神との契約なのですが、これも自然のなりゆきにまかせておけば人間は絶対に神との契約を守らない。そこで、神は預言者をつかわして警告し、もし神との契約が守られないのであれば、ユダヤの民を罰し、亡ぼそうとさえする。つまり、自然に価値があるのではなしに、神が作為的に決めた不自然きわまりない契約にのみ価値がある。

山本　日本人の発想はまさに逆ですよ。不自然じゃいけないんです。内心の規範まで自然的秩序(ナチュラル・オーダー)でなきゃいけないんです。これは前述の明恵上人にも出てきます。ところがそのことをいうと、「じゃヨーロッパの自然法とどう違うんですか」という質問が必ず出てくるんです。

つまり自然法という考え方は、自然は本質であるといっても、同時に自由も本質であるという考え方が必ずあるんで、日本だと、つまり自由というのは自然の中に組み込まれていて、自由という概念そのものが違っちゃう。たとえば、布施松翁(ふせしょうおう)みたいな発想をすると、自然が自由なんですよ。したがって、自然・自由は二つの本質ではないんです。

たとえば、石田梅岩(ばいがん)がそうで、生命あるものは全部、自然の秩序を践(ふ)んでいる。だから「鳥類、獣類、形を践む。されど小人はしからず」なんです。小人というのは鳥類、獣類以下になる。それをどうすれば鳥類、獣類のように形に従って自然を践んで、いけるようにしてくれるかを説くのが聖人だ――という言い方なんですね。この発想はキリスト教とも儒教とも逆転してるんで、これはもう日本人独特の驚くべき宗教観なんです。

小室　これが山本さんのいわれた日本教ですね。根本に日本教という宗教があって、その分派(セクト)として、日本教キリスト派、日本教儒教派、日本教仏教派があるんだと。つまり日本に入ってくると、キリスト教でも、儒教でも、仏教でもみんなそうなってしまい、輸入元とは似ても似つかないものに変わり果ててしまう。日本教キリスト派をキリスト教かと思えばとんでもない誤解になります。儒教や仏教も同様でしょう。日本人は意識すると否とにかかわらず、みんな、日本教的宗教観を持っていて、それがどんな宗教でも飲み込んで同化してしまう。

宗教だけじゃない。マルキシズムでも、西欧民主主義(ウエスターン・デモクラシー)でも飲み込んでしまいます。大変な宗教観だ。

諸宗教は全部薬だ

山本　そうですね。いま宗教観といわれましたけど、宗教観は宗教なんです。どういう宗教観を持つかということが、その人間の宗教なんです。だから、一切宗教観というのを持ち得なかったら、宗教はないんですよ。これがまあ徳川時代の末期、極限までいくと鎌田柳泓(かまたりゅうおう)になるわけですね。「元来神は本(もと)空名なれども其名あれば則ち其理ありて、其応又各〻空しからず」で神は空名だけど機能しているから、それでいいんだと。これはしかし、梅岩にもあるわけです。諸宗教は全部薬だ、だからそれをうまく調合して、飲んでしまえばいいんだとなります。

だから、何がきても違ったものがすべて日本教となって当然なんです。仏教をこれくらい、神道をこれくらい、儒教をこれくらいと薬にして混ぜて、自分に一番効くようにすればいいんです。だから、名医というのも〝一もなずまず、一をも捨てず〟でしょう。キリスト教も捨てちゃいけない、マルキシズムも捨てちゃいけない。全部それをうまく処方する者こそ賢者なんです。

小室　薬だとすれば、薬局にはなるべくたくさん薬があったほうがいいですね（笑）。ただその誤用、「はきちがえ」だけが悪いということになる。

山本　そうです。だから、これは私は皮肉ないい方で、大変立派な思想だといっているんです。こんな立派な思想、世界にないでしょう。明治の初めにキリスト教がある程度保護されるわけですね、明治政府によって。それで勲何等なんていうのをもらった宣教師もおりますよ。ええ、これはいい薬が来たんです（笑）。だから私は新約聖書の〝約〟というのは誤訳で〝薬〟にしなくちゃいけないと（笑）。新しい薬が来たと受けとっているんだから。

　これがちょっと毒になると思うと、次に排除するわけです。ハビアンだってその通り。だから、彼には『妙貞問答』という伝道の書と、『破提宇子』というキリシタン排撃の書と両方あるわけですが、読んでいくと基本的には同じことが書いてあるんです。薬だと思ったら毒じゃないかと、そういうことでしょうね。

小室　聖徳太子による仏教の導入というのも同じことだと思うんです。先進国ではやっていて良さそうな薬だから、こっちも欲しいと。これを飲まないと一人前になれないんじゃないかと。そのため聖徳太子、一所懸命、勉強しまして『法華義疏』という実に立派な法華経研究書を著しているくらいなんです。また平安王朝もそうで、当時の世界最先進国であった隋・唐を圧倒していた天台智顗の学説（法華経を最高経典とする説）にねらいを定め、それをそっくり輸入した。それで、比叡山に延暦寺を建てて、日本仏教の最高寺院にした。全部政府の方針だから、坊主はみんな政府任命の国家公務員。

法華経の尊重はなにも日蓮に始まったわけでなく、実は平安王朝の体制イデオロギーでもあったのです。

山本　やっぱり、入れるときの契機を無視して何でもかんでも飲み込んじゃってるんですね。改宗するわけじゃないんです。薬なんですよ。このほうがいいじゃないかという。

小室　ところが、本来、宗教が全力投入するのは伝道でしょう。キリスト教では特にそれを重視して、ある国（地方）に初めて伝道した人は、聖人にしてもらえる。英国だったらセント・ジョージ、アイルランドならセント・パトリックがその代表。イスラム教では武力を用いても広めようとするし、仏教でも達磨なんかは法を伝えるために艱難辛苦をものともせず中国にやってくる。

山本　ところが、日本の場合は逆でして、政府の方針として仏教を輸入したわけです。となると、昔のヨーロッパでは、王さまがキリスト教に改宗すると家来はみんな改宗させられたんですが、それとも違う。

小室　それはキリスト教の論理からは当然でして、王さまがある神と契約を結んだのに、家来が別の神と契約を結んでいるというんでは、君臣関係は成立しようがない。だから、家来は王さまが結んだのと同じ神と契約を結び直す必要が出てくる。ところが、平安王朝では、仏教に改宗せよとの命令が出されたことは一度もない。もちろん建て前としては国家仏教ですから、平安王朝の正統性弁証という役割はあったんですが、それはあくまでお飾り的機能。当時、官民ともに本当にもてはやしたのは加持祈禱という生活上の効用なんです。

このような社会的要請から比叡山延暦寺では、法華経絶対の原則ながら、だんだんと大日経を重んずるようになってしまった。このターニング・ポイントとなったのが、第三代の座主、慈覚大師でこの傾向を後に日蓮が徹底的に攻撃するわけです。要するに、国家公務員たる坊主の任務は超能力を開発して、病気を治したり、女を男に変えたり、天変地異を防いだりすること。つまり、これが国家仏教たる天台宗の一面で、オカルト的真言密教と呼ばれるものなんです。しかも、これら二つの機能は大変矛盾しているようですが、その無原則性を支えているのが日本教というわけですね。

第四章　日本教の教義(ドグマ)

日本人を理解するために

日本教の特徴

小室　さて、そこでいよいよ、この日本教の神学的構成とその宗教社会学的意味について討論を深めてみたいと思いますが、山本さんの偉大な業績は、実に、「日本教」の発見にある。このことの重要さは強調されすぎることはありません。ひとたび日本に入ってくると、キリスト教でも、仏教でも、儒教でも、あちらのものとは似ても似つかないものに変容してしまう。そして、独特な様相をおびてくる。まったく不思議千万なのですが、このことが、日本教という概念装置を用いると明快に説明され得る。つまり、みんな日本教の分派になってしまうんです。要するに、日本教とは、日本人の行動様式（エトス）そのものであり、何教を信じようとも、どんなイデオロギーを持とうとも、結局、日本人はみんな日本教徒なのです。

だから、日本教を理解することは、日本を理解し、日本人を理解することだといっても過言ではないでしょう。

「日本教」とは、それほど重要かつ有効な概念装置でありながら、その神学的構成・宗教社会学的意味はまだ明確にされていない。その素材は、山本さんのお書きになった論文に散在しますが、体系化されて誰でも使える形にまとまっていないのです。

われわれが、ここでチャレンジしたいと考えるのは、その日本教を社会科学的にとらえ直すことです。そもそも、まったく体系的でない日本教を、方法論的には体系的にとらえようというのですから、この作業は大変なことで、この目的のために、私は次のような研究戦略（リサーチ・ストラテジー）を用いることにしました。

キリスト教の場合ですと、その神学的構成・宗教社会学的意味を研究するためには、教義（ドグマ）、救済儀礼（サクラメント）、神義論（テオディツェー）などが決定的な役割を演じます。また、キリスト教の本質を理解するうえで最も適切なのがファンダメンタリズム（基本主義）です。そこで、日本教におけるこれらの対応物（カウンターパート）を探ることによって、日本教の構成と意味とを明らかにしてみたい。

もちろん、日本教には、本来、教義（ドグマ）も救済儀礼（サクラメント）も神義論（テオディツェー）もありません。こんなものがないところが、日本教の特徴です。日本教のファンダメンタリズムなどもありようがない。何が日本教にとって異質的だといって、ファンダメンタリズムほど異質的なものは考えられない。

それなのに、いかにしてこれらの対応物（カウンターパート）を見出すか。
私は、ここに、構造神学が威力を発揮すると考えます。教義の論理構成だけをその社会的機能から切り離して分析するという従来の組織神学的立場からすれば、日本教には、教義（ドグマ）も救済儀礼（サクラメント）も神義論（テオディツェー）もない。しかし、構造神学的に考えて、これらと同じ機能をするものが日本教にはないか、と思いめぐらすと、これは、立派に存在するように思います。

山本　つまり、原則のないところが日本教の日本教たるゆえんである。ところが、宗教で原則といえば教義（ドグマ）でしょ。キリスト教で教義といえば、その内容が一義的に明示されることが要請され、これはもう日本人の目から見れば想像を絶するくらい厳格で確固たる原則です。社会状況からも人間関係からも完全に析出されていて、人間によって左右されることのない半面、人間をわしづかみにして逸脱を許さない。ですから、このような組織神学的にいえば、日本教に教義はありようがありませんね。

小室　しかし他方、日本教にもそうした意味の教義はないにもかかわらず、機能においては教義の働きをするものがあるように思うのです。
ここで教義の機能についてちょっと、コメントを加えると、それが人間にとって、規範的に絶対であり、所与性を持つこと。教義は人間行動を厳重に拘束するけれども、人間のほうでは勝手に教義を変えることはできない。このような意味で、教義はデュルケムのいう社会的事実（フェー・ソシアール）の一種だと思います。そして構造神学において教義という場合、私は組織神学における場合とは違って、その体系的内容（システマティックコンテント）ではなしに、その機能によって理解されるべきであると思います。

そうした観点で、日本教に教義と同じ機能をするものはないかと探ってゆくと、山本さんが提起された「空気」に突き当たるわけですね。

日本教の教義(ドグマ)としての「空気」

「空気」が発生する条件

山本　そうです。正に「空気」ですね。つまり、キリスト教が日本に入ってくると、その宗教本来の意味が骨抜きになってしまう。この場合、よくいわれる〝骨を抜く〟というのは、こちら側に排除の原則があるということです。日本に来ると、何でもこっちにもっと徹底的な原則があるがゆえに、その原則に反するものは全部骨を抜かれてしまう。その原則を私は、「空気」と定義したわけです。

小室　なんとなれば、「空気」(Anima, pseuma) はその内容が一義的に明示されず、なんらの原則を有しないという意味で、組織神学的にはこれほど教義(ドグマ)から遠いものはない。また、常に社会状況や人間関係にも依存しており、それから析出された存在になることはできませんから、この意味でもキリスト教的な教義と正反対である。ところが、構造神学的にいえば、「空気」は規範的に絶対であって所与性を持ちます。「それが空気だ!」ということになると誰も反対はできず、「空気」に逆らうことは、とんでもなく悪いことだとされる。人間は「空気」の前では、いとも弱き存在であって、どんなに「空気」に抵抗しても無駄です。これを変えることなどできようがない。

で、ここまでは、「空気」が日本教の教義（ドグマ）であるための、いわば必要条件です。次に、問題は、それが日本教の教義であるための充分条件をいわないといけないのですが、これは少々難しい。日本教以外には「空気」はない、ということをいわないといけない。私は、すべての宗教を研究したわけではありませんので、このことを完全にいうことはできませんが、これに近いことはいえるのではないかと思います。

「空気」は、無条件にいかなる社会にも発生するというのではなしに、発生のための条件がいくつかある。まず、絶対的一神との契約という考え方がある社会では、絶対に「空気」は発生のしようがない。その契約のみが規範性を有し、それ以外に規範はあり得ませんからね。この考え方をさらに広めると、一般的規範が一義的に明示され、それが社会的状況からも人間関係からも析出されている社会にも、「空気」はあり得ません。次に、歴史という考え方のある社会でも「空気」は発生しない。なんとなれば、現在の「空気」によって是非善悪が決められても、いつそれが歴史の審判によってくつがえるかわかりませんから、おそろしくて、「空気」などが暴威をふるいようがない。これが歯止めとなって「空気」の発生がおさえられるのではないでしょうか。日本で「空気」が発生しうるのは、規範が存在しないのに加えて、歴史的「時間」という考え方もない。

山本　ええ、常にもう「今」しかないわけですから。だから「空気」は教義（ドグマ）になり得るんですよ。

教義の解釈

小室 ところで、次に教義の社会学的意味について論じましょう。教義とは一口でいえば、集団加入のための判定条件です。これが教義というものの社会学的意味。たとえば、ある宗教、社会学的にいえばある教団になりますが、そこへ加入するための判定条件です。したがって、これを満たせば（たとえば、その教団の教義を信ずれば）加入できるし、満たさなければ加入できない。私はこのように理解しているんですが、これでいいんでしょうか。

山本 それでいいと思います。ある意味において、教義学とは組織神学と同じ意味になります。学者によっては、この二つを区別したりしますけど、普通は教義学といった場合は組織神学とほぼ同じ意味に使うんです。つまり、教義が一つのシステムとしてなくちゃいけない。

ところが、日本人が一番嫌うのは実はこれなんです。たとえば、これは浅見絅斎と内村鑑三との似た点で大変面白いんです。内村鑑三は絶対に組織神学を排除する。つまり、一方において彼は絶対神があって、一方においては個人の規範しかないんですね。あいだをどう組織でつなぐかという発想がまったくない。だから無教会といえるわけです。このあいだに教会はなくてもいいわけです。

浅見絅斎にも同じことがいえます。一方の極に天皇の絶対制があって、他方の極に故人の絶対的規範があって、このあいだをつなぐ組織は何にもない。ですから、天皇が絶対だということと、これがおれ個人の規範だというもののあいだに何にも組織的連関がない。本来はこの中間を契約で埋めているとか、組織的発想で埋めてるとかで、これがすべて教義として出てくるわけです。つまり、神との契約というのは一種の教義(ドグマ)ですよね。これがないということが日本の特徴なんです。これが入り込もうとすると、もう全部お断りなんです。このことを、内村が実に象徴的にいっていて、大変に面白いのは、「神学を学ぶと信仰を失う」なんです、タッチしちゃいけないと。

小室 ええ、日本人は本能的にそういう考えを受け付けないんですね。それは、「ドグマ」、「ドグマティズム」の訳語を見るとわかりますよ。初めは、ドグマを独断なんて訳した。ドグマティズムは独断論ですね。独断はひとり決めであって宗教の教義とは関係ないですね。つまり、日本人には、ドグマのこの側面しか見えなかったのです。これではあんまりだというので、次には、ドグマティズムを「教条主義」と訳したのですが、そうすると、「教条主義」という言葉は、あっという間に、悪い意味にだけ使用されるようになってしまった。「彼は教条主義者だ」といえば絶対に褒め言葉にはならない。あいつは独断と偏見に満ちているという意味になってしまう。

ところが、教義(ドグマ)とは、簡単にいえば、教団ないしは宗教に対するパスポート。これを承認すれば教団に入れてくれるけど、承認しないやつはおっぽり出す。

山本 ええ、そうです。そしてどんな形であっても、教団の組織論はドグマつまり、組織神学に基礎を置いていなくてはいけないんです。だから、プロテスタントは無限に神学が出てくる。教派の数だけ神学があるわけですね、否応なしに。というのは、その教会の組織の仕方そのものが、その人間の組織神学とピタリと一致し、両者の間に連関性がないことは、あり得ないわけですからね。

「空気」の規範的特徴

小室　なるほど。今の論理は広げられますね。プロテスタント以外の宗教でも同じことでしょう。たとえば、儒学にも多くの流派がありますが、その教学的内容規定とその制度論とは密接な連関関係がある。つまり、礼楽（れいがく）ということの学問的内容とそれに対応する実際上の制度ですね。つまり、儒教においては、実際にどんな制度や社会組織を作るのかということを具体化しないことには、学問の内容が完成され得ない。たとえば、天子と諸侯とは、どのような制度的関係にあるのだとか。つまり現代社会学的にいうと、教義（ドグマ）の組織論ですか。

山本　だから、それがあれば「空気」にはならないんです。しかし、日本人はそれを規定するのはよろしくないという。となればやっぱり、自己の規範と絶対的対象とをつなぐためには、「空気」で結ぶよりしようがない。絅斎が天皇と個人をつなぐのは「空気」であっても、科挙（かきょ）によって士大夫（したいふ）という統治者階級を創出し、それで組織をつくらねばならないとはいっていません。

ところが、この「空気」が、戦後はさらに始末におえなくなってくるんです。戦前は一応、自己の規範があったでしょ。それから天皇があるでしょう。だから何をするにしたってその連関でやらなくちゃいけない。間にどんな「空気」があっても、二極だけは押さえている。

戦後はね、自己の行動規範も何かわからない。何が絶対なのかもわからない。この二つがなくなると完全に「空気」だけになるんですよ。これは何をするにしたって方法がなくなるんです。ですから、二極を無理につくらなきゃならない。

たとえば日中復交のときに二極を置くでしょ、新聞の論調は。向こうの中国は絶対善です。そしてこちらに日本軍という絶対悪を置く、そして、日本軍を獣にしちゃうんです。この二極の真ん中に各人を拘束するものがなくちゃいけないんですが、それが「空気」です。

小室　さかのぼれば西南戦争のときの報道も同じですね。官軍と西郷(さいごう)軍。西郷軍は絶対の悪、それから官軍は絶対の善と。これは、山本さんのお書きになった『空気の研究』の中に出てきます。

山本　で、これはあらゆる方法で証明しなくちゃいけない。たとえ嘘(うそ)でも西郷軍がこんな残虐なことをやった。一方、官軍のほうは博愛社をつくって西郷軍をも救済したと。西郷軍は、灼熱(しゃくねつ)した銅の鳥居を捕虜に抱かせるなど嬲(なぶ)り殺しにしたとなっている。

小室　ですから、戦前の場合には両極というのは固定して一方は天皇で、それに規定された個人規範があったわけです。ただ中間の「空気」がふくれたり小さくなったり、あっちへ行ったりこっちへ行ったり。ところが戦後の場合はその起点となる二つの焦点みたいなもの、それがないから、もう戦前以上に「空気」の流動性が増大する。どんな「空気」ができるかわからないという意味では、「空気」は一つの霧みたいになって、視界零に近い状態になってくるんですね。

つまり、規範(ノルム)のような体系性(システム)を持ち得ないという「空気」の特徴が、いっそう鮮明になってきたわけです。

ここで、規範(ノルム)における体系性というのは、是非善悪の判定が明確になされ得ることをいいますが、規範には成文規範もあれば不文規範もあります。しかし、いずれにせよこれは正しいか正しくないか、この場合にはこうしろだとかこうするなとか、はっきりしていなければならない。この点が曖昧だと規範とはいえません。「空気」はそういう特性は持ちませんから規範とはいえませんが、その社会学的特性が規範と同じであるという意味で、規範性があるといえますね。
規範の社会学的特性というのは、それが、(1)正当性を有し、したがって、(2)その遵守が要求され、(3)遵守しない場合には制裁が加えられる、という性質のことです。「空気」もまた、これらの特性を十分持っている。

戦艦大和と「空気」

山本 だから、この点で戦艦大和の出撃というのは、「空気」を研究するには一番いい材料ですね。

小室 すでに昭和十九年、マリアナ諸島陥落のとき、戦艦山城をやってサイパンの浅瀬に乗り上げさせて陸上砲台にし、米軍を撃ちまくるという案がある軍人から出ているんです。これに海軍軍令部は断固反対する。戦闘機の援護もなしに戦艦が一隻、あんなところに行けるかどうかわからない。行けたって、発電装置や電気系統が無傷であるはずがない。それが壊れてたら大砲は撃てないじゃないか。こういって反対し断固はねつけている。しかし、もし、そうだとすれば、昭和二十年の沖縄戦のときに、大和出撃に賛成する理由はまったくあり得ない。状況は、マリアナ戦当時にくらべて、はるかに悪くなっている。大和が沖縄にたどりつけるなんて、同じ理由で到底考えられない。だから、論理的に考えればまったく無意味、ナンセンスの二乗みたいなものですが、マリアナ戦当時に山城の出撃に

アメリカ空母機が撮った「大和」。46センチある1番砲塔に爆弾が命中した瞬間。2時間後に沈没

断固反対した大本営参謀が今度は大和出撃を要求、第二艦隊司令長官の伊藤整一（いとうせいいち）中将がどんなに出撃反対の理由を説明しても何回もやってきて説得する。が、伊藤中将はどうしても反対の態度を変えない。

山本　ところが、最後に三上参謀が来て大本営の「空気」を伝えるわけですね。そうすると、伊藤中将は「それならば何をかいわんや。よく了解した」と。これが教義（ドグマ）なんですね。絶対こんなことやってもだめだと思ってもやらなくちゃならないでしょ。

小室　これこそ教義（ドグマ）ですね。教義（ドグマ）とは教団の加入条件ですから、その教団に入っている以上は、生命を捨ててもこれに従わなければならない。このような機能面に着目すると、「空気」は強烈な恐るべき規範性をもって迫ってくる。これに反したら集団の中に居るわけにはゆきませんから、もう殺されるとわかってても行かなくちゃならない。

山本　そうそう。もう徹底的なんですよね。

小室　ですからそうなると、もう〝燃料片道、涙で積んで、行くは沖縄、死出の旅〟というようなことになる（笑）。どんな理屈を述べたって、もうだめ。だから、あとから見るとまったくナンセンスですね。

山本　ときの連合艦隊司令長官・豊田副武（とよだそえむ）自らが、「そのときの空気を知らないものの批判には一切答えないことにしている」と後になって語っている。裏からいえば、当時の「空気」を知っている者だけが、大和出撃の理由がわかるわけです。これが「空気」です。

「空気」は流行とは違う

小室　そうだとすれば、「空気」は流行やムードなどとほど遠い。世の中には、「空気」を流行の一種だと誤解する人が多いので、この点十分注意すべきだと思います。

もし戦艦大和出撃が流行だとすれば、その前後に日本の戦艦が続々と、燃料を片道分積んで出かけて行くということがはやっているはずなんですね。

山本　同時に流行ならば、「おれはそれをしない、おれはそういう流行を無視する」といえるわけですね。ところが、「空気」はそうじゃないんで、「おれはそんな不合理なことはやらない」ということは絶対にいえない。

ある極点を絶対的に拘束して、それ以外のことをさせないわけです。

小室　それに反したら処断されるわけですけど、処断されるという意味がまた違いまして、軍法会議にかかるという意味じゃなくて、「おまえは日本教徒でない」と詰め腹を切らされる。それだけでなく、議論しただけで大変なことになる。

山本　おそらく世界のどこの戦史を探しても「あの時の空気ではああせざるを得なかった」という弁明はないでしょうね。いわばそれ以外に方法がないんですよ。そこであとからの説明というのが一切ない。

ところが、これは単に大和出撃だけじゃない。太平洋戦争の開戦がそうでしょ。何を誰が、どこでどう決めたのかわからない。

小室　おもしろいのは、そのころの三国同盟をめぐっての枢密院の会議です。日独伊三国同盟を政府が締結しようとすると、初めは、ほとんどの枢密顧問官が反対なんです。反対の理由をいろいろ述べるわけです。ところが最後になって決を取るでしょう。そうすると全員が「事ここに至る。いま反対するということは無意味である。帝国の方針を遅延せしむる以外に、いかなる意味も持たない。だから賛成」と。国策決定にあたっても、人々が依拠するのは当時の「空気」であって自分の意見ではないわけです。

戦後も、この点は全然変わっていません。さらに注意すべきことは、「空気」が、流行とかムードと明らかに違う点は流行やムードだったらどこの国でもある。ところが、「空気」っていうのは日本独特の現象であって、外国にはまったくないか、さもなくばきわめて例外的な状況にしか現れない。そして、注意すべきことは、これは群集心理とも違うんです。

山本　違いますね。というのは、群集じゃないですから。あの大本営の決定だって、すべてを知り抜いてる専門家の対論の結果です。

小室　ウルトラ・エリート。

山本　ええ。それが徹底的に討論をしていったらそういう「空気」ができちゃった、ということですね。だから群集がワアワアいって「戦艦大和出ていけーっ」ていったんじゃないんです。全部知り尽くしている専門家がそれをやるっていうことです。

「空気と水」の連関

小室　では、この不合理きわまる「空気」がなぜ日本でそれほどまでに暴威をたくましゅうするのでしょうね。

山本　一つの点は、いわゆる組織神学を全部抜いちゃうからです。だから、各人にとっては一つの絶対的対象とそれから自分の規範、この二つがあるだけで、真ん中つなぐ明確なものがないでしょう。だからどうにもできなくなるんです。二・二六事件のように天皇陛下の御為に天皇陛下が任命した総理大臣をぶった切っていいことになるんです。

小室　「空気」がそういうふうになっていれば。

山本　「空気」がそうなってれば、そういうふうにつなげるんです。そこに瞬間的、時限的にドグマをつくっちゃうのが空気なんです。

小室 日本教において、「空気」が教義になるということの帰結として重要なことは、事実判断と規範判断の区別がなくなるということですね。この点を前章では〝言霊〟の観点から論じたんですが、「空気」の文脈からも把らえることができると思います。これを典型的に表わしているのが年輩者の若者に対するお説教のもう一つのタイプ。「お前はよくわかっていないな、世の中はそういうもんじゃないぞ」と。このお説教に対して、「世の中はおっしゃる通りかもしれませんが、それは正しくありません、改革すべきです」、なんていったら大変。オッサンゆでだこのごとく怒るに決まっています。

この事実と規範との無媒介的癒着は、もう近代だとか前近代だとかいうんじゃなしに、日本社会の驚くべき特徴ですね。これは中国とも違えばもちろんユダヤとも違う。

山本 違いますね。前に書いたことあるんですが、「人はパンのみにて生きるにあらず」という有名な言葉があります。これは本来は「人はパンのみに生きていないんだ」という事実をサタンに対していっているんですよ。

小室 ところが日本では「パンのみに生きちゃならない。神の言葉によって生きなさい」という規範的意味になっちゃうんですね。一事が万事そうですね。ここが「空気」の大事な点で、そういうような「空気」があるということは、直ちにそれが「その空気のごとくになりなさい」という意味になってしまう。

山本 同時に、そういう規範はそのまま事実だということになっちゃうんです。ベトナム報道にもこれがありました。〝事実はこうであり、規範はこうであり〟じゃないんです。それは事実そのものなんです。ですから、「空気」を「空気」通りに、これを教養として機能させようと思っている人間がいるとすると、そこに、事実をそのまま事実として口にする人間がいるのがいちばん困るんです。たとえば大本営のウルトラ・エリートが、「いま戦艦大和が出撃いたします。これはこうなって、南九州の沖合い何カイリぐらいで必ず沈没するでしょう」と専門の知識を駆使して、あり得べき事実を反論の余地ないほど徹底的に論証したとします。そういってしまっては「空気」がくずれるんです。

小室　ですから、それが山本学の分析概念の一つである「空気」と「水」の連関になる訳ですね。それが〝水をさす〟という言葉の本来の意味。

「事実」と「実情」との連関

山本　つまり、「空気」をつぶす方法というのは一つしかないんです。事実を事実としていうことです。重要なことは、「空気」が規範化されればドグマになるというような前提のもとでいえば、ある場合には事実をいうことが日本教の背教になる。

小室　そこに「空気」の恐ろしさがある。また「事実」と「実情」との連関でいえば、実情というのは「空気」を通してみた事実でなければならないのであって、生(なま)の事実をいったら背教です。

山本　これは「実情」という言葉を辞典でひいてみればわかるんです。何も大辞典でなく手もとのポケット辞典でよいわけで、たとえば三省堂の国語辞典には「㈠いつわらない思い、㈡実際の事情」とあります。日本教徒にとって、父が羊を盗んで「確かに盗みました」という事実をいったらそれはいけない。そのときの「実情」をいう。このことは石田梅岩もいっています。だから事実を事実のままにいう人間は嘘つきなんです。「実情」に対して正直であることだけが正直なんです。父が羊を盗むと、子の情はハッとする。これが梅岩のいう「実情」で、その「実情」に正直に対応すれば、それが正直なのですから、その「実情」を無視して事実をいった人間は嘘つきでしょう。彼は孔子の言葉をそう理解しています。

小室　ですから、日本人の嘘つきの定義と、欧米人の嘘つきの定義は全然違う。欧米では事実と違うことをいう人が嘘つき。日本でなら「実情」が「事実」と異なる場合には、事実と違うことをいっても嘘つきとはいわれない。これが、日本人が欧米人に誤解される大きなポイント。

山本　だからそのとき、事実をそのままいった人間は非難されるんです、徹底的に。あいつは嘘つきだ、とんでもないやつだと。

小室　それと似たことがありましてね、衛藤瀋吉東大教授が「蔣介石は英雄だ」といったでしょ、それで中国から非難されて、日本のジャーナリズムも「何であんなことをいうんだ?」と。それは別に衛藤瀋吉が蔣介石は英雄だと思ったというだけですが、そういうことをいうこと自体がそのときの「空気」に「水」をさすからいけないということなのです。ところが、これに十分に「水」をさして「空気」が沈静すれば、今度は、「水」をさした人が……。

山本　あれ一人だけが冷静だった、と。だけど、これは「空気」をつぶす効力しかないんです。だから、その「水」をさすことによってまた別の「空気」が出てきても少しも不思議じゃない。だから、さっきいったように、二極をつないでいないんですから、何かの「空気」をつぶせば、また何かの「空気」が出てくる。だから、永久に「水」は「空気」をつぶすだけであって、「水」によって何かをつくり出すということはできないんです。

小室　ですからこの点、「水」と「空気」の二律背反でありながら、弁証法的展開とは違う。

山本　違うんです。そうならないんですよ。だって「水」が「空気」に転化することはないんですから。なまの事実だけでしょ。今度その事実と実情がまた違ってくるでしょ。だから、「水」をさすことが次の「空気」をつくる要因になっちゃうんです。だから、もしもあのとき誰かが大本営でいろいろいって、「水」をさして、戦艦大和の出撃を止めたとしますね。ここから次にどういう「空気」が出てくるかということですね。

実体語と空体語

「ホンネとタテマエ」

小室　このように、「空気」は山本学の中心的分析概念（キイ・コンセプト）として応用範囲が広く、これを使えば効果的な社会分析ができると思われますが、そのほかに、山本学の分析用具としてすぐれて有力なものに、「実体語と空体語」というのがありますね。次に、これについて考えてみたいと思うんですが。

「実体語と空体語」というのを、「ホンネとタテマエ」のことだと理解している（つまり、実体語がホンネで空体語がタテマエ）人が意外と多いのですが、しかし私は、理論的には、これはだいぶ違うんじゃないかと思っているんです。

まず、「ホンネとタテマエ」、これはどうも理論的意味がはっきりしない。ちょっと考えると、タテマエが理想でホンネが現実とも考えやすいわけですが、さらに語義を厳密にしますと、理想とは努力目標でしょう。現実とはそこに至る出発点だとすれば、「ホンネから出発してタテマエを実現するために努力する」とこう来なくてはなりませんが、果たしてそうか。

また、ホンネが実体でタテマエが見せかけ（アピアランス）だと考える人もいますが、もしそうだとしますと、タテマエとホンネとを使い分ける日本人はみんな偽善者だというとんでもない結果になる。

山本　軍隊なんかでホンネとタテマエが違うのは当たり前で、しかもそういうことは偽善として否定されるべき対象でなくて、それでなければ軍隊の生活が送れなかったんです。

この点、戦後も同様でして、国会の討論をはじめとして、会社員だとか役人だとか政府でも至るところそうですね。そうしますと、ホンネとタテマエというのは偽善という意味にもとれませんし、また、ホンネが現実でタテマエが達成すべき理想かというと、そうでもない。だから、ホンネとタテマエというのは絶えずバランスしてなくちゃなりません。これは実体語と空体語のバランスと、こういうふうに置き換えたほうがいいんじゃないかと思うんです。

小室　両者のバランスを中心にして、ダイナミックに構成されている点に「実体語と空体語」図式の要諦（エッセンス）があると思います。「ホンネとタテマエ」図式にしても、そのねらいはもともとこれらの二元性の指摘にあるのではなく、それらの間の微妙なバランスの分析にあったと思うのですが、それがうまくいっているとは思えない。つまり、「ホンネとタテマエ」図式は動学的（ダイナミック）でなくて静学的（スタティック）なのです。それでいて、ダイナミックな対象をねらうものですから、理論的に厳密に論じようとすると破綻（はたん）をきたす。

その点、このダイナミズムを分析するうえで、山本さんが提起された「実体語と空体語」の図式はまさに画期的な意味があると思うんです。

もともと欧米諸国でしたら、実体と見せかけの相違ということが意味を持ちますが、日本では、実体と見せかけの固定的な相違ということは問題にならない。重要なのはバランスなんです。

山本　だから日本には、偽善者というのはあり得ないんですね。偽善者というのは、原語は「俳優（ヒュポクリテース）」です。「メリメエ神父の日記」とかいうのがフランスにあるそうで、一生、実にまじめな司祭さん、死後、日記を見てみたら無神論者であると。こういうのはちゃんとした偽善者なんです。生涯演技し通しているんです。もう立派なもんです。

小室　ところが、ホンネとタテマエはそうじゃないですよ。常に流動的なバランスの上に立つんですね。

山本　だから、これは偽善じゃないですよね。これを〝バランス〟というようなダイナミックなプロセスでとらえなければ意味がない。これはスタティックにとらえてしまったら、まったく無意味になる。

つまり偽善者というのは、単に実体と見せかけが違うというだけでなしに、その違い方が固定的なんですね。本当の実体は何であり、それから外部の見せかけは何であるのかと、両方とも固定して静学的（スタティック）なんですよ。メリメエ神父の場合、肝要なことは、「実体は無神論者である」ということと「見せかけはカトリック」であるということは、両方とも固定していて不変だ、ということです。両者がバランスをとりあって微妙にゆれ動いて、「見せかけ」が、今日はカトリック、明日はプロテスタント、明後日はイスラムなんてことは考えられません。

小室　この点において、欧米社会は日本社会と根本的に異なるわけですね。だから日本社会の分析のためには、どうしてもダイナミックなバランスの分析が必要になる。この日本社会の基本メカニズム解明のためには、「実体語と空体語」のバランスの理論が有効だと思います。

山本　これは簡単に図式化しますと、まず日本教の基本的な概念は「人間」と「自然」です。自然の上に人間が立っているわけですが、これではあらゆる生物と同じわけで、その意味では「人間であること」を失ってしまいます。もちろんこの「人間であることを失った状態」もあり得るわけで、この表れが「虚脱状態」でしょう。この状態の人間は社会的にはもう何も機能しなくなりますから、社会学的な人間でなく、瞬間的ですが生物学的な人間になり、そのいちばん大きな特徴は言葉を失うことです。しかし通常の人間は社会に機能しており、それを機能させているのは教義でなく空気ですから、この空気を醸成する言葉が必要になります。そしてこの空気的機能で自然的人間から社会的人間として機能するわけですが、これを機能させている空体語が際限なく拡大すると危険なので、一方に実体語をおいてバランスをとるわけです。例をあげてみましょう。

一億玉砕と無条件降伏

山本　まずモデルとして太平洋戦争末期をとりあげてみましょう。あの頃、無条件降伏という実体語があれば、一億玉砕という空体語でバランスをとっているわけで、この空体語がないともう何も機能しない。ところが、一億玉砕というのは極限ですね。どうもできませんね、これ以上は。これ以上もう空体語を積めなくなる。そうすると天秤の支点を移動さしてバランスをとろうとする。ところが支点を限度まで動かして、なおバランスがくずれれば、天秤はくるりと一回転して空体語も実体語もふり落とす、これが終戦です。両方の言葉が落ちてしまう。だから「一億玉砕」もなくなるんです。が、同時に実体語も落ちてしまいますから、すべての言葉を失って「虚脱状態」になります。いわば、いわれざる事案が出てきたときに言葉は全部消えたわけです。

小室　終戦というのはもうすでに既成事実だから、もはや空体語を必要とはしないんですね。

山本　そこで、その瞬間に、じゃその空体語は何であったかということに対して、それを論及することはしないんです。もう空体語は落ちちゃったんですから。すでに、事実が出て来ちゃったから。その場合には空体語と実体語の両方が一気に消えて、すべての言葉を失うんですよ。

つまり、下に自然があって、その上に人間という支柱があって、この支柱の上に天秤があるわけですね。片方に空体語を入れて、片方に実体語を入れるわけですよね。これでバランスをとってるわけです。

で、実体語のほうが重くなると、空体語のほうをどんどん増やすわけですよ。だから、この表現はどんどん上がっていって、降伏直前には「一億玉砕」まで上がっていく。それが極限まで行っちゃうと、もう方法がない。もう空体語を重くできない。これ以上重くできないとバランスがくずれて、実体語のほうが上がっちゃう。こうなると困るから、こんどは支点を空体語のほうに寄せていく。それも極限までくると、もうバランスがとれないから一回転してストンと両方落ちちゃう。そうすると、その次の瞬間は何もなくて、天秤の支点は真ん中にあって、実もなければ空もない、自然的虚脱状態でつっ立つ人間がいるだけ。

次に戦後それを機能させようと思うと、空体語のほうに、民主主義でも何でも、いっぱい積んでくるんです。そうすると、これはバランスを取るために、実体語のほうに事実を積んでいかなくちゃならんでしょ。

これは安保だってそうです。しまいに空体語を積み切れなくなる。また天秤の支点を動かしていく。また極限までくるとガチャンとひっくり返る。その瞬間にまた全部言葉を失う。たえずこれをくり返しているわけです。

空体語は簡単に消える

小室　この理論は応用が広いですね。六〇年安保騒動の分析は容易ですね。山本学の格好な練習問題です。まず、安保はどうしても必要だという実体語に対して、安保反対という空体語でバランスをとっている。しかし、バランスの支柱となる岸信介（きしのぶすけ）という「人間」を多くの日本人は信用できないわけだ。彼には戦犯のイメージが強すぎる。そこで、支柱がぐーっと空体語の方に寄ってゆくから、安保反対の空体語は、ますます積み増さなければならなくなる。デモ隊は国会に突入し首相官邸を包囲して革命前夜の様相を呈する。しかし、安保は日本に必要だからどうしようもありませんよね。そこで、もうこれ以上空体語を積みおえなくなると天秤は一回転して、ガラガラガチャンと両方の言葉がすべて落ちてしまう。だから「安保反対」はすべてどこかへ行ってしまって、池田内閣の月給倍増が始まれば、もう誰も「安保反対」なんていわなくなると。

山本　ガラガラガッチャンのときは一瞬、両方が沈黙するんです。だから、政府もそのときに空体語を攻めちゃいけない。空体語もう完全に沈黙なんです。空体語は事案と違って簡単に消えますからね。

小室　それに余談ながら、安保闘争の論理そのものも変なんですよ。あれは安保反対なのか、安保改正反対なのか、意味がわからんです。もしも安保改正にのみ反対して、安保には反対しないんだとすれば、改正によってより有利になったわけですよ、より有利な改正を反対する理由ないでしょう。しかし安保そのものに反対するのであれば、二十年間、何してたのか、と。

山本　そうですね。執拗(しつよう)な反対運動を続けて、そうしてこの十年、一剣を磨く、という努力がないのに反対するっていうのはおかしいですな。

小室　つまり、ですからこれを天秤の理論で分析しますと、安保は絶対必要だと。ところがそのときの人間のバランスとしての岸が、そのときの日本人の感覚からすれば実に汚れた人間であると。というわけでもって空体語のバランスがギューンと上がったんですね。この図式は公害問題の分析にも威力を発揮しますが、この場合には、少し事情が違う。公害問題の場合には、少しずつ沈静していったので、ガラガラガチャンじゃない。

安保の場合と終戦の場合は大変よくわかるんです。しかし公害問題のようにガラガラガチャンとならない場合もあるんですから、そこをもう少し詰めていくと、「水と空気」の関係が出てくるんじゃないでしょうか。

この意味で公害問題の分析は、「実体語と空体語」図式にとって方法論上きわめて重要な例だと思うんです。山本学の中心的分析概念(キイ・コンセプト)として、一方において「水と空気」があり、他方においては「実体語と空体語」とがあるわけですが、これら二つの図式(モデル)の間には、一体どういう関係があるんでしょうか。このことを明確にしておくことが、山本学の理解のためにも応用のためにも肝要だと思うのですが。

山本　空体語即空気ではなく、空体語と実体語がバランスをとって人を社会学的に機能させている状態が空気でしょう。

ですから、さまざまなケースがあるので、情況の変化によって空体語のほうも変化して軽くなる場合もあり得る。この変化に対してバランスをとろうとすれば、ふくらんだ空体語を振り落とす場合もあるわけです。

小室 実体語自身が変わるというふうに考えると、「水と空気」の関係すなわち「空気に水をさす」ということの「実体語と空体語」図式による説明ができるのではないでしょうか。

山本 空体語のほうが無限に絶えずふくらむとは限らないんでしょ。これはしぼむこともあるわけですね。

終戦前夜や安保騒動のときには、空体語は、もう無限にふくらんじゃったんで、ガラガラガッチャンになってみんな声を失うわけですね。ところがそういうふうにならないで、しぼんだりふくれたり、しぼんだりふくれたりして絶えずバランスをとっているケースもあるわけです。ですから、空体語に水をさすことによって、このバランスをとり直すということはあるわけですね。

小室 ですから、水をさすということは、空体語を少し振り落とすことですな。

山本 そうです、そうです。

「空気に水をさす」

小室 要約すると次のようになるのではないでしょうか。つまり、実体語と空体語とがうまくバランスしていれば社会に一つの空気が支配的となる。ところが、この実体語がだんだんとしぼんでゆく。

そうすると、バランスを維持するために空体語をふり落とさなければならなくなる。その結果、空体語は軽くなって空気が沈静する、とこうなりますかね。これが、空気に水をさす、といったときのいちばん簡単な場合。公害問題などこの場合ではないでしょうか。経済発展のためには公害は止むを得ない、これが実体語。高度成長の進展にともなってこの実体語はだんだんふくらんできます。そうすると、それとバランスする空体語、「公害反対」も次第にエスカレートせざるを得なくなってくる。そして、ついに、全国の工場をすべて止めようという主張や、成田騒動にまで発展してくる。公害反対の空気は全国を覆って誰もこの空気には反抗し得ない。公害を出しそうな企業はすべて悪者で裁判を受ける権利すら奪われかねない。その際、この空気に水をさす一番簡単な方法は、実体語の「経済成長のためには公害の発生も止むを得ない」をしぼませることではありませんか。

山本 それが実体であればできるわけですね。ただ実体語だけをしぼりますと、それが実体に対応しなくなって、実体語の機能を果たさなくなるんです。もちろん、実体の変化のため、実体語がしぼむこともあるわけです。たとえば、何らかの理由で経済の成長ができなくなった。となれば、その実体に対応して実体語はしぼんできます。

小室 実体語がだんだんとしぼむというのでなしに、急に軽くなる場合もある。

初めは実体語があまりにも重いものだから空体語がだんだん増えて、今にもバランスがやぶれてガラガラガチャンの一歩手前までいって、そこで急に実体語が軽くなったらどういうことになるか。

山本 一瞬にして重大事件がなくなっちゃったという場合の答えですね。

小室　しかし、空体語は依然として残っている。このことを理解するのには、次のような仮説的場合を想定するとわかりやすい。終戦時に、もう一億玉砕でギャアギャア騒いでいるんですね。ところが、まさにこのとき、富嶽（ふがく）（六発の超重爆撃機）が完成して、そしてドイツが潜水艦で、完成した原爆を数発送ってよこした。そこで特攻隊が勇躍して富嶽に乗っていって、ワシントン壊滅、ニューヨーク壊滅してアメリカ降伏――なんて仮になったらどうなるでしょう。

山本　つまりそのときとは、こっちの空体語はものすごく大きかった。もうふくらんで極限まで来た。ところが、その実体が急になくなったという場合ですね、これ。

小室　石油危機でもいい。石油危機がものすごく深刻になっちゃって、もう日本経済が停まる寸前。そうしたら空体語がギャアギャアいう。ところが、うまいことに紛争が奇跡的に解決して、石油がどんどん来だした。そういう場合はどうなりますか。

山本　そういう場合、もう空体語はバランスをとる必要がなくなったから、一瞬にして空になっちゃうんですね。

小室　どういう例があるでしょう、実際の場合。

山本　たとえば無機水銀、公害問題。アジを何匹以上食っちゃいけない、何を何匹食っちゃいけないというのがありましたね。大変な危機的状況になるわけですね。ところが、無機水銀というのは元来魚にあるもんで、十八世紀の魚の標本を分析しても出てきた。だから初めからあるんで、有機水銀と違って関係がない――といわれた瞬間に、その実体がなくなりますね。そうすると今度、空体のほうの言葉もスッと消えるわけです。

小室　必要がなくなる。そうしますと、さっきいったような仮定で、今まで「一億玉砕」とギャアギャアいってたのに、「一億玉砕やめた」って……。

山本　その一億玉砕を、いわなきゃならない前提が不意になくなっちゃった。アメリカが何かの拍子に間違えて日本に降伏しちゃったというような場合です。その場合どうなるか。空体語のほうはスッと消えていいんですね、これ。どこまでもふくらますことができると同時に、一瞬にして縮めることができるわけです。

小室　ああ、そういうふうな仮定を置くわけ。なるほど、なるほど。

支柱である人間が動く

山本　実体語のほうはそうはいかない。

小室　現実に対応してるから。

山本　だから、空体語のほうが重くなりすぎてひっくり返るということはないわけですね。そっちのほうに天秤がひっくり返る、つまり事実がひっくり返っちゃうわけですから、これはないわけです。ですから、その場合、空体語というのは極限までふくらませることができるけれども、まあ水をさすと一瞬にして縮んじゃうということもあるわけです。

小室　現実がそういうふうに変わると、それが一種の水になる。

郵便はがき

料金受取人払郵便

牛込局承認

7734

差出有効期間
平成30年1月
31日まで
切手はいりません

162-8790

東京都新宿区矢来町114番地
神楽坂高橋ビル5F

株式会社ビジネス社

愛読者係行

ご住所 〒 TEL:　（　　）　FAX:　（　　）		
フリガナ お名前	年齢	性別 男・女
ご職業	メールアドレスまたはFAX メールまたはFAXによる新刊案内をご希望の方は、ご記入下さい。	
お買い上げ日・書店名 年　月　日　市区町村　書店		

ご購読ありがとうございました。今後の出版企画の参考に
致したいと存じますので、ぜひご意見をお聞かせください。

書籍名

お買い求めの動機

書店で見て　2　新聞広告（紙名　　　　　　　　）

書評・新刊紹介（掲載紙名　　　　　　　　）

知人・同僚のすすめ　5　上司・先生のすすめ　6　その他

本書の装幀（カバー），デザインなどに関するご感想

洒落ていた　2　めだっていた　3　タイトルがよい

まあまあ　5　よくない　6　その他（　　　　　　　　）

本書の定価についてご意見をお聞かせください

高い　2　安い　3　手ごろ　4　その他（　　　　　　　　）

本書についてご意見をお聞かせください

どんな出版をご希望ですか（著者、テーマなど）

山本 そうですね。ですから「水をさす」は事実をいえばよいわけです。

小室 なるほど。だから、「もうアメリカ降伏したぞ」といったら、一億玉砕なんてばからしくて……。

山本 とたんに一億踊り狂うかもしれない（笑）。

小室 だんだんと「空体語と実体語」と「空気と水」との関係が明瞭になってきた。

それからいろんな場合があるわけです。こんどは実体語も変わらない、空体語も変わらないとすると、天秤だけが自動的に寄ってくるということはありませんか。

山本 この天秤の支柱は人間ですからね、支柱であり続ける限りは……。

小室 だから、今まで信じていた人間がもうまったく信用できなくなった場合ですね。そうしたならば、まあ実体語のほうも空体語のほうも変わらないけども、天秤は大いに狂うでしょう。

山本 両方変わらないのに、勝手に支点が動きだしてしまったわけで……。

小室 そうそう。そういうような場合もバランスがくずれて、ガラガラガッチャンになりますかね。

山本 ただバランスをとるために移動するという前提に立つとすれば、そういうふうにならないわけですね。

小室 でも、何かものすごいスキャンダルでも起きて、今まで信用していた人が信用できなくなる。何もそれは偽善者だけではなくて……。

山本 個人的な問題ですね。そういう場合、これはどうなるかな。空体語と実体語が大体バランスがとれる状態でありながら、急に支点である人間がどっちかに動き出してしまったと。そういう場合バランスとろうと思ったら、それに対応して空体語を増やさなきゃならないです、これはどうしても。

小室　それは逆の水ですね。たとえば、田中角栄の場合などこれに当たるのではないでしょうか。彼が首相になった当時は庶民宰相として大変な人気だった。ところが、ひとたび、金権政治家としてのレッテルがはりつけられると、あることないこと、みんな角栄に押しつけられて、角栄といえば諸悪の根源みたいになってしまった。以前とは逆方向の空体語が彼を包みこんでしまった。この逆の空体語と、それでも角栄は現代日本にとって必要であるという実体語とが新しいバランスに達しているわけでしょう。この意味で、「逆水」といえるわけです。

山本　ええ、水です。で、もしも反対のほうに動いちゃったら、これは今度空体語を軽くしなくちゃいけない。

小室　その場合は水ですね。

山本　だから、この場合もしも支点の人間が勝手に動き出しちゃったら、バランスをとろうとすると、空体語の量で作用するよりしようがないですね。そうすると、そちらのほうにも原則がないですな、動くかもしれないですから。

天秤のバランス

小室　そういうふうな水のさし方もあるわけですね。水のさし方も、いろんなヴァリエーションがある。

だから、この問題を詰めていけば、平衡（均衡）を維持できる場合と維持できない場合、すべての場合をいろいろ考えれば、空気と水との一般理論、先にあげた例のように単純な場合だけでなしに、より一般的な理論ができてくる……。

山本　天秤のバランスだけで何とか生きてるわけでしょ。秩序を保っているようなもんであって……。

小室　で、このバランスのとれる場合ととれない場合ですが、とれない場合どうなりますか。

山本　ええ、とり切れなくなるとひっくり返る。だから、それはもう極限まで行って、それ以上空体語をふくらますことなり積むことができないと、それによって支点をずらして行ったらもう実体まできちゃったと。これはどうも持たない。その限度があって、そのときは一回転するんですね、ただ天秤は落ちないんですよ。天秤そのものは次の瞬間に両方空になりますから、自動的にまた中心に戻る。何しろ支柱である人間は自然の上に立っていますから。

だから、この前、朝日の百目鬼恭三郎さんが書いていたんですが、文革当時、毛沢東をほめて劉少奇をさんざんけなした日本の知識人と称される人たちは、今どうしているのかと。どうもしてないですよ、両方ともその天秤から落ちちゃったんだから。

しかし、容れ物がひっくり返って一切言葉がなくなるわけ。一億号泣にもなるし、虚脱状態にも失語症にもなる。たとえば六〇年安保の成立が決まりデモ隊の流れ解散のことを、あの清水幾太郎さんが書いてますが、ほんとに一億号泣なんです。

小室　そこで今までの話を理論的に定式化すると、要するに安定条件の理論すなわち自動制御の理論ですね。「実体語と空体語」図式（モデル）においては、実体語と文柱たる人間が外生変数（パラメーター）で空体語が内生変数。外生変数（パラメーター）が与えられたときには内生変数がこれに適応して体系（システム）に均衡（平衡）が保たれるように制御されている。で、外生変数（パラメーター）が変化したときどうなるか。この変化の幅が小さいときには問題はありません。小域的安定条件はつねに満たされているわけだ。外生変数（パラメーター）の変化が大きいときには、新均衡に達する場合もあり、そうでなくてガラガラガチャンと発散してしまう場合もある。安定条件の問題ですよ、これ。そして、水をさすとは、外生変数（パラメーター）が適当に変化して、内生変数の値を適当な範囲内におしとどめてしまうことではありませんか。

山本　その通りでしょう。それを基にすると日本の新聞と政府というのは、典型的なものではないでしょうか。これは実に巧みに実体語と空体語の均衡（平衡）をとりながらやっている。

応用問題・日本のマスコミ

政府への悪口の必然

小室　新聞の話が出ましたので、日本の新聞の論調を「実体語、空体語」図式（モデル）で分析してみると面白い。

日本の新聞は必ず政府を悪くいうものと相場が決まっていますね。政府をほめたりしようものなら、たちまち、あれは御用新聞だとしてあがったりになってしまう。これが明治以来の伝統で、こんなことは外国にはない。欧米の新聞は、極右から極左まで百花繚乱。中には政府支持の新聞もたくさんあります。その新聞が支持していた政党が天下を取れば当然そうなるわけです。また、たとえそうでなくても、個々の政策を新聞が支持したり、その成果を高く評価したり、これは少しも珍しいことではありません。

ところが日本では、何をやっても政府は悪くいわれる。日露戦争に勝って焼き打ちにあい、沖縄返還をとりつけてきてさんざんに叩かれる。業績をあげればあげるほど悪くいわれるようになっています。

山本　だから、内閣総理大臣で新聞から徹底的に悪くいわれなかった人というのは例外的でしょ。近衛文麿、東条英機ぐらいのもんじゃないかな。

小室　それから田中内閣の初期と片山内閣。ここで大変面白いことは、新聞に好意を持たれた内閣はロクなことになっていません。近衛内閣、東条内閣、片山内閣、田中（角栄）内閣などありますが、首相の最後はいずれもみじめです。

ところがあとから考えてみるとね、悪くいわれた人であればあるほど大きな業績をあげている。吉田茂なんか最も悪くいわれたでしょ。

山本　それこそ台風が来ても吉田のせい、みたいな（笑）。

小室　その次に悪くいわれて人気がなかったのが佐藤栄作ですよ。ところがその当時だって国民が、いまの政府がどれだけの仕事をしているのかわからないはずないですよ。沖縄返還のときだって、あれはどう見たって日本外交の成功ですからね。しかしさんざん悪口いわれる。ですから、これは実体語と空体語の対比としては面白いんですけど。

山本　面白いですね。だから、政府が実績をあげればあげるほど評判が悪くなる。

空体語を重ねる新聞

小室　政府のことをよく書く新聞、これもまた例外なのですが、いずれもロクなことにはなっていません。桂内閣を支持した徳富蘇峰の国民新聞は焼き打ちされ、大隈内閣を支持した黒岩周六の万朗報は読者に見放されることになりました。

明治のある有名なジャーナリストは、何を論じても最後には決まって、「……これというのもみな桂内閣の秕政（わるい政治）のいたすところなり」と書き加えないと気がすまなかったそうですし、読者の支持も得られなかったそうです。そして、この伝統は現在でも生きている。なぜ、このような伝統ができてしまったのでしょう。日本社会を考える場合、大変に興味深い。

一方においては明治政府の偉大なる治績。維新以来の奇蹟的躍進、これは誰も否定できない。これが実体語の背景。しかも、前にも触れたように薩長藩閥は政権を独占し、強権をもって民権を弾圧する。その弾圧たるや、今日では想像もできないほどです。この先鋭な緊張関係から、政府は偉大だが国民が自由に攻撃し得ることも必要だとの要請が生まれる。そこで、空体語は必然的に、なにがなんでも政府が悪い、ということになり、政府の業績が大きくなればなるほど空体語のほうもエスカレートせざるを得ないわけです。そして、この構造は伝統として現在も生きているんですね。

何となれば、日本の政府というのはあまりにも強大であって、それに実際上意味のある反抗をすることができませんから、新聞で徹底的に叩かなくちゃ、実体語と空体語のバランスがとれない。

山本　だから、政府が業績をあげればあげるほど、空体語は積み重ねなければならない。これを積み重ねて積み重ねて、積み重ねていくと、とうとうどこかでそのバランスがとり切れなくなる。とり切れなくなると、こんど支点をずらす以外にバランスがとれなくなってくる。それが極限まで行くと、天秤が一回転して両方とも消えてしまう。両方とも消えてしまうと、またそこから新しいバランスを別な主題でとり直さなければならないと——そういうことになるわけですね、これ否応なしに。

こうなると新聞は、前に書いたことをすぐ忘れたふりをしないとやって行けませんね。いわば、ガチャンと同時に空体語は消えなければなりませんから。そして別の主題を求める。これを、相当長期続いた一事件で追っていくと面白いですよ。ただ、その場合、なぜ日本人がそれでも平気でバランスをとり直して立っておれるかというのは、やはり、「自然」という概念が人間を支配しているからでしょうね。その上に立ってる限り支点であり得るんです。そこを次の章で論じあってみたいと思います。

第五章　日本教の救済儀礼（サクラメント）
――自然、人間、本心、実情、純粋、序列、結婚

サクラメントは救済儀礼

救済のための願書

小室　さて、今までは、日本教の教義（ドグマ）について論じてきたのですが、次に、日本教のサクラメントについて論じてみたいと思います。

それにしても、サクラメントという言葉、ドグマとは比べものにならないくらい日本人には、なじみが薄いわけですが、私は救済のための儀礼と理解しています。サクラメントをやれば教会が救済を請け負ってくれるわけで、いってみれば、サクラメントとは救済のための願書みたいなもの。ですから、この願書さえ出せば後はカトリック教会がすべてをとりしきってくれる。機能的にいうと、カト

リック教会というのはアメリカの弁護士事務所みたいなものですね。もちろん日本教にはこのキリスト教のサクラメントに対応する儀礼はないわけですが、サクラメントと同様な社会的機能をするもの、これはあると思うのです。それを構造神学的な日本教のサクラメントと呼ぶことにして、それについてこれから論じてみたい。

まず、専門家の立場からもう少し詳しくサクラメントとは何か、説明して下さいませんか。

山本　これは大変面白いんですが、実はサクラメントなる言葉、聖書にはないんです。ラテン語のサクラメントゥムから来たんで、軍隊における新兵の宣誓が語源なんです。ですから、「上官の命令に必ず服従します」という宣誓を元来意味した言葉なんです。

ラテン語にはキリスト教期以前と以後で語意が違ったり、増えたりしているものがあるわけです。キリスト教期以後のラテン語では聖書の訳語となって意味が変化したものがあり、サクラメントゥムもギリシア語のミュステーリオン（ミステリー）の訳として使われる。ミュステーリオンですと、「奥儀」とか「秘儀」とか訳しますね。だから、奥儀であり秘儀であり、同時に軍隊の宣誓のような意味、内容を持ちます。語源的にも二つの意味がある。たとえば司祭への「叙任のサクラメント」といった場合、一種の神への宣誓ですね。同時にこれが、それによって一つの奥儀に入ってしまうという、二つの意味があるんです。

カトリックには洗礼、堅信、聖餐（せいさん）、告解（こっかい）、終油（しゅうゆ）、叙階、結婚と、七つのサクラメントがあるんですが、これがみな一種の宣誓であり、同時に奥儀への参加という両方の意味です。

一方、プロテスタントには聖餐と洗礼の二つのサクラメントしかありません。

日本的サクラメント

小室　それからもう一つ伺いたいことは、サクラメントを通ずることによって、救済のためのある段階を通過した、という意味にもなるんだと聞いています。特に聖餐についてはいろんな人のいろんな説があり、キリストが「パンは肉であり、ぶどう酒は血である」といった解釈をめぐって、ルターだとかカルヴァンとかの大論争もあったと。

山本　ツウィングリが化体説ですね、これはカトリック神学に出てくるもので、食べた瞬間に体に化すんです。次にルターが共在説なんです。見かけはパンとぶどう酒に過ぎなくてもその中にキリストが共在していると。そしてカルヴァンは象徴説、シンボルに過ぎないと。だからカルヴァンのほうが一番現代的なんです。つまりその説がどこから出てくるかといいますとね、血というのは契約の意味なんです。これは非常に古い時代、契約のときに家畜を殺し、真っ二つに裂いてその間を通過したんです。もしこの契約を破ったら、同じようになってもよいという誓約の意味です。だから、これは自分との契約である、という意味ですね。

小室　だから聖書はその一節に続いて「これは、多くの人のために流すわたしの契約の血である」というんですね（マルコ福音書一四章二二節以下）。

とすると、サクラメントとは一種の通過儀礼みたいなもの、つまりこれを通ることによって、今までと違う状態になるということではないでしょうか。そこで、日本教の中でそういったものは何であるか、ということになるわけですが、もちろん組織神学的には全然違いますけど、機能社会構造との連関で見れば、まず聖餐に当たるのが〝人間〟でしょうかね、おそらく。それから、洗礼に当たるのが〝自然〟そんな感じしたんですが……。

山本　そうですね。それから懺悔・告解は〝本心〟ですな。

小室　ははあ、なるほど。許しの構造、これが懺悔・告解、「これはおれの本心だ」といえば、それで許される――。

山本　そうなんです。それから自然もそうですよね。「私はごく自然にやるのなんか嫌いだから、何でもかんでも不自然にする」といったら、次からもう絶対あんな人間とつき合わないということになりますね。日本的サクラメントにあずかれない。また「私は何があろうとズバズバ事実を口にし、実情はいっさい無視しますから」と、これもだめ。それと、「その結果どんな非人間的といわれたって、初めから問題にしません」――まあこれだけで完全に日本の社会は、その人間をオミットするでしょう（笑）。

自然、本心、実情、人間

絶対善としての「自然」

小室　ですから、自然、本心、実情、人間の実体をまず問題にして行きましょうか。日本人が自然といった場合は、西洋人が自然というのと全然違うということは間接的には多少触れたんですが、ここでさらに詰めて論じてみましょう。

山本　日本人の自然という言葉は、自己の内心の秩序と社会秩序と自然秩序をひっくるめた言葉で、この三つは一致すべきもの、一致したものであるというのが基本的な意味でしょう。以上の三つが全部自然なんです。だから「自然を尊べ」といった場合、どの自然をいっているのかわからないんです。ごく自然にやらなくちゃいけない——これも自然を尊べでしょう。あれのやり方は不自然だ、だから、いけないの意味でしょう。社会がこんなだとは不自然だ——こんないい方にもなるでしょう。これ全部基本が同じなんですよ。しかも、これが絶対的な規範となっているんです。ですから、天秤の支点である人間の立脚地は自然なんです。

これはキリスト教的な考えからすると全然おかしいんであって、そんなことだったら人間の自由意思はなくなる。テリッヒ（宗教哲学者）なんかが大変うるさくいうのは、人間というのは自然的必然の過程で生きているものではなくて、歴史的過程がある。ところが、日本人は歴史的過程がない。みんな自然的必然論でしょう。「どうしてそういうことをしたんだ?」「うん、ごく自然にこうなっちゃったんだ」と。何事も自然現象と理解したら、人間には自由という概念はなくなるんですよね。

小室　一方、中国語にも日本語の「自然」にあたる言葉はありません。中国語では、人間以外の自然を「天地」といい、人間の内なる自然、つまり人間本来の素質を「性」といいます。日本と違って、この自然が儒教と道教とではその評価を異にするものの、そのまま規範化されることはありません。

山本　これは日本人学にも必ず出てくるんですが、「柳ハ緑、花ハ紅、是ハ只自然ノ道理也」でしょ。おのずからそうなったんだと、こういういい方があるわけですよ。だから人間もそうなんで、おのずからこうなるんだと、これはむしろ自然ですね。それから「天然自然」と二つをくっつけると、ある程度ネイチャーに近くなるんじゃないですか。だから、明治の本では自然現象を天然現象といっています。天が然らしむるものと、おのずから然らしむるものと二つあるんです。天体の運行なんかは天然現象なんですね、おそらく。そして花が紅になるのは自然現象であり、人間も同じで、人間がこういうふうにしているのも自然現象なんです。多分そういった使い分けがあったと思いますよ。だから必ず「天然自然」とくっつけてますよね。

中国の「自然」

小室　日本では自然がそのまま規範化される、つまり自然のままであるのがなによりよい、とされるからそういうことになるのだと思います。だから、日本教徒は自然であれば救済されることになり、サクラメントの機能をするわけですよ。

中国ではこういうわけにはゆきません。儒家をはじめとする大部分の諸家の説には、礼楽（れいがく）、すなわち人間がつくった文化こそ尊ぶべきもので、生の自然は否定されるべきものだという考え方が根本的です。性悪説をとなえる荀子（じゅんし）などその代表的な者ですが、性善説の孟子（もうし）でも礼楽の重要性を強調することにおいては人後に落ちません。

これに対し道教では人間のつくった文化を否定し、自然尊重で日本人の自然観と相通ずるものがあるようですが、よく見ると実はそうではありません。道教が尊重する自然とは、実は道教の方法論によって制御（せいぎょ）された自然であって、ありのままの自然ではないのです。だから、道教においては仙術（せんじゅつ）の修得を重視し、これによって、もろもろの超自然的存在を自由にしようとします。道士や仙人とは、お化けや天界の役人に命令を下し得る人でしょう。これが重要なのです。だから道教が重視し規範化するのは、むしろ自然というよりも超自然です。

もう一つここで注意すべきことは、超自然的存在である天界が中国社会そっくりにつくられていることです。そこには皇帝（天帝）がいて官僚制度がある。この官僚は天帝を助けて天界の統治をするのですが、職務に忠実とも限りません。賄賂（わいろ）もとればさまざまな悪事もする。だから天界にも刑務所もあれば死刑もある。まったく地上の政治制度＝礼楽（れいがく）そっくりにつくられているんです。要するに、これが理想なんですね。

山本　なるほど面白い。古代のエジプトもそうです。老子でしたかね、「天地に先立ちて物あり。形なくして本寂寥」なんてあります。あれはまた日本人が好きらしくて、反キリシタン文書によく出てくるのはそれなんです。「天地に先立ちてものあり」――だから、ものがあったんですよ。それが開けたんですわ。天と地になる。

小室　ですから、それを比較してみると面白いんでして、天地の始まりっていうのは、ユダヤ教やキリスト教では神が造った。それから日本では神が産んだ。そして中国ではいつの間にか始まっちゃったという考え方ですね。ですから、自然観の相違もそういうところを一つ突破口にするとよく理解できるのではないでしょうか。

山本　そうしますと、中国の自然とは「天何をかいうや、四時行って、百物なる」ですが、聖書は創造・被造。この創造・被造という発想をすれば、物質という意識は非常に明白に出てくる。預言者イザヤでは、人間とは基本的には被造物の物質です。

しかし、そういうふうにいってしまうと、被造物には元来、自由意思はないんです。陶器と同じですからね。陶器と同じものが自らの意思で動くわけはないし、それはもちろん神に向かって何かするわけない。陶器が陶物師に向かって何かいうわけがないでしょ。

ところが、いうわけないはずなのに、聖書ではアダムとイブが神に対して、いわば言い訳をするんです。被造物が創造者に対して自由意思を持っているかということですが、これをどう考えるか――というのは面倒な問題になるんですね。

ラビ・アキバは有名な比喩で、これを借金と解釈するわけです。神は無限に金を持っている銀行みたいに、無限に自由意思を持っていて、人間に貸してくれるわけです。借りて持っている以上、それを自由に使えるわけで、ただし、借金には契約があるということなんです。この契約がすなわち律法で、契約書通りに使ってないと、最後の清算のときに困るぞと。

人間は借りている自由意思があるから、今、自由意思がある。創造と自由、被造物と自由の関係をこうとらえるわけです。ただ動物にはそれがない。そこが本質的な違いで、人間と動物をぴしゃり分けるわけです。人間はなぜ人間であり得るのか——この基本問題を、そういうふうに解釈するわけですよね。

そういう社会における自然の概念というのは、大変に自由と対立する概念なんです。だから、自然も本質であるというならば、また自由も本質である——というのはそこから出てくるわけで、人間が自然に近づけば近づくほどそれがよろしいんだ、という日本人のような発想は出てこない。自然というのは、日本人にとっては完成された状態なんです。これが規範としての自然なんです。

だから泥棒捕まえてきて白状させるときは、「人間本心において悪人はいないんだ。おまえも真人間に戻って本当のことをいったらどうだ」といって、刑事が背中をさすってやるだけでいいわけでしょう。これはつまり日本教徒なんですよ。ごく自然にそれを行ってやれば……刑事の秩序、検事の秩序にそのまま従っちゃうんです。ただギューギューいっちゃだめ。

日本人の自然観

小室　今いわれたことはとても重要だと思います。それは、自然がそのまま規範化されるということです。日本での「自然」とは、一方においては「ありのまま」ですが、他方においては、「あるべき姿」なんで、それが正しいとされます。

ところが、このような自然の規範化は矛盾を内包する。つまり「ありのまま」が自然だとして、この論理を押し進めてゆくと、不自然なものもそこにあるわけですから、それを含めてありのままが自然だということになってしまう。これは正しいのか正しくないのか。日本人の自然観には常にこの矛盾がついてまわるわけです。

山本　そうそう、そうなんです。そのまま規範化された「自然」に関して、論理は禁物なんです。どうしても情緒規範とならざるを得ません。だから不自然という言葉も出てくるわけですね。不自然は悪である、という情緒規範的言葉が出てき得るわけで……。

小室　中国の場合には、いわば、自然は無規範なのです。中国において人に対比されるのは禽獣（きんじゅう）ですが、人と禽獣の根本的相違はどこにあるかというと、禽獣には規範がないのに対し人にはこれがある。この一点がその判別条件だといいます。だから、人が規範を失えば禽獣に等しい。生物的異同など問題外だというのです。さっき、中国における自然とは天地だといいましたが、禽獣の居場所はどこかといいますと地です。つまり、自然、少なくともその一部は無規範なんです。これでは、自然がそのまま規範化されようがありません。

中国には「本心」がない

山本　なるほどねえ。これは日本とまったく逆だ。そこで中国に「本心」という言葉ありますかね。

小室　ありようがありません。むしろ、「本心」なんてないところが中国文化の特徴でしょう。「それ舜（しゅん）の服を着し、舜の言を唱し、舜の行いをおこなえばこれ舜なり」っていうんですからね。

　中国人にとって、「本心」なんかどうでもいいんで、決定的なときにしかるべき行動をとるかどうか、これがすべてだと思います。親孝行であるかどうかの判定規準もそうですし、友人のあいだの「信」でもその通りです。そのマニュアルが準備されているわけで、その通りにするのが「信」、そうしないのは「信」でありません。

　つまり、前にも触れたように、中国人にとっては五倫というのが根本規範（グルントノルム）で、五倫に従うのが中国人にとって大切なんです。それ以外のものは無関係（インディファレント）だと思います。

五倫というのは、まず君臣の義あり、父子の親あり、夫婦の別あり、長幼の序あり、朋友の信ありの五つで、その他のすべての規範はこれから導出（ディライブ）しなくちゃならない。朋友の信といいましても、日本人は「当たり前だ、友だちに信があるのは」なんていいますけど、そういう意味でなくて、一種のマニュアルがあり、朋友という以上はこれこれ、しかじかのことをこういう場合にはすべきだと。まず、相手が立派な人間であるということをお互いに認め合うことが第一の条件です。だから逆にいうと、そう認めなければ朋友じゃないわけです。路傍の人です。そして、ひとたび信じあって朋友関係が成立すると、「信」という精密な行動規範に従わなければならないことになります。

ですから、日本人は中国人とつき合って、中国人はえらく勘定高いけれども、ある一瞬から、もうまったく勘定しないようになり、「変だ、変だ」というけども、中国人からいえば変でもないわけです。初めは朋友じゃないわけでしょう。だからお金を貸したら証文、あるいは何かのときは割り勘とあるけども、朋友になればお互いに認め合うわけですから、お金をどんなに借りたって、もはや証文なんてあったらおかしいですよ。

これは余談ですが、鄧小平（とうしょうへい）が一九七八年に日本に来たときに、日本が汪精衛（おうせいえい）の残党に対してどういう態度をとったか調査して帰ったわけでしょう。いわんや日華条約を弊履（へいり）のごとく廃棄したなんていうのは彼らにしてみれば強く印象に残りますよ。こういうのは信のある行動じゃないんです。ところが日本的信っていうのはそれと違いまして、あのときはサンフランシスコ条約でやむを得なかったと。今回もまた貴国と仲良くするためにやむを得ない。この立場を察してくれというんでしょ。これではまるで中国とは違いますよ。ですから、そういうことまで細かに規定したマニュアルがある中国には本心というのはあり得ないと思うんです。

内なる自然としての本心

山本　契約のある社会にもないんですよ、本心は。契約を守るか守らないかだけで、「おれは本心では……」といっても、誰にも通用しない。日本では、本心がなければ社会から排除されるんでして、「お前の本心に聞いてみろ」なんていわれて「おれは本心なんてない」といったら、おしまいですよね。

じゃこの本心とは一体何ぞや――ということになるんですね。これは大変面白い。

日本では「本心」という言葉は、もともと仏教用語として古くからあったようですけど、徳川時代の儒教系の学者は大体、これを「性」といっていたんです。梅岩も「性」といってますが、それでは庶民にわかりにくかろうと、弟子の手島堵庵（てしまとあん）が「本心」といい直した。これはやはり内心における自然の秩序なんです。だから不自然はいけないんですよ。

じゃ一体、本心というのはあるのかないのか、本心の基本は何かということを、梅岩は一生懸命追求するんです。これも大変面白いんですが、彼は人間から何もかもはぎ取っちゃったら、最後に何が残るだろうと、赤ん坊を見にいくんです。赤ん坊は呼吸しているだけなんです。が、自分の意志で呼吸をしているわけではない。この呼吸をさせているのは宇宙の秩序のはずである。人間を呼吸をさせて生かしている宇宙の継続的秩序がすなわち善である。孟子がそういったんだ――というんですね、彼の説によりますと。だから、天然自然の秩序がすなわち善であって、人間がその通りにあるのが善であるから、赤ん坊は善なんです。「赤子は聖にして」といってますが、これは聖なんです。だから、そういう状態のときの心の状態を本心というんです。本心通りに行動しているのは赤ん坊だけということになります。

小室　そうすると、本心というのは自然の特殊（スペシャル・ケース）な場合になるんじゃないですか。強いていえば、外なる自然が「自然」で、内なる自然が「本心」であると。

山本　というより、本心通りにしている状態が自然なんでしょうが、それを突き詰めれば内なる自然が「本心」でしょう。だから、その内なる自然通りにやらなくちゃいけない。だから不自然なことをしてはいけないんですね。じゃそのマニュアルがあるかというと、別にないんです。ごく自然に感じられるようにしていればいいんであって、それ以外に基準ないんですね。だから、一体どうすればいいのか、ということになるんですわ。

小室　では、自然に対して不自然があるように、本心に対して非本心のことを何ていうんでしょう？不本心というか……。

山本　これはまあ内心の意味に使う不自然ですね。「あいつは作為がありすぎる」、なんていうことになるでしょう。

小室　そうしますとね、自然ということと本心ということは対応してないといけませんね。だから、本心というとやっぱりそのままの心ではなくて、規範化された自然に合致する心の状態。逆にいえば、規範化された自然にならないようなものは何か。また、本心にもとるような心の状態にせしむるものは何か――。

実情と事実の峻別

山本　これがすなわち実情論なんです。そのときの自分の情に対して正直であるのが、本心に対して正直なんだと。だから、前にもちょっといいましたが、梅岩が、孔子の葉公(しょうこう)の問いに対する有名な返答――この引用が正確ではないのですが、「吾党の直(なお)き者はこれと異なり、父は子のために隠し、子は父のために隠す。直き事その中にあり」という一節をあげて、こう説明しているんです。つまり、父が羊を盗めば、子はアッと思うだろう。思った瞬間、これを隠してやりたいと思うのは子の情であろうと。ここで、そのときの実の情、実情が日本教のサクラメントの一つとして出てくるんです。そして、彼はその実情と事実をはっきり区別して、実情に正直なのが本心に対して正直でよろしい。事実を事実として行為するのは本心に対して正直でなく、よろしくないとしているんです。

しかし、こうなると情だけになりますが、これがごく自然な行為なんです。だから、最後の規範はそれだけなんですよ。

小室　そうすると、先ほどの情緒規範になる。情緒が動くままに規範化されるという大変なことになる。ある場合には、孟子のあげた惻隠の情だとかいったって、幼児が井戸に飛び込もうとしているとき、ハッとする心が惻隠の情で、それをもって性善を証明しているんですけれどね、逆に、たとえばあのきれいな女の子が欲しいだとか、それも情緒ですね。だから、そこをとことんに進めていくと、情緒における美的感覚みたいなものを即規範化しなければならない。

山本　だからそういうふうになるんですね、どうしても。しかも、それが〝正直〟なんですよ、梅岩の。

本心から犯罪を犯したいと思ったら、それが自然であるから当然となるが、それでよいのかという問題が起きてくる。これが情緒規範というものの最大の問題点でしょう。これが一番よく出てくるのは、「政治も情が基本である」といった西郷隆盛です。政治は情の推にして、情の積み重ねであって、それ以外の何ものでもないと。だから、その瞬間にアッと感じたことに対して自分は正直であればいいんであって、それ以外に規範がないんです。

だから、西南戦争の直前に私学校の生徒が兵器庫から武器弾薬を奪う。その報告を受けるわけですが、これに対する処置は二つしかないわけです。法に違反したんだから、法は法であるとして県令に突き出すか、政治は情だけであるから、そのときの自分の感情、すなわち「情に於てしのびず」で盗んだ私学校の生徒と行を共にするか。そしてこういう場合、西郷は絶対に情なんです。

「政治も情が基本である」といった西郷隆盛。純粋人間の典型として名前があがる

「純粋」という名の情緒規範

小室　この身一つを打ち捨てて、若殿ばらにむくいなん、ですね。こうくると日本人はしびれてしまってもう何もいえなくなってしまう。西郷が日本人に圧倒的に人気があるというのもここなんですね。ここで理屈をいったら興ざめだ。西郷が僧月照をかばいきれなくなったとき、相いだいて薩摩潟（錦江湾）に入水したでしょう。「人生意気に感じてはともに沈まん薩摩潟」とね。それ以外何もないんです。

こんな情緒規範は、欧米人やユダヤ人や中国人はおろか、規範形態が日本人に最も近いといわれる東南アジアの人にだってわかりませんよ。

　このあたりが日本教独自の点でしてね。こういう話があります。日本軍占領下でビルマ親日政権の首席をしていたバーモーが敗戦後日本に亡命してきました。これを新潟のある民間人が匿いました。勿論、連合軍司令部に見つかったら大変なことになる。命がけです。が、ここまでなら、欧米人もユダヤ人も中国人もするでしょう。そこから先が違う。とうとう匿いきれなくなって発見されそうになったとき、匿い主はいいました。もうこれ以上匿えないから一緒に死のうと。これを聞いたバーモーはびっくり仰天、せっかく今まで匿ってくれたのに、ここまできて一緒に死ねとは何事か。匿いきれないのなら、ひそかに逃がすとか、最悪の裏切りをして、連合軍に引き渡しても殺されるとも限らぬではないか。

　でも、これをやったら日本では純粋な人間とはいえませんね。なんの実効もなくても、一緒に死のうという情緒を示さないとね。

山本　だから西郷はみんなから愛されるんです。あれは純粋人間ですもの。つまり、よくあの人は純粋だとか、不純だとかいった場合、情緒規範に対してあくまでもその通りに反応しているか否かの問題ですから、西郷の生き方は純粋なんです。

純粋人間の三つのタイプ

小室　人間は「純粋」であれば、どんな悪いことをしても許されるんですね。この意味で、「純粋であること」は日本教のサクラメントの一つ。たとえば、戦前右翼の親玉の頭山満。これほど悪事を重ねた奴も珍しい。人も殺した、借金もふみ倒した、賄賂も取った、脅迫なんか日常茶飯事だ。でも、そこに一片の私心もなく、これすべて国のためだとして少しも悪びれるところがない。だから大変な人気があって尊敬する人も多いんですよ。何となれば情緒規範しか持たないから。ところが、何ら悪いことをしなくても、情緒規範でなくて、もっと外面的なマニュアルをたくさん持っていると純粋じゃなくなる。

山本　まあ純粋人間というのは簡単にいうと情緒規範だけ、ある意味で空体語だけなんですね。しかし、普通の人間は実体語のほうでバランスをとっていなくちゃならない。

小室　さてここで、純粋人間の定義を整理しておきましょう。今まで三つのタイプが出てきましたね。一つは情緒規範の人間。もう一つは空体語の人間。もう一つは教義学を持たない、つまり組織論的発想を持たない人間と。

このように、異った定義が三つありますと、それらが論理的に同値（まったく同じこと）であることが証明されなければなりません。そこで何か実例をあげて証明してゆきましょう。まず、情緒規範だけで生きている人間て、どんな人ですか。

山本　まあ、西郷隆盛でしょうか。

小室　彼に組織論的発想は？

山本　その瞬間にはないですね。組織論的発想をしたらできないです。というのは、天皇が命じた県令がいて、県令のところに生徒が泥棒に入って武器、弾薬を盗み出した。これは組織論的発想をすれば生徒のほうが罪人であって、自分のできることといえば、弁護をするか、あるいは情状酌量を嘆願するか、あるいは過去の功績に対して免じてくれというか、それ以外に方法がないわけです。だが、そういう組織論的発想をしてしまうと、情緒的規範にならなくなるから、これは純粋ではない。そこでそういう発想は「自然」に排除されてしまう。西郷がそんなことをしたら興ざめでして、そのときの実情に対して最も反射的に対応するのが正直なんですから。これはつまり梅岩のいう正直です。

そうすると、その人間は空体語のみになってしまう。というのは、つまり西郷が現実に行っていることは実体語でいえば、天皇への反乱です。この反乱を起こしているという事実に対して、バランスをとることがどうしても必要になります、現実に天皇の命令で来た軍隊と戦争をしているんですから。それで「おれは反乱を起こしてない」というためには、それとバランスをとるあらゆる空体語がなくちゃならない。それがなくちゃ、自然に立脚した人間という支点でバランスがとれなくなっちゃう。だから、やっぱり西郷の中でこの三つというのは一つになっているんじゃないでしょうか。それで彼は純粋人間の一つのシンボルになっている。

小室　二・二六の将校なんかは?

山本　これももう、組織論的発想が入ってきたらどうにもならない。

情緒的規範のみがあるわけです。大体週番士官や週番司令は、週番という指揮系統の指揮下にあるはずで、その週番士官が、勝手に非常呼集をかけ、実弾を持って兵隊を連れて出るということが、どういう罪に当たるかというのは、陸軍大尉ともあろう者は考えた瞬間にわかるはずです。ところが、そういう判断は一切しないで、そのときの情緒を唯一の基準の判断にした。その規範に従わないとあれはできないですね、この間の感情は。

次に、これは明らかに、そこのところが大変困ったことになるわけですが、天皇自身がこれを反乱だといったわけですね。

小室　それが実体語なんだ。

山本　ええ。これに対応するためには山のように空体語を積み重ねなきゃならないですね。だから、それでバランスをとる以外に方法がなくなると、そうすると、やっぱり二・二六の将校というのは純粋人間なんですな。

小室　これで三つの定義が同値だということが証明できたのではないでしょうか。だから、純粋人間というものの内容が明らかになったわけですね。

「できた人間」とは何？

山本　そこで、「できた人間」という存在が浮かびあがってくるわけで、それは実体語のほうにも対応し、同時に、情緒的反応しかしない人間にも「わかった、わかった」といわなくちゃいけないと。

つまり、この「できた人間」というのはいわゆる情緒規範じゃなくて自然規範でやらなくちゃいけないんです。規範としての自然じゃなくて、不自然の入った自然としての自然が規範になってるような人間ですね。ですから、ある程度不自然も認めてやる。ある程度不自然を含むのが自然なんだから、それはよろしいと。これはもう純粋じゃないんで、「できた人間」とは少々不純な人間なんです、不自然認めているから。しかし完全な対極的「不純」でもない。ということは同時に、その不自然なる組織論的発想も無視しないということですね。同時に、実体語だけで対応しているけども、ある程度空体語でそれが表現できなくちゃいけないんですよ、バランスをとるように。同時に、相手が空体語をいってきた場合、こっちが実体語だけをいって、あんまり離れちゃうといけないから、そのとき、自分のほうから少し空体語を相手に渡してやるような人間でないと、「できた人間」でないんです。

小室　そうすると、「できた人間」というのは純粋人間の対極にあるんじゃなくて、純粋人間とその対極の不純人間とのバランスにあるわけですか。

山本　ええ、そうなんです。完全にその対極になって、対極的不純人間になっちゃうと、これまた「まだまだ人間ができてない」というわけですね。「できた人間」というのは、そのバランスがちょうどとれてなくちゃいけないんです。

日本教における非人間

小室　そこで今度は日本的、純粋人間の反対の不純人間といったらいいでしょうか、非人間といったらいいでしょうか、つまり実体語のみに即する人間、それから組織論のみを有する人間、それから情緒規範じゃなくて論理規範のみを有する人間、これを仮想的につくりまして、それでこの三つが同値であるということを証明しましょう。

山本　そうすると、日本教における非人間とは何ぞや、ということになりますね。しかし、もしもそういう人間しかいなかったら、だいたい太平洋戦争は起こらないし、一億玉砕なんて絶対いわないし、もちろん「大和」なんか出かけていけないし、何もかも日本史そのものが書き換えられないといけなくなっちゃいますな。

私思うに、あの明治維新のときに、組織論的発想がいちばんあったのが大久保（利通）じゃないでしょうか。だから、大久保はよろしくないわけですよね。

小室　でも、大久保の場合も組織論的発想だけじゃないわけですね。あのときには、幕府のほうが現実には組織論でしょう。阿部正弘（老中）みたいな人がその担い手になるんじゃないですか。大久保にとってみれば、維新回天の大業をやるということ自体が、ものすごく空体語的発想がなければできなかった。

山本　大久保も西郷も若いころは同じだったのかもしれませんね。ところが、齢をとると同時に、片方は非人間のほうに進み、片方は純粋人間のほうに進んだんじゃないでしょうか。あの二人はほんとに肝胆相照らす仲でやってきたんですから……。

小室　一方は純粋人間としてあがめられ、他方は人でなし、といみ嫌われるとこの間の均衡をとったのができた人間、「おとな」なわけですね。

とすると、日本人の政治的反応様式もまさに世界に類例を見ない特異なものになってくるんです。

日本教の殉情

山本　そうです。その一例が情緒状況的に反応した場合は、殉教、教えに殉ずるんじゃなくて、情緒に殉ずる殉情人間として出てくるんです。最後は、そのときの情に殉ずる。

小室　殉教が殉情だなんて、それが日本教の日本教たるゆえんですね。殉教とは、すべて何らかの客観的な規準に殉ずる。日本教だけにこれがない。キリスト教で殉教というと教義に殉ずるんでしょう。これが殉教ということの本来の意味なんですよね。儒教には殉教という言葉はありませんが、それに該当する行為はある。有名なところでは、文天祥（ぶんてんしょう）、方孝孺（ほうこうじゅ）など、その他、多数あります。では、彼らは何に殉じたのか。一言でいえば儒教の規範に殉じたのです。儒教には、義士たるべきマニュアルがあって、義士たる者はかくかくの場合には死ぬべきものだと規定されている。また、その通りに死んだ者は義士となり、このような義士の行為によって儒教の規範は維持されると、こういうメカニズムになっております。

山本　ところがこういう理屈っぽい死に方は、日本人にはまったく受けつけられない。「人生意気に感ず」となっちゃうんです。月照と西郷隆盛みたいでないといけない。

小室　また、ユダヤ人の場合も、中国人の場合も、死ぬなら死ぬための理由がなければならない。その理由が証明されないと死なない。たとえば荊軻（けいか）が燕（えん）の太子丹（たん）にたのまれて秦（しん）王政（せい）（後の始皇帝）を暗殺しようとする。そのとき、秦から燕に亡命している樊於期（はんおき）将軍の首を土産に持っていけば秦王は喜んで荊軻を信用するだろうから暗殺がしやすくなるだろう、と荊軻は思うのですが、燕太子丹は情において自分を頼って亡命してきた樊於期将軍を殺すにしのびない。そこで、荊軻は直接に樊於期のところへ行ってこういった。

　将軍の家族は全部秦に殺されたんじゃありませんかと。だから、もしも将軍の首をいただければ、一方においては将軍の仇を報じ、他方においては燕の仇を報ず……。理詰めでしょう。だって情なんか通じるはずはない。いきなり行って議論をふっかけるんです。

山本　論争の結果、相手が死ぬことになる。論理的なんですね。あれ、決して情緒的じゃないですわ。論理的帰結として死ぬんです。紀元七三年にマサダで玉砕したゼロータイもそうです。リーダーのエレアザル・ベン・ヤイールがなぜ全員が死ぬべきかをまことに論理的に証明するんです。

小室　それから荊軻が刺客(せっかく)を引き受けたっていうのも、日本の鉄砲玉と違うんですね。燕の太子丹っていうのが荊軻を認める、と、何回も何回も贈り物をやるわけでしょう。非常に高い地位の王子ともあろう者が、身分の卑しい人に対して、何回も何回も贈り物をやり、王子が辞を低うし、礼を厚うしてみても、刺客のほうは門前払いをくらわして、傲慢(ごうまん)な態度をとったりするんですね。身分の低い者が、傲慢な態度をとっても、しかも身分の高い人が礼を尽くすっていうのは、それだけ相手の人を認めてるってことでしょう、すばらしい人物だっていうことで。そこで、暗黙の契約ができる。それが信だと思います。だからその刺客(せっかく)は信という規範に殉ずる。そのためにはそれこそマニュアルが必要で、これこれしかじかの礼を尽くせだの、贈り物はこうしろだとか。だから単に情に殉ずるのとは違う。

また「人生意気に感ず」という言葉の出典は中国ですが（魏徴『述懐詩』）、その意味にしても中国と日本とでは大変に違います。中国の場合には、ある人（唐太宗）に、大変立派な人物だと認められそれ相応の礼を尽くされた、だからかかる場合に士としてなすべきことをする、とこういう意味なのです。単なる情緒的反応ではない。

現世的な肉体の救済

山本　贈り物をもらっちゃうと、日本は純粋じゃないからもうだめですな。そのとき、贈り物をもらって、西郷が月照と一緒に飛び込んだなんて、もう話にならなくなっちゃうなあ。

それじゃなぜ情緒が日本人の規範になり得るかという問題ですな。これはいわゆる「人間の被造物としての神」という問題と関連するんですね。たとえば、金地院崇伝の「バテレン追放の文」という、家康に命じられて書いた文章の中に出てくる大変面白い定義は、「神は仏とその名を異にするも、その趣きは一なり。恰かも符節を合するが如し」であり、また「神は他に求めるに非ず、人々具足し、箇々円成す。すなわちこれ神の体なり」とあります、いわば神＝仏で、人間の中にあるものであると。これがおそらく日本人が持ってる神という概念を、キリシタンと対応して明確に規定した文章です。ですから被造物として人間と創造神という概念とも違う。それじゃ、なぜうちにあるものが外にある形になり得たのか。それはやっぱり御霊屋でしょう。死んだ人間の魂を入れとく家を建てた以上、肉体は消えたけど、それだけ残ってくるんですね。これが俗に日本でいう神社というもので、すなわち御霊屋っていうのは霊魂屋敷ですね。

一方、これがユダヤ人の場合、旧約の本筋には肉体と精神という分け方がないんです。肉体が消えたら両方とも消えちゃうんです。

小室　ですから、ユダヤ教の場合、「神が処罰した」といっても、最悪の場合でも、殺せばすむわけです。人も家畜も、みんな殺してしまえば、それが最高の「神の罰」なんで、それ以上はない。殺された後どうなるか、その魂を神さまがとっちめたとか、さんざんいじめたとか、地獄に落としたとか、これは全然ありません。この点、宗教とは死後の世界の物語だと思っている日本人から見ると何とも異様に見える。

山本　死後の世界をどうかしてくれるなんていうことは全然ないんです。神の救済といってもあくまで現世の救済。

ですから、昇天という概念は非常に古く、預言者エリヤにもありますが、肉体も一緒に昇天しちゃう。肉体と霊魂とが分かれて、肉体は滅びても、霊魂はどっかにいるっていうわけじゃないんです。ところが日本では昔から、肉体が消滅しても、霊がどこかにふわふわといる。これの住みかが簡単にいうと神社ですね。だから、神というのは、自分の外にあるものをさしていう場合はそれをいうわけでしょう。やっぱり、これ、人間なんですよ。人を祭って平気なわけです。だから人間のほうで、あの人間は祭られてしかるべきだと思えば、祭ればいいんであって、そう思わなければ祭らなければいいんですよ。ですから神はちょうど他人みたいなもので、「さわらぬ神にたたりなし」変な奴ならつき合わねばいいじゃないかということです。だから、これ、人間が神をつくったというよりも、もともと霊魂みたいなものが日本人の概念にあるんですね。

小室　その場合の霊魂というのは一種のアニマ（生命）に近い……。

　それで大変面白いのは日本の場合には、人間というものを魂と肉体とに分けながら、魂のほうは誰が、どういうふうに世話するのか、その間の教えがまったくないんです。

山本　ないです。そういう組織論的発想をすると、純粋じゃないんです。それは霊魂に対してよろしくない。

小室　ですから、ある意味で仏教が、比較的簡単に日本人に深い印象を与えたのも、そういうふうな点にあるんでしょうね。つまり、仏教の受け取り方も大変特徴的で、魂の救済という問題はそれほど重視されなくて、本当に求めたのは加持祈禱（かじきとう）のような現世的な肉体の救済ですね。

山本　すでに指摘した諸宗教は薬だ、とする日本人の驚くべき宗教観に戻ってくるわけですね。

日本人のイデオロギー感覚

宮本——袴田論争の面白さ

小室　そこで、今まで抽出された、日本教のサクラメントの枠組で、日本人のイデオロギー感覚というのを分析すると面白い。

まず、日本人のイデオロギー感覚をよく表わしているものは、宮本―袴田論争ですね。

山本 第一にいえるのは、日本教のサクラメントからすれば、イデオロギーなどなくなっちゃいますよ。組織論的発想をやっちゃいけない。不純ですから。となれば宮本顕治は不純。組織的に運営してるから人でなしになる。しかも労働者の味方を標榜(ひょうぼう)しながら、超豪邸に住み、うまいもの食ってるから、日本じゃ純粋じゃない。

小室 宮本―袴田論争の面白い点は、完全にイデオロギー論争としての性格を失っている点ですね。マルキシズム論において重要なことは、どちらが正統なマルキストであるか、どちらのマルクス解釈が正しいか、これを論争において決着をつけることでしょう。だから、大変、宗教論争に似てます。古くは、ベルンシュタイン―カウツキー論争。それから、レーニンのカウツキー批判、トロツキー―スターリン論争、みなそうでした。スターリンによる粛清裁判でさえ、まるで討論会のようだと、これを傍聴した西側の記者がいっています。人を死刑にするにしても、彼が共産主義者として正しくないことを証明しなければならない。中ソ論争にしても、共産主義国としてどちらが正しいかということが中心テーマだ。

林彪(りんぴょう)・四人組の裁判でもそうでしょう。人民日報は、「裁判を公開にしたのは、人民の要求を満たすだけでなく、人民を教育することにもなる」といい、テレビ放映もした。要するにこの措置は、裁判における討論を通じて現政権の正しさを立証しようということでしょう。江青(こうせい)だって負けてはいません。検察側の論告に対して、敢然として文革の意義の重大さを強調し、現在の中国指導部と同法廷に対し、「修正主義の復活だ」と激しい非難をあびせます。そして、自分の行動はすべて毛主席の承認を得た正しいものだから自分は無罪だと主張するわけです。これぞ、正統性論争としてのイデオロギー論争です。

ところが、宮本—袴田論争にはこれがない。小畑達夫の死体がどちらを向いていたとか、袴田は委員長の座を狙っていたとか、どうでもよいことばかり。争点の中心は、どちらが不人情な人間であるか、不純な人間であるか、これを証明することに尽きるわけです。こうなると、マルキストの論争ではなくて、典型的な日本教徒の論争でしょう。純粋人間であるということは日本教のサクラメントですから、そうでないことが証明されたらその人間はもうおしまい。

山本 それに宮本顕治は、いつも実体語ばかり口にしている。「赤旗」何万部売れ、これ空体語じゃないですよね。次に共産党の運営っていうのは民主集中制ナントカカントカで、やってるのは組織論ばかりだ。それから情緒規範にはなはだ反応しない。

逆にいえば袴田に対して、お前さんと俺とは同じ釜の臭いめしを喰った仲じゃないか、まあまあ、仲良くやろうやといえば、あんなことにならないんですよ。そういう情緒規範がないでしょう。ないから、いけないいんです。だから、ある意味においてイデオロギーを持ち、組織論を持ち、実体語を持ち、その上に情緒的に無反応であれば、その人間、日本ではいずれ批判されるという一例ですね。こうなると、日本では本来イデオロギーは機能しないいんです。ところが、彼はそうかもしれないけれど、あの共産党の中のメンバーが、果たしてそういう意識で動いているかっていうと、どうもそうじゃないらしい。純粋に動いているんです。だから、袴田は、純粋に動いている人間が気の毒だっていってるわけですね。つまり、そういった感覚を持たないで、ひたすら純粋に空体語のみを口にして、身体をはって一生懸命かけまわるのが、これじゃあまりに可哀想だといって怒っているわけです。これは、つまり、もうイデオロギーというものが定着しないっていうことです。ですから、今にあれも組織論抜きになりますよ。もうなってるかもしれないけど。

小室　どちらかに行かざるを得ないわけでしょう。組織論抜きになって、空体語としてのイデオロギーによって再編されるか、他方、組織論のみになってしまって、空体語が消滅することによってイデオロギー政党であることをやめるか、二つに一つなんです。

山本　そうですね。やっぱりできた人間は、その間でバランスをとらなきゃいけない。

イデオロギーも日本教になる

小室　イデオロギーを骨抜きにするメカニズムがどういうことかというと、つまり、イデオロギーといえども、すべて日本教になっちゃうわけです。そうしますと、イデオロギーっていうのも宗教と同じように、一種の薬になっちゃうんです。

山本　そこで革新的空気を醸成(じょうせい)していりゃいいんだな。それがなんかに機能するかもしれないというわけ。だから、まことに面白いんで、自民党の支持者の中に、一割ぐらい共産党に投票する人間がいるんですからね。これはもうイデオロギーじゃないですよ。

小室　自民党をこらしめるために共産党がないと、自民党がのさばってどうしようもないと。だから、日本人は、これをこらしめて、警告を発するために共産党に投票するのだというような話を、実は、田中角栄の演説で聞いたんですよ。みなさんの中でも自民党に何人かの人が投票してくださるけども、投票しない人の中にも、自民党の支持があるっていうことを確信しますと。

だから、選挙のときには自民党が勝ちそうになるっていう評判が出ると、ぐっと投票が悪くなる。逆に自民党があぶないとなると、自民党の得票率が増える。社会党なんかもある意味じゃその薬なんですよ。特に協会派のいうことなんか、どうせできっこないけども、ああいうものが存在することが大事だと。つまり、社会党、共産党など革新政党っていうのは、ある意味では非現実的であればあるほど現実的。

山本　そうなんですよ、空体語がないと日本の社会は機能しませんから。だからあまり現実的なことい出しちゃいけないんです。その意味で、今、共産党は非常に大きな曲がり角にきている。共産党は、非現実的であればあるほど、現実的であるにもかかわらず、それが現実化してしまったでしょう。だからあぶないんですね。つまり、宮本体制でもって得票率を伸ばして、「赤旗」伸ばして、共産党が伸びれば伸びるほど、共産党的でなくなる。ということは空体語としての実を失うことになったら、自民党に対するカウンター・バランスとしての力がなくなる。

小室　日本のイデオロギーっていうのは、みんなそうでしょう。つまりイデオロギーなんていうのは、無意味であればあるほどいい。というのは実体語であるところの現実に対するカウンター・バランスになり得るから。近代日本の論争史を見てもそのことはまさに一目瞭然ですよ。一番最初の論争の、明治維新のときの尊皇攘夷から始まっていろんなのがありましたが、戦後最初にそれが出てきたのは全面講和か、単独講和か。

山本　そうですね。これは空体語と実体語だ。全面講和なんかできないということは誰でも知っていた。それであればこそ南原繁はじめとして、全面講和の運動がものすごく強力になった。そのときですよ、吉田茂が曲学阿世という言葉を南原に投げつけたのは。というのは東大総長ほどの力のある人が、空体語をもてあそぶとは何事かと、そういうことなんでしょう。ところがそういうような空体語があればこそ、単独講和っていう実体語がバランスをとりながら、実体語のほうが実現した。

マルキシズムもまた薬

小室　そこで、最近よくいわれる社会党の構造的後退というのも、社会党が現実化して空体語として機能し難くなったからでしょう。昭和二十年代の社会党なんていうものは、何でも反対。自民党の前身の保守諸政党と親の仇のような関係にあったでしょう。だから、空体語として大きく機能し、それが社会党の存在理由であったわけだ。特に左派社会党が極端に非現実な意見を主張したのでかえって、右派社会党はだんだん勢力が減退して、左派社会党のほうが伸びた。「現実的であるためには非現実的でなければならない」という革新政党のジレンマは、このようにして日本の政治風土に定着したわけです。革新政党は実現不可能なことを主張しなければ存立し得ないのです。だから、社会党が現実化すれば空体語としての機能は漸減しますから、社会党の構造的退潮は必至なわけですね。でも、まだ協会派ががんばっていて、誰が見ても、とんでもない妄想であることを本気になって主張してますので生命がつながっているともいえるわけです。私の専門の一つに選挙研究もあるのですが、その調査によってもそのことがわかります。得票傾向を調べてみますと、昭和二十年代における社会党の得票傾向は保守諸党と全然違う。それが、三十年頃から次第に自民党に近づいてきて、四十年以降は自民型になってしまっているんですね。

要するに、日本人にとっては、マルキシズムもまた薬なんですね。その効能を果たさなければ、あったって無意味。その証拠に、反マルクスの立場に立つ自民党なんかに対しても、マルキシズムの影響って大きいでしょう。たとえば、山本さんもご承知の通り、内閣の審議会だとか委員会なんかでもマルキストの委員多いでしょう。

山本　多いですよ。マルキストとかつてのマルキスト。両方が圧倒的に多いんですよ。うまく利用して成果を国民に与えるものこそ良医なりで、これが日本における梅岩の規定する薬なんですよ。一も捨てず、一もなずまず、どれに夢中になってもいけないがどれを捨ててもいけないと。

小室　これはウエスタン・ヨーロッパの感覚からいったらあり得ないことでして、たとえていえばブレジネフがケインズみたいな人間を顧問に入れたようなものです。

その意味で自民党が、無原則政党であるのはまさに徹底してますね。いい例が山口シヅエ、彼女が社会党から自民党にくらがえしたとき、社会主義を棄教して自由主義を奉ずるんだという宣言、こんなことおくびにも出しません。社会党は不人情で私(あたい)をいじめた、と。それだけです。左に対しても、これだけ無原則なのですが、それが右翼となると初めから問題になりようがない。いやしくも、自由民主党なのだから、自由主義者でも民主主義者でもない人間は排斥するかというとそうじゃない。自民党の大部分はある意味じゃ安岡正篤(やすおかまさひろ)の弟子ですよね。皆が先生、先生と仰ぐ。あれは徹底的な陽明学者で、戦前からの右翼も右翼。

それでいて、マルキストを内閣の審議会などの委員長にして、その上申書、報告書を、文句もいわずに採用するのに少しのためらいもない。

ところがその本質は、ある程度西欧型民主主義(ウエスタン・デモクラシー)に近いというんで、ダニエル・ベルにしろ、サミュエル・ソンにしろ、キッシンジャーにしろ、そういうのが来ると喜々として話を聞きます。だから西欧型民主主義(ウエスタン・デモクラシー)も、右翼も、マルキシズムもみんな薬だ。

日本的序列

神のつくった序列

小室　ところでカトリックの場合に、叙任が重要なサクラメントになるように、日本的序列というのも一種の重要なサクラメントになるんですね。

山本　例によって本来の意味における叙任はまず、日本人にとって非常に違和感があります。つまり、ある人が司祭に叙任されるでしょう。で、その司祭が、まず最初に自分の両親に祝福を与えるんですよ。これ、一つの慣例みたいなもんなんです。ところが日本だったら、あいつ、なんだ、神父になったと思ったら、途端に両親が前にひざついてる、なんたるこった。だから彼らにとっての慣例が日本人には非常に不愉快なんです。だけどこれがすなわち序列ということでしょう。というのは、親子といったような世俗の秩序と別なものになってる、今日から違うという。日本教徒はそれが不愉快なんですよ。

小室　それほど神のつくった序列(オーダー)というものが絶対である。そもそも社会の序列は、なんらかの意味で絶対化されないと機能し得ない。たとえばインドのカーストなんて神がつくったものであって、人間は変えるべからざるもの。中国における科挙の制度でも、実際には人間がつくったんだけど、聖人がつくり、天がこれを支持するものであるというようなことを宣伝する。そのぐらい中国においては科挙は神聖、不可侵なもの。

山本　日本の軍隊でも中隊長などになるときには連隊の兵隊を全部集めて、「天皇陛下の命により、何々中尉、第何中隊長を命ぜられる。よって同官に服従し……」という下命布達(かめいふたつ)式がありました。序列というのは神聖なものじゃなきゃならないわけです。

小室　この点、現代日本におけるそれも少しも変わらないんですが、ただ、その「序列」の内容がまったく別のものに置き換えられている、それだけですね。今でも、会社や官庁などの共同体的機能集団における序列は神聖犯すべからざるもので、人間の力などによっては、動かしようがありません。現代日本の序列は、たとえば、大学入試みたいに、業績(パフォーマンス)が序列に転化されるというかたちで形成されるんです。この過程(プロセス)が体系化され、社会全体をおおいつくしたところに現代日本の組織的特徴があると思いますが、その本質においては、戦前と少しも変わっていない。

野戦病院の序列

山本　年功の序列という問題ですね。

小室　ええ。というのはどういうことかといいますと、日本というのはべらぼうに変わったでしょう、三十六年の間に。外国人が見たならばもう一つ違う国ができたと思う以上に変わった。そうでありながら、序列感覚の構造は変わっていません。一つの組織においてその序列(オーダー)というものは、その組織に対しての加入順序によって決まっちゃうんですよ。その人の機能だとか業績(パフォーマンス)そのものによっては動かない。

山本　これが一番はっきりしていたのは軍隊なんです。特に兵隊社会。あれはちゃんと階級があるわけでしょう。まず二等兵、一等兵、上等兵、兵長、そこから下士官ですわ。ところがもう一つの序列がある。初年兵、二年兵、三年兵。だから三年兵の兵長と二年兵の兵長とは同じじゃない。三年兵の一等兵は年次序列においては二年兵の兵長より上なんです。ただし公式の場合の「頭(かしら)、右」などというときには兵長が指揮とりますよ。これは階級的秩序で将校に対してやる場合です。しかし、内務班に入ったら別。「たかが二年兵のくせして」といわれて、二年兵の上等兵が三年兵の一等兵にぶんなぐられても仕方ない。

小室　ですから絶対であるはずの天皇の軍隊の階級が共同体の序列によってくつがえされているわけです。階級というものは一般的規範ですから、共同体にとっては外部規範だ。ところが内務班における序列というのは共同体内規範なんです。だから共同体内的な特殊規範が一般規範に優先するんです。

山本　つまり、本来、叙任というのは背後に神学があって、同時に組織論があって、それに基づいてやっている。司祭になって、子供が両親を祝福するように、兵長に任命されて帰ってきたら、三年兵の二等兵というのは直立不動の姿勢で敬礼しなくちゃいけない。ところが内務班ではそんなこと絶対にやらない。おかしくてできるけえ、ということですわ。見習士官になって原隊に帰ってきても同じです。私自身経験してますから。これは序列意識が違うということですが、その根拠は一体なんであろうかという問題ですね。

　カトリックではペテロ以来の叙任の根拠がありますね。法王はつまりイエスの代理人ということです。それが教会の長であると。その教会の長というのは必ず神によって選ばれる。その神意は何に表れるか。すなわち枢機卿（すうききょう）の投票において神意が表れる。神意が表れるまで何回でも投票をくり返す。だからそれを無視して人間が人間を法王にするということはできない。これは組織論の基本でしょう。これがなくなったら組織というのはない。だから組織神学とこういうシステムは表裏一体になっているんです。これが神学に基づく一つの組織なんです。組織神学に基づく組織論。だから軍隊というのは組織である以上組織神学的なものが背後になくちゃいけないんですね。これは何かというと、天皇が総司令官なんです。これは実体としての総司令官なんです。明治憲法で決まっているわけですね。ただそういう発想はヨーロッパ的組織を真似したために、あとからそうつくったんであって実際の序列はそうじゃない。

小室　それが、日本教的な序階になる。だから軍隊の場合は年次が序階になるんです。

山本　安岡章太郎（やすおかしょうたろう）さんがいってたんですが、野戦病院に入院するでしょう。すると入院した瞬間に入院順序列になっちゃうんですよ。だから一等兵かなんかが一番奥のベッドで威張っていると、あとから入ってきた兵長なんかに「おい、あれとってこい」といえるわけ。

小室　まさに日本の組織原理ですね。これらの組織は、すべて一種の共同体ですね。日本では、共同体的原則がすべてに優先しますから、当該の共同体に「生まれる」ことが決定的に重要なんです。だから先に生まれた人が偉いんです。自然年齢というのとはまた別な秩序。牢名主（ろうなぬし）の論理ですね。

山本　だから軍人勅諭には階級が同じ場合には後任のものは先任のものに従うべきものぞと書いてあるんですね。これ、同階級の場合に限るんですよ。だから先任上等兵と後任上等兵がいたら、後任上等兵は先任の指示に従うべきであると。しかし、ここで注意すべきは共同体に入ったときじゃなく、任命されたときの序列なんです。

小室　というようなことがあるにもかかわらず、現実は野戦病院の序列（オーダー）だとか、内務班の序列（オーダー）なんていうのは、全然違った序階なんです。だから、今いわれたのは日本の一般規範、いってみれば市民社会(シビル・ソサエティ)の規範なんだけど、それに対して内務班、病院なんていうような、すぐれて日本教的な共同体においては日本教的な宗教社会(エクリジアスティック・オーダー)の序列による序階が作用する。その場合、その組織に早く入ることが序階を決めることになる。

代議士の当選回数

山本　つまりこれは一種の擬制の血縁意識ですよ。先に入った人間はその社会において兄なんです。そこで生まれるんですから、復活ですよ。そこに生まれたときの長幼の序ありなんです。長幼がその感じになる。

小室　で、重要なことはこの場合絶対機能しないのがまず外の秩序ですね。さてまた集団の中におけるその人の機能というのがまったく無意味なんです。その一番簡単な例は代議士の当選回数です。それから官僚なんかの入省の年次、会社においては入社年次……。

山本　第何年組っていうでしょう。あれ、何年兵ですよ。そうすると前に入った人間には、なにしろ入ったときに世話になってるんで、情緒的に反応しないのはよろしくないんです。だからたとえ一般規範がどうであれ、その内部においては「おめえは初年兵のとき、おれが教えてやったんじゃねえかと。兵長になったからって偉そうな顔すんな」といわれりゃ、これはしようがない。それをもしも偉そうな顔したら、これは純粋じゃない。すなわちこの序列もやっぱり一つの情緒規範として出てくるんです。

小室　ところが重要なことはこの序列が戦後日本、特に高度成長以後、機能集団がすべて共同体になった。その結果として、共同体と共同体の間で人が移動できなくなったことによりおそろしく固定化されたことですね。

山本　ああ、これは軍隊に似ちゃうんですな。内務班と内務班の間はなかなか動けない。中隊長が代わると、中隊を共同体として把握できるまで中隊が動かせない。「ぬし」みたいな准尉などがいて……。ところが、自然の人情としてはまったく同じことが日本と外国では逆に働くんですよ。たとえば大学の教授と、それから新しく博士号をとった学生の関係なんかまさにそうでして、アメリカの場合だったら必ず大学を出ていく。日本の場合だったら、優秀な人は必ず残るでしょう。なんで逆になるのかっていいますとね、自然の情からいいますと、それは誰だって、今まで自分の先生であって、一方は学生だったものが対等の口きけないでしょう。ところが、アメリカ人はそういうのいやだから、そういう人の顔見ないために異動するんですよ。また、たとえばアメリカのある研究者がある助教授に指導してもらって論文書いた。ものすごくいい論文書いたので、助教授飛び越して准教授になったといったらアメリカ人だって、同じ大学では耐えられませんよ、お互いに。ところが人情としては同じものでありながら、アメリカでは序列制がないからそういうことがあり得るので、そういう場合、外へおっぽり出したり、自ら出ていっちゃうことになる。日本ではね、どんなに業績上げたって、序列飛び越せませんから同じ大学にずーっといて、トコロテン式になる。だからこういうふうに宗教的秩序（エクレジアスティック・オーダー）

として序階制があるかどうかということは、まったく反対の結果を出す。だから重大ですよ。

小室　つまり、見かけは似てますけど、業績が序階化されなければ意味がない社会と、業績は業績として分離し得る社会では違うんです。

山本　違いますね。ところが、その業績だけで評価するってのは組織論になりますから、純粋じゃないんですよ、これ。

小室　それに業績は業績として「あいつはできる」だとか、「こいつはだめだ」っていってる間は、まだ純粋なんです。

宗教法上の序列

山本　そうです。それがね、いわゆる階級に転化したら非常に問題なんですよ、組織論ですから。だから日本では業績主義っていうのは大変に難しい。だから小室先生は優秀だ、優秀だってみんながいってる間はね、誰もなんにもいわないんです。たとえば私が知り合いの大学教授のとこへ行ってね、「小室先生は実に素晴らしい」といかにいっても反対しませんよ、きっと。「だから先生、先生は教授をやめて、小室先生を教授にしなさい」といったら大変ですよ。その瞬間、叩き出されちゃう（笑）。

小室　だからそういうことがあるってことがすでに日本的序列っていうことで、単なる順序じゃなしに、一種の序階。つまり、日本における宗教法上の序列（エクレジアスティック・オーダー）で、世俗法上の序列（シビル・オーダー）とは違うオーダーであるってことの証明ですね。

山本　そうです。組織論が入ってくるでしょう、不純ですよ。「そんなことといって、おまえはなにしに来たんだ。彼を教授にするために来たのか。だいたいおまえ、不純じゃないか。じゃ、今まで私をほめたのは全部そのためか、そんな不純な人間は出ていけ」と。だから組織としてそれを機能させちゃいけないんです。これは純粋人間と、日本における序列っていう意識が非常にはっきり出てくるんです。序列に転化しちゃいけないんです。ただ、純粋にほめるのはいいですよ。だから、純粋組織をつぶすには不純であることを証明すればいいのであって、袴田里見が共産党に対して一生懸命いっているのも実はそこですよ。だから、イデオロギー論争なんて初めからあり得ない。

小室　おれたちがこれほどいじめられて苦労しているときに、あいつばっかし悠々とうまいもの食いやがって……そんなこと、共産党のイデオロギーと関係ない。

私の意見では、創価学会問題を要約しますと、創価学界がいやしくも宗教団体なら、当然、（1）教義が憲法に反してなぜ悪い、これは信仰の自由の問題ではないか、（2）公明党が宗教政党で悪い理由はない、これは結社の自由ではないか、（3）池田大作の教義に関する解釈が本山の解釈と矛盾してもいいではないか、これは解釈権の問題ではないか、と主張すべきなのに、それをしないのは不思議千万だ。

山本　自分の行為が法に違反していない限り、何を考えようと、何を信じようと、たとえば憲法を間違っていると考えようと、池田大作は本仏だと考えようと一向に構わない。それをおまえがそういう教義を持っているがゆえに憲法違反でよろしくないなどということをいい出したら、旧約聖書なんか日本国憲法に違反しているところはいくらでもあります（笑）。だから創価学会はなぜ、教義が憲法に違反して何が悪い、とはっきりいわなかったのか。違反して相済みませんなんていったら大変なことになってしまうんです。戦前天皇とイエス・キリストのどちらが偉いのかという、クリスチャンが一番困った問題と似てくるんです。つまりおまえは日蓮の教義と憲法とどちらをとるんだ……とね。

小室　そんなことは初めから問題になり得ないんですよ。憲法違反というのは日蓮正宗を国家宗教にしたいと……。

山本　そうです。問題になったのは、国立戒壇を建てるということでしたね。

小室　でも問題は二段階ありまして、国立戒壇を建てるということが単に教義にとどまっている間は憲法との間に何の問題も起きない。教義があって、ある宗教団体がそれを主張することは憲法違反でも何でもありません。ただし公明党がそれを党の一つの綱領として取り上げたときに初めて問題になり得るので、それをジャーナリズムはまったく混同しているのだから、実に奇妙キテレツです。

山本　ええ。ある行為が刑法に違反しているとかね。それは宗教団体だろうが、他の団体だろうが、同一の法律によって処罰されるなり、規制されなければならない問題ではあっても、教義が憲法に違反しているというのは、大変おかしなことなんです。

小室　そもそも憲法というのは政治権力者、つまり政府などを取り締まる法律であって、個々の人間が憲法違反だなんてあり得ないことです。それにもっと根本的な問題として、教義は世俗法である何法とも関係ないですよ。

山本　その通りですね。カトリックの教義は日本国憲法に反するなんていったら、実に変なことになります。しかし、明確に宗教法がある世界だと、世俗法とこう違うという意識は持ち得るんでしょうが、日本には初めからそのけじめがありませんでしょう。

小室　だからこそ宗教の問題が結局はスキャンダル問題に帰着しているわけですね。

山本　あれは池田大作という人が徳を失ったんです。いっていることはそれだけだ。

小室　そのことと宗教規範の問題とは根本的に違うんだという認識がまったくないから奇妙なことになる。だから、山本さんは徳というのは内心の規範だといわれたけれども、それは内心の規範というよりも、内心と外部的な規範とのまだ未分化の規範といったほうがいいでしょうね。

創価学会の名誉会長の池田大作。不倫騒動の月刊ペン事件や日蓮正宗との対立などを起こした

山本　勿論そうですね。

小室　だから奇妙なんで、たとえば女性問題など外部的行動でこれこれしかじかの悪いことをする人間は、内面において、宗教的にも不徳な人間である、というようなことがたちまち結びついてしまうところがある。だから、創価学会の今度の事件（月刊ペン事件）というのは単にスキャンダルの暴きっこになっているんです。

山本　スキャンダルはスキャンダルでいいけれど、そのこと自体は、教義が間違っているという理由にはなりません。

「法難の」処し方

山本　ところが創価学会は現在の状況をもっぱら法難であるということで処理しようとしている。周囲の人間はあらゆるうそをいっている、だからこそわれわれはいま団結しなければならないんだ、と。日蓮と同じような迫害を今、受けているというわけです。

小室　だから池田大作も十二年前の藤原弘達（ふじわらこうたつ）事件のとき（1970年の言論出版妨害事件）に謝ってしまうんです。言論弾圧といいながら、あのときは権力が弾圧したのじゃなく、創価学会が事前に工作したわけです。宗教の論理からいえば、学会を誹謗（ひぼう）するような悪書は断固世に出すべきでないと思ったから、それを葬ろうとしてやっただけではないか、自分のほうが絶対正しいんだといって通るんです。そういう例はいくらでもある。カトリックには禁書というものがあるし、クリスチャン・サイエンスでは絶対読ませない本というのがいくらでもある。正しいものを悪くいう者が悪いんだというわけです。

山本　だから論争が成立するんだけれど、日本じゃ論争するのは両方ともに徳がない証拠になります（笑）。

小室　創価学会の論理からいったら、謗法（ほうぼう）すなわち法を誹謗することが最大の罪なんです。藤原弘達は謗法をやろうとした、だからわれわれは断固として彼をやっつけるんだ、となぜいわなかったのか。その点うやむやにして、「天下に謝す」だとかいって謝っちゃった。これこそ宗教者として失格ではないですか。

山本　でもね、日本じゃ最後まで議論したら、したほうが批難されるから、適当に謝らないといけないんですよ（笑）。

小室　言論弾圧が非民主的だという声も大きかったけれど、では民主とは何ぞやの議論も全然しない。自分に都合の悪い情報を、たとえば買収して出させないとか、脅迫して出させないというようなことは、宗教の歴史はいうまでもなく、今のアメリカだって普通に行われていることで、それと民主主義というのはまったく別ものです。

ただあの事件の場合、自民党の幹事長だった田中角栄氏がからんだり、公明党が責任を問われたりしたのは、政党は権力の一部ですから、憲法問題が起こり得たでしょうが、それがなぜ創価学会の教義にまで波及するのか、その点が奇妙キテレツです。

ところが実にばかばかしいと思ったのは、創価学会自身がそれに気づかないし、あれだけたくさんの学者がついていながら、そういう点を助言できる者が一人もいないんだから、創価学会のお抱え学者というのは低能といわれてもしかたがないでしょう（笑）。

もう少しこの問題を詳しく論じていきましょう。日蓮宗の場合、教義と運動方針を区別する必要がありますね。日蓮には、教義にはまったくオリジナリティが見られませんが、「南無妙法蓮華経」と唱えただけで成仏できるという運動方針、これには想像を絶するオリジナリティがある。インドや西域や中国の仏教の天才たちは聞いただけで目をまわしたでしょうね。

このところ天山路（てんざんじ）の探検とか西域（さいいき）の研究などで、重要な仏教壁画が発見されましたね。それによると、釈迦が一世で成仏できたのは何故かを説明している。釈迦は何回も何回も生まれ変わって善行を積んだ。釈迦がゾウに生まれ変わったときはこうしたとか、ウサギに生まれたときはこうしたという話がいっぱい壁画に出ているんだそうです。ですから釈迦のような宗教的天才でも何回も何回も生まれ変わって苦心惨澹（さんたん）しなければ成仏できないんです。これが西域仏教のテーマであり、悟りのことを思いわずらう宗教的天才の足跡がよくうかがえる。

山本　ところが日蓮では、いとも簡単に「南無妙法蓮華経」といえばいいことになったわけだから、驚くべきことですね。

小室　論理的には「南無妙法蓮華経」と唱えればいかなるスキャンダルを起こしたっていいわけです。日蓮信徒たる者のなすべきことは明白で一点の疑点もなく、「南無妙法蓮華経」と唱えて成仏することです。そして妾を何人持とうが、賄賂をとろうが、土地をころがそうが、そんなことは関係ないといえばいい。

山本　そこまではっきりすれば、それでまた面白いんですが、創価学会のはそういう教義でもないんですね。

カノンとコメンタリー

山本　ところがユダヤ教やキリスト教、イスラム教にしろみな聖書やコーランのような本に書かれたカノンを基礎にした宗教でしょう。ですからこれらの宗教では解釈が重要。ユダヤ教でもキリスト教でも解釈というのは非常に問題になりますね。ユダヤ教ではタルムードの書き方ですが、真ん中にミシュナがあって、それからゲマーラという注解を書き、次にそのまた注解のトセフタというのを書く。キリスト教でも聖書が真ん中にあって、次にその注解があり、さらに注解の注解が書かれる。儒教も同じです。論語があって、朱子の注解があり、そのまた注解があるというふうになっている。

小室　日蓮は法華経こそカノンだという。だとすれば、日蓮信徒としてまずなすべきことは、第一に法華経のテクスト・クリティークをして、これが日蓮宗として正しいテクストだということの確定であるはずです。第二にそれに注釈をつけて、法華経の解釈としてこう読むべきだ、ということを決めないことにはどうしようもないでしょう。ところがよく見ると、それを池田大作は全然やっていないのですよ。解釈権の確立があって、初めて創価学会は真の日蓮正宗であると自己主張ができるんです。

山本　だから池田大作は変なんです。日蓮正宗の本山に、わたしは間違っておりましたとおわびして、自分の解釈権を放棄したわけなんです。そうなりますと創価学会の存在理由がなくなる。

小室　ルターが法王のところへ行って、自分の解釈は誤りでした、といったら、宗教改革はあり得ない。

山本　宗教改革というのはルターの解釈権の主張ですね。特に「ロマ書」においてうるさいくらいやっている。だから池田大作が、自分に法華経の解釈権があるんだ、全員法華経に帰れ、とやれば日蓮正宗のリフォーメイションになって、彼は日蓮正宗のルターになったかもしれない。ところがそれを放棄して本山に謝りに行った。

となると信徒団体の宗教運動、いわゆるレイ・ムーブメントだけになってしまう。レイ・ムーブメントはお寺の解釈に従うべきただそれだけの団体で、本山に対して抵抗できない。

小室　ということを彼は行動で示してしまった。そうなると創価学会というのはあるのかないのかわからなくなる。ところが、もし池田大作が解釈権を放棄しなかったら、どうだったでしょうか。

山本　もしも日蓮正宗創価学会派というのをつくったら、日蓮宗のプロテスタントだな。

となるとまず日本人にとって一番大事なのは、お墓をどうするかということですから、信徒団体全部にまず墓地をつくって、葬式の後を保証しないと、みな知らんぷりになるんじゃないですか（笑）。

小室　私の意見は違いまして、池田大作が断固として自分の解釈権を主張すれば、彼にはカリスマがありますから、創価学会はびくともしなかったでしょう。

山本　でもそれをやるには、法華経が絶対であり、憲法なんか関係ないのだ、とはっきりさせなければ駄目ですね。日蓮聖人は天皇も将軍も問題としない、法華経だけが絶対であるといったわけですから。

小室　池田も第一にそれをいうべきなんだな。

山本　その次に「その解釈権は私にある」というのがくるはずで、それをうやむやにしてはいけない。

小室　第三に、それを基にして創価学会の行動規範を確立すべきです。そして他の規範との衝突が起こったら、「汝らは断固として創価学会の規範に従うべし」というべきです。ところが池田大作は右の三つのうち一つもやらなかった。トインビーと対談してみたり、やたらとカッコいい文化人を奉ったりしてね。そんなのはどうでもいいことだ（笑）。そしてもっと驚くべきことは、せっかく創価大学をつくったのに、宗教学部がないことです。まず仏教学部、日蓮学部をつくらないとね。だから、法華経を絶対とは思っていなかったんじゃないですか。

山本　それに日蓮学部では就職先がない（笑）。やはり日本人を動かすのは機能（ファンクション）なんですね。それ以外は評価されない。しかし、宗教は元来そうでないはず。

カトリックはなぜ永続するか

山本　そこでカトリックと日本教を比較してみると一番面白いのは、カトリックで大事なものが日本にはみなないことです。ポープ（法王）がない。セイントがない。ドグマがなくてカノンがない。昔、創価学会の人が私のところへ来て、カトリックのことを聞きたいという。カトリックの組織が二千年ももっているんだから、創価学会も二千年もたしたいというわけです（笑）。それで私はいったんですが、カトリックの世界というのは、一方では法王をトップとする非常に完全な組織があるんですね。

小室　カトリックの宗教法（エクレジアスティック・オーダー）の整備なんか、目を瞠るほど完全でしょう。

山本　ええ。それでいて他方の組織外にあっては、組織を批判するセイントというものがある。法王とセイントの関係は、ユダヤの権力者と野に叫ぶ預言者みたいなものといったらいいでしょうか。セイントはカトリックの組織とは関係のない一種のカリスマティック・リーダーといえるでしょう。そしてこの二者がうまくバランスをとって、カトリックを常に若がえらせることにより何千年と維持してゆく。

　このことは非常に不思議なので、組織のトップには法王がいて、たとえばセント・フランチェスコというのは一体組織においてどうなのかというと、組織の中では何でもなくても、聖人であるとなると法王と同等になれるんです。聖人というのは迫害される場合もあるし、認められない場合もある。だから聖人はカトリックの体制の中にいるのか外にいるのかちょっとわからないんですが、その人のいったことが体制の中に組み込まれていく。フランシスコ会が典型的なものですね。でも徳を失う可能性があるけれども、また聖人の霊の力で回復することができる。

　非常に面白いのはセント・フランチェスコは最後にフランシスコ会から除けられてしまう。そしてまた聖人が出てきて、最後にはカトリックの中に取り込められて、それが一つのシステムになってしまう。この繰り返しが、カトリックが二千年もっている理由なんですね。そうでなかったら組織というものは完全になった瞬間に自壊するんです。

　だから創価学会を二千年続けようというんなら、こうしたらいいでしょうという話をしたことがあるんです。

小室　だから創価学会がもし二千年も続きたければ、まず、法王とセイントをつくるべきなんです。池田大作は一体法王なのかセイントなのか。私の提案は、彼は日蓮の代理人としての法王になり、学会内には反池田的セイントを育てて、常に池田批判のダイナミズムから新しいエネルギーを汲みとってゆくといい。そうすれば二千年はもちます。ところがあるところでは自分は日蓮の明確な後継者であるような、別なところではそうでないような、というんでは問題にならない。

さらに問題なのは上智大学のインモース教授に聞いたんですが、創価学会が成功したとき、テキストの十分なものがなかったので、学者にその整備を頼んだということらしい。そして一九六二年から六七年の間に岩本豊氏と坂本氏がサンスクリット語と中国語からの学問的なテキストをつくったのを、今度創価学会の根本的なテキストにしたらしい。

山本 ほう、もしもそうなら、創価学会はもう日蓮正宗じゃなくなってしまう。つまり日蓮正宗というのは日蓮が講じた法華経が基本のテキストのはずですからね。

たとえばカトリックとプロテスタントでは聖書が違います。ルターは旧約の本文はヘブライ語に拠るべきだといって、いわゆるマスラ・テキストを自分の聖書とした。カトリックは伝統的なヴルガタ・ラテン訳ですね。ですからテキストの基本を変えるというのは、もうそこで決定的な分離が行われるわけで、カノンが違えば違った宗教だといっていい。

したがって、もし創価学会が、日蓮が使ったテキストはやめます、こっちのテキストをとりますといったら、もう日蓮正宗でもなくなる。なにしろカノンは絶対なんですから。

小室 論理必然的にそうなります。カノンということの重要性がわからないようでは、とても法華経絶対主義の日蓮正宗とはいえない。

いわば日本教日蓮派ですよ。

山本 ところが日本の新興宗教というのはみなそうで、ほかの宗教だって、あとから宗教学者を招いて教義をつくってもらう（笑）。

小室　教義屋ですね。教団が教義屋をやとって教義をつくってもらう。創価学会もそれをやったわけだ。

山本　ただここで注意しておきたいのは、たとえばどのテキストを聖書として採用するかということと、いろんなテキストを学問的に比較研究することとは全然別なことだということです。カトリックでも、たとえばドミニコ会の聖書学研究所というのは、ローラン・ド・ボーという聖書学では第一人者が、あらゆるテキストを研究している。しかし研究の対象としたテキストをドグマにするということとはまったく別のことなのですね。彼の訳したエルサレム聖書というのは現在最高の翻訳だといわれて、私たちももっぱら虎の巻に使うけれど、これがそのままカトリックの聖書かというとそうではない。

日蓮正宗だって同じことで、どんなに法華経のテキストを集めて研究してもいいが、そのことと、日蓮正宗でカノンとして使用する経典をつくることとは峻別（しゅんべつ）しなければいけない。だから、創価学会法華経研究所というのをちゃんとつくると同時に、日蓮の教義というのをはっきりさせなくてはいけないんです。

小室　それを混同している。

つまり創価学会の場合、その日蓮正宗的な原則と日本教的な原則の矛盾が最大の問題だと思います。これに対して、たとえば原則をみなはずしたというのが浄土真宗でしょう。だからどこまでもズルズルと続くんです。

山本　浄土真宗は永久に続きます。日本が続く限りね。

小室　どう考えても浄土真宗なんて、仏教じゃありませんもの。

山本　ヨーロッパの仏教学者で、真宗を仏教に入れない人たくさんいますよ。ある仏教の概説書にはさまざまな宗派が紹介されていて、浄土真宗についてもいろいろ説明があって最後に一行「これは果たして仏教であるか?」って?がついているんです（笑）。

小室　すなわち浄土真宗は無原則の中で最も無原則で、ポスト・ディステネーションでしょう。すなわち、何でもかんでも前世の因果だから、これは輪廻(りんね)の法則からはずれられないということでしょう。ということは、成仏できないということで、成仏のできない仏教がどこにありますか（笑）。

山本　いや、いや。そういうふうに論理的に、浄土真宗というのはできてないんですよ。輪廻の法則からはずれることが成仏だという発想をしてはいけないんです（笑）。だから真宗というのは仏教のちょうど裏側なんですよね。

小室　だからネガ仏教。

山本　ネガ仏教なんです。ほんとのネガ仏教なんですよ。そうなりますとね、すべての宗教には何らかの「救済」があるはずで、その基本概念の一つは「許し」のはずですが、日本教の「許し」とは何かが問題になりますね。

美濃部達吉の七つの大罪

山本　そこで、では日本における「許し」とは一体どういう構造を持っているか、という問題になってくるわけですが、これ、日本的序列と関連があるんです。つまり、日本教的に純粋であるほうが序列が高い。それは同時に、いわゆる年次を無視しないことなんです。なぜかっていうと、自分がお世話になった方に対して、その序列を最後まで認めるってのは情緒的反応でしょ。あいつ、どんなにばかだと思っても、なにしろ二年兵なんだと。おれが初年兵のとき二年兵だったんだと、この反応をしてれば大丈夫なんです。だからこれは、それによって日本の組織ならざる組織ができるんですよね。

小室　正式の組織ではないが、組織として機能するもの、つまり、下位組織（サブ・オーガナイゼーション）ですね。そして、正式の組織を制御するのが社規、社則のような正式の規範（ノルム）だとすれば、下位組織を制御するのは、直接的人間関係に基礎をおく下位規範（サブ・ノルム）です。

山本　そうです。日本の会社はそうですよね。組織として機能はしてない。だって社規、社則読まなくていいんです。だけど機能はしてる。

小室　つまり、会社というような集団も、正式の組織は機能せず、直接的人間関係の積み上げであるところの下位組織がさかんに機能する。だから、下位組織を制御する下位規範が重視されることになる。会社で、正式な規範である社規、社則に違反してもなんとか取りつくろってもらえるが、直接の人間関係の積み上げからなる下位規範（サブ・ノルム）を破ったら大変だ。

山本　ですから、日本でよくできた人なんていうのは、身分がどんなに上がっても、昔の先輩に対して依然として後輩の態度をとるのが立派なんです。

小室　ええ、それが下位規範ですからね。逆に、日本教にとって、そういうような下位規範を蹂躙（じゅうりん）するのが最大の罪でしょう。ですからそのような意味の罪の意識に悩むことによって逆に疎外される。

山本　そうなると、自殺をする。

1935年、菊池武夫議員に天皇機関説を非難され貴族院本会議場で「一身上の弁明」演説を行う美濃部達吉

小室　ですからそういうような補助線を引けば、日本的「許しの構造」が明らかになってきます。まず情緒規範的でないといけない。つまり自分の本心を証明するという態度をとって、自分がまず純粋であることを証明しなくちゃなりませんからね。それから組織論に立ち入ってはならない。実体語を口にしてもならない。だから空体語で、そして情緒規範を述べ、組織に触れてはならない。その反対の典型例が天皇機関説の美濃部達吉（みのべたつきち）博士ですね。

山本　そうです。第一に、組織論でしょう、天皇機関説というのは。これはそもそもよろしくない。

小室　それが組織論であると同時に、これは組織論として正しいということを弁証した。つまり、純粋じゃないものを純粋だといったわけですから、日本的にいって大うそつき。

山本　これはもう救うべからざる罪ですよ。七つの大罪のトップ。第二番目に、彼は情緒的には「あくまでおれが正しい」といい張った。それが日本教の教徒として、七つの罪の第二番目。

小室　その場合に彼がとるべき態度は情緒的に、「私は知らざるうちに不敬を犯した。ああ、なんとも申し訳ない」と、貴族院の壇上ではらはらと涙を流せば、菊池男爵も涙を流しておしまいになった。

山本　お互いに肩を叩きあって、もう水に流そうということになるわけですね。ところが、彼、日本教徒でありながら、ヨーロッパの組織論を学びすぎて、ちょっと日本がわからなくなったんですよね、なにをすべきか。すなわちこれが面白いんで、知られざる罪って言葉がキリスト教にあるでしょう。知らずして犯した罪、これも罪であると。だから「われら知らずして犯した罪を許したまえ」というのが出てくるわけですね。これはドストエフスキーの『カラマーゾフの兄弟』のグリゴリーという老僕が、知らずしてドミートリーを見たと証言しちゃうんですよ。つまりこれが彼のいう知られざる罪、本人は真実と思い込んでる罪です。これはほんとに偽証なんですよ。だけど彼は本気でそう信じちゃったんです。本気でそう信じたから、主観的にはうそではない。しかし、客観的にはうそでしょう。それによって、一人の人間が罰せられる。これは知らずして犯した罪ですね。これが必ず人間にあるから、これをも許したまえと、こういうことになるわけでしょう。もしもその論理からいけば、美濃部さんは日本教徒として知らずして罪を犯したんです。だから「私が知らずして犯した罪をも許したまえ」といえば、それでいいんですよ。ただ、彼はそれをいわずして「おれは罪を犯してない」といったわけですよね。二重の罪ですわ。おのが罪を認めないんだから。これは右翼なんてのが殺しにくるのも不思議はない。

小室　つまり、そうした言葉の踏み絵が日本教に違反したときの免罪符になるんですね。これをやったら絶対免れ得るという。

「天皇」と「陛下」

山本　同時に、これは事実上においては絶対的に否定しているものを情緒的に最高に肯定すればいいんです。その典型的な例としては、前に触れた北条泰時ですよ。これはもう、大変なことをやったわけでしょう。義時追討の院宣（いんぜん）に対して逆に天皇にはむかい攻め上ったわけでしょう。これは反乱ですね。そのくせに、明恵上人からそれを指摘されるとはらはらと涙を落としてから……。

小室　だから逆に実体語と空体語の媒介項として、情緒的反応のない人はものすごく嫌われる。たとえば陸羯南（くがかつなん）が薩長藩閥、特に伊藤博文（いとうひろふみ）を嫌ったっていうのはそうなんです。伊藤は不敬である。なぜ不敬かっていうと、伊藤の天皇に対する態度が悪い。言葉なんかでも「天皇」って呼ぶのはいけないっていうんです。「陛下」っていわないといけない。

山本　ところが考えてみれば、「天皇」っていうことが最高の地位を表すわけでしょう。

小室　日本ではもとより「睦仁」とは諱ですから絶対いいませんね。しかし、ヨーロッパだったら「キング・ジョージ」だとか、「カイザー・ウイルヘルム」だとか、そうやって国民が寄っかかると、人気があるというんで絶対君主でも喜ぶ。ですから息子に王様の名前をつけるなんてのは、最大の敬意を表すわけです。

山本　日本ではそれやりませんけどね。しかし「天皇」といったら、それでも絶対の名称です。

小室　ところが日本人の解釈ではそれはいけない。つまり「上」だとか「上御一人」だとかいうべきで、「天皇」という名前すら呼んじゃいけない。それを伊藤が軽々しく呼ぶから、あれは不敬だっていうんです。しかも、「天皇」っていう言葉を口にしたら涙流さなくちゃならん。その反例が佐藤紅緑。

山本　佐藤愛子の『花はくれない』に書かれたお父さんですな。

小室　そこに書かれた小説家・佐藤紅緑は新聞に明治天皇の写真が出るたびに、「今日も陛下はご無事であらせられる」って、はらはらと涙を流したと。

山本　つまり自分が純粋だってことでしょう。

小室　彼の場合には、小説においては忠君愛国をぶちまくったけど、その私行においてあれほど乱れた人はないってこと、娘が証言するんだもの、間違いないですよ。ところが、結局、忠君愛国の卸問屋みたいになっちまう。そういうようなセンチメントを持ってるというだけで。

山本　しかし、それシステムにならないんです。システムにしたら不純なんですもん。それは絶対、乱れても情緒的に忠孝絶対であれば忠孝なんです。それで許される。そこに何のマニュアルもないんです。マニュアルなきドグマですからね、日本教というのは。

日本式結婚

山本　宣誓という意味を考えるために、「結婚とは何か」ということを論じてみたいと思います。つまり、結婚もカトリックじゃサクラメントに入っているわけですが、なぜかっていうと、これは一種の宣誓だからですね。これは神に向かって宣誓するんであって、相互契約じゃないんです。

小室　そこが日本人にはなかなかわからない。

山本　いや、これでね、私は宗教学者を相手に変な論争をやっちゃったんですよ。宣誓っていう概念がわかんないんですよ。つまり、カトリックでなぜ離婚ができないのかって問題を考えてみりゃすぐわかるんです。お互いに話し合って結婚したんなら、「今日かぎり夫婦であることをやめようや」っていえるでしょうが、そうじゃないですよ。神に向かっていったんでしょう。これがサクラメントなんです。だからこれ、兵士の宣誓と似てるんです。お互いに相談して「戦争やめようや」といえないわけでしょう。相互契約ではないんです。結婚も相互契約じゃないんですよ。上下契約なんです。これが絶対、理解できないですわ。

小室　一番理解できなかった最初の例としては森有礼(もりありのり)です。彼がヨーロッパで結婚は契約だと聞いてきて、真似しようといって嫁さんと契約した。あれほどの誤解はないですよ、神と契約するんですね。

山本　日本には上下契約ってないからそうなっちゃうんです。

小室　神と契約すればこそ、離婚は犯罪、神に対して罪なんです。国によっては絶対に許されない。それであればこそ、欧米諸国には「セパレーション」っていうのがあるでしょう。あれも日本人にはどうしても理解できないですねえ、ですから日本人がアメリカに行くとビザにいろんなことを書かされるでしょう。宗教、国籍、それから結婚の状態（マリタルステート）っていうのがある、そこに独身（シングル）、結婚（マリッド）、死に別れ（ウィドー）、生き別れ（ディボース）、セパレーティッドと。ところがある人が国に嫁さんおいてきたと。だからセパレートと書いてしまったんです（笑）。

山本　これは傑作だ。

小室　別居（セパレーション）といっても、けんか別れのような別居しかいわないんですよ。そのためにいろんな条件がありましてね。というのは、結婚というのは神との契約です。だから容易に解約できない。

　ところがそのうち仲悪くなっちゃって……。

山本　顔見るのも、いやだとなる。そういうときがセパレートって状態です。制度としてあるんです。だからディボースとセパレートは違うわけです。これを宗教学者さえわかんないんだから、本当に始末悪いですわ。

小室　向こうの映画なんかを観ますと、自分の恋人がいやなやつと結婚しそうになるとライフル持って馬でかけつけ、結婚の宣誓する直前に暴れ込んで、嫁さんをかっさらって逃げるのがカッコいいでしょう。ところが日本であればね、そんなことするくらいならば結婚してしまっても、うまく駆け落ちゃったほうがいいんじゃないかという論理が出てくる。

山本　出てきますね。ばかだなあと。

小室　ところが宣誓してしまったらもうだめです。結婚は神聖ですからね、そういうことをやれば神に対する侮辱になる。しかし結婚の宣誓をしなければ、妻じゃないんだから奪ったっていいんです。

山本　だからね、「この結婚に異議ある者は申し出よ」って、たとえ形式的であれ、教会にはり紙が出るんですね。これは非常に重要な手続きなんです。

小室　中世のロマンティックな時代なんか、「異議あり」を唱えて、決闘して勝てば嫁さんもらえることあったわけですわ。中世は結婚が好き嫌いだけで決まらなくて、いろんな関係で決まったから、自分の恋人が変なところに嫁に行きそうになったら、「異議あり」って出ていき、向こうの婿さんの候補と論争する。論争がらちあかなかったら剣をとってチャンチャンバラバラして、そして相手をぶち殺して嫁さんをかっさらって逃げる（笑）。

山本　そんなことを考え合わせると日本では結婚がサクラメントであるかどうか、はなはだ大問題になってきますな。

小室　ですからね、その補助線として妾制度というのを分析すればいいんですね。というのは、キリスト教社会で結婚は神との契約でしょう、一夫一婦でしょう。だから、キリスト教社会では、絶対に妾ってのは存在しない。

山本　あっても存在しない。概念が存在しないですな。

小室　だからね、この女性は王の恋人（ミストレス）だってことわかりきっている、一人として知らない人はいない、たとえば英国のハノーヴァ王朝において、キングにミストレスいないことがなかったくらいに普通だったんですな。それからマーショネス・ポンパドゥールがルイ十五世のミストレスだってことも誰でも知ってる。しかし、これを正式に認めるわけにはゆかない。つまり、どれほどの権力があっても、またどれほど王様にかわいがられても、妾って、絶対存在していけないですから、王のミストレスの子どもなんて絶対、王位につけない。これに対し、中国の場合には、たくさん嫁さんがいるってのは制度でしょう。

　周（しゅう）の制度では、天子十二人、諸侯八人、大夫四人、士二人、庶民一人と、それぞれの身分に応じてちゃんと嫁さんの定員が決まっている。後世の唐の時代などになると、制度はさらに完備している。なにしろ、中国では一夫多妻が正式の制度ですからね。妾だって日陰者じゃありません。堂々と日向に居場所（プレイス・イン・ザ・サン）を持ってます。ただ、身分が妻より低いだけです。たとえば戦前の日本で大将と二等兵をくらべて、大将が日向者で二等兵が日陰者というわけではありません。両方とも日向（ひなた）の名誉ある帝国軍人であることに毫（ごう）の相違もない。ただ、身分が違う。中国の皇后と一番下の妾との違いもこんなもんです。たいがい妾と妻と同じ家に住んでいるんです。官僚システムですよ。大臣と次官と局長が同じ所に住んでるのと同じわけで、別になんでもない。だから両方とも制度なんです。ところが日本の妾っていうのはどういうことかといいますと、日本は、いるようでもありいないようでもある。日向には出せないが日陰にはいるんですよ間違いなく。

山本　います。さらにおかしいのは庶子の認知で、認知すると相続権がありますね。となるとその母親は妻に等しいはずです。では日本は一体、一夫多妻かというとそうではない。これは外国人にわからない。

小室　だから状況に応じて、あるときは妻という字にゃ勝てやせぬなんていいながら、時と場合によっては嫁さんをおっぽり出して、居直るだとか。

山本　空気によって決まる。だから日本教における結婚に、ないほうからいくと、まず契約じゃないことは確か。それから制度みたいに見えるだけで制度でないことも確かですね。

小室　つまり、制度である以上、結婚しているか、していないか、そのいずれかでなければならず、結婚しているようでもあり、していないようでもある、ということはあり得ないのです。日本の足入れ婚や、内縁関係がいつの間にか世間に認められて裁判所までが判決の参考にするなどということは、本来、論理的にあり得ないのです。欧米の古典的悲劇にメアリー・スチュアートの物語というのがありますが、これなど日本では考えられません。メアリーはヘンリー八世の姪なのですが、悲劇の起こりは、彼女とヘンリー八世の娘のエリザベスと英国の王位継承に関して、どちらに優先権があるかわからないことでした。エリザベスが生まれたとき、ヘンリー八世とエリザベスの母アン・ブーリンの結婚が法的に有効であったかどうか、ここに疑問があるのです。有効であれば、当然、娘のエリザベスが優先します。ところが、出生の時点において父母の結婚が有効でなければ、それによって生まれた子供は、永遠に王位継承権を失うのです。間違いなく王の血をひいた実子であるかどうかということは、この際問題にならないのです。これが正式の制度としての結婚でして、日本の「結婚」とはまったく意味を異にします。

また、契約でないことは双方の合意であるかないかがはっきりしないことでも明らかではないでしょうか。つまり、である場合もあり、そうでない場合もある。また誰が発言できるかってこともはっきりしない。ある場合には親父の意思、ある場合にはおふくろの意思、ある場合には友人一同の意思、ある場合には弟子どもの意思……。

山本 ある場合には本人の意思（笑）。だから本人の意思で結婚するってのは、昔は最下層だったんだな。熊さん八つぁんのやることであって、一つのステータスを持ってる人間のやるべきこっちゃないですね。そういうことは妾にすればいいんであって、奥さんにすべきじゃないんです。だから昔のほうがまだシステム、どっかにあるんですよね。たとえば上杉鷹山（うえすぎようざん）ですけれども、彼は秋月藩から養子に来たわけですね。先君には、発育不全で最後まで赤ん坊みたいな娘がいたわけです。その娘を子供と遊ぶように遊び、それを絶対に一生、自分の奥さんにしていたわけですね。これにみんな感動するんですよ。それがわかった瞬間に、あれは名君であると。彼はいろんな面で名君なんですけど、これも最高に評価されるんです。と同時に妾がいるんですけどさしつかえない。こういう原則と妾がいるって原則は全然別で並行して機能してるんです。これが日本の不思議なとこなんですねえ。これを最高道徳とするなら、ほんとに別な意味の一夫一婦になるはずですよね。ところが、どっちが規範だかわかんないんです。

小室　そういえば檀一雄の『火宅の人』も同じようなテーマですね。奥さんとあれほど固く結びついてても、やたらに変な女、買うわけでしょ。また、面白いのは秀吉ですね。北の政所とあれほど円満にいっていながら、淀君とうつつを抜かして。最後まで本妻と妾との間の秩序を乱さなかったこととこれとは全然、矛盾しない。

山本　三木武吉がいったのかな。「あいつには妾が三人いるんだ」と反対派に選挙演説で攻撃されて、「三人なんてのは間違いだ、五人いるんだ。ただ、五人の世話は一生やるつもりだ」と答えたら選挙民みんな感動してね。落とそうと思ったのが逆に落ちて、三木武吉が最高点で当選しちゃったというんですね。つまりそのときには「そんなものはいません」ってうそついたらだめだ。不純なんです。「三人じゃない、五人います」と、こういわなくちゃいけないわけね。

小室　世の中の基準からいったら罪に決まってんです。しかし日本人はそういうもので人を断罪しないんです。

山本　だって法律的には一夫一婦でしょう。しかし、そうした一般規範とは別な特殊規範みたいなものがあって、一般規範はこうであるけれども、彼の場合は別であっていいとなるんです。

小室　しかし、大変面白いのは、それがいつの場合でもそうかというと、必ずしもそうではない。日本の場合、妾を持って失脚するかどうかっていうのは、状況、状況によってみんな違う。たとえば社会党の山本幸一・元書記長は妾持ってるってことを暴露されて失脚したわけでしょう。というのは、まだまだあのころは社会党に清潔なイメージがあったから、清潔な社会党書記長ともあろう者が、国費をもって妾を養うとは何事だといって失脚したけれども、自民党の代議士なんかになりますと、妾何ダースいることがバレたって平気ですよ。池田大作の女性スキャンダルが大問題とされたというのも、以前における創価学会のイメージが清潔すぎたから。昔、大本教の出口王仁三郎は女性スキャンダルでずいぶん攻撃されましたが、まるで蛙の面に水だった。

山本　田中角栄、堂々と三人いるわけでしょう。これはもう天下周知の事実ですよ。

小室　したがってそういうわけだから、妾がいることに対してどうサンクションするのかっていうことはね、場合、場合によってみな違う。典型的な状況倫理ですな、日本の場合……。状況倫理っていうのがむしろ結婚のサクラメントでしょう。

山本　つまり、日本には、結婚制度というものが存在しないと。したがって結婚しているようでもあり、していないようでもある「内縁の妻」という言葉があり得るし、庶子が認知されると相続権を持ち得る。これは一つの状況倫理ですね。

第六章　日本教における神義論（テオディツエー）

神義論の意味

日本人にはなじみがない

小室　前章で私たちは、日本教のサクラメント、つまり救済のための儀礼について論じてきたわけですが、さらに問題を深めますと、どうしても神義論（テオディツエー）に突き当たらざるを得ないわけです。

神義論が問題になってくるのは、簡単にいうと、「正しいことをした人間がなぜひどい目にあうのか」と、これでしょう。宗教には規範があり、この規範を守っていれば幸福になれる、正しい者は報われる、と誰しもこう考えたいわけです。しかし、現実は、必ずしもこうはいきません。そこで、果たして神は義であるのかという疑問が生ずるわけで、これこそ、宗教の中心テーマといえます。旧約聖書におけるヨブ記がその典型的なもので、まったく正しいヨブがなぜあんなにも極端な不幸に見舞われるのか——この問題こそがキリスト教、ユダヤ教における神義論の重大なテーマをなしているわけですね。そして、この神義論を広く解釈すると、それはどの宗教にもあるのではないでしょうか。狭義の神義論はユダヤ教、キリスト教独自のものですが、たとえば、司馬遷（しばせん）なんかも『史記（しき）』伯夷（はくい）列伝第一で「天道是なるか非なるか」と論じて、正義の人伯夷がなぜ山で蕨（わらび）を採って露命をつなぎ、やがて餓死しなければならなかったかという問題を提起しています。

もっとも、この「正しい」かどうかの判定は、その前提として規範がなければできないはずですし、その判定が明確であるためには、規範が教条（ドグマ）として確定されていなければなりません。つまり、厳密な意味でのカノン（正典）がない宗教においては、そもそも神義論が成り立ち得ないということになりましょう。議論を正確に進めようとすれば、このように、広狭両義の神義論を区別して考える必要がありそうです。

ところが、これまで論じてきたように、日本教には組織神学的にカノンどころか、いかなる規範もありませんから、広狭いずれの意味にとっても神義論はあり得ない。

しかし、ここでも、構造神学的に考えてキリスト教の神義論と同一の機能をする日本教における対応物（カウンター・パート）と考えて論を進めたいと思います。本論に入る前に、キリスト教における神義論、つまり本来の神義論について、山本さんからお話をうかがい、もう少し理解を深めておきたいと思います。

悪魔が善神になる日本

山本　日本人にはなじみのないこの神義論とは、簡単にいうと、悪とは何ぞやということなんです。だから、拝火教のような善悪二元論の宗教には神義論はないんです。つまり、初めから善神は義に決まっていて、悪神は悪に決まっているでしょ。この両者の存在を前提としているから、この世に悪のあるのは当然ですから、神義論が出る余地もないし、必要もない。ところが唯一神教ってのはこの点、大変困った問題があるんで、神が絶対であるなら、なぜ悪があるかってことになるでしょう。そうなると、いったい神の義とは何であるかと。これは大変矛盾した命題になるわけです。

たとえば、先ほど小室さんがいわれた、絶対的に義なる人間がヨブみたいに苦しむ。「義人の苦難」これは旧約聖書の一つのテーマですが、これがなぜかというのがヨブ記の基本ですね。あれが神義論なんです。これは規範と応報の関係、つまり、正しかったら報われるとあり、その通りやったのに、その人間が報われない、おかしい。では神がなぜ義であるのかという問題が当然出てきますよね。

小室　だから深刻なんですよ。今、山本さんがいわれた意味を私なりに解釈しますと、論理的に日本に神義論がないっていうのは、日本には規範がないばかりか、神義論は本来、一神教における概念だからなんですね。ですから神がなんで善であるのか、なんで悪であるのかの議論、起こりようがないんです。その例（エグザンプル）としまして、日本の場合には悪魔がいつの間にか神になっちゃう。たとえば日本の神社は、起源的に見ますとたいがい祟（たた）り神なんです。

山本　ということは、別な言葉でいえば悪神。そしてその悪神を封じ込めて、お供え物という賄賂を使って、これだけお供え物するからもう悪神出てきてくれるなと、これが近代にもあるんですね、明らかに。だから唐人お吉神社などというのもあるわけですね。というのは、外国人の妾になって、彼女はこんなに苦労してこうなって死んだんだ。こういうものをそのまま放っといたらどんな祟りをするかわかんない。だからこれを神にまつって、これだけお供え物をする。だから、おまえはもうあんまり祟んないでくれと。お吉をなぜ神にまつるかといったら理由はそれしかない。

小室　それ以前の典型的なものが菅原道真。そういったものは非常に多いんです、全国的に見ると。

山本　しかし、ここまでは論理的に成り立つんです。じゃ、なぜ一体その神社に手を合わして拝むのか。尊崇じゃなくて忌避しなくちゃおかしい。

小室　ところがいつの間にかその悪魔が善神になっちゃう。菅原道真は最初、カミナリによって人をのろい打ち殺すこわい神だったのに、今では学問の神、受験生が合格を祈願して殺到する。お吉神社だってしまいには縁結びの神。このごろでは貫一神社だとか、お蔦、主税の神社を建てようなんていう動きまである。

山本　これが面白いので、ミッション・スクールに入れますようにという祈願まであるんです。だから「神は本皆空名なれども、……すでにその名あれば則ちその理ありてその応もまた各〻むなしからず」と鎌田柳泓がいったわけです。すなわちまつれば機能するんだから、機能する以上、これは空名であっても存在するんであると。これは、日本ではある意味で大変立派な理論ですよ。

小室　ですから、神義論が成り立ち得るはずがないでしょう。神は本質的に善であるとか義だとかなんて関係ない。サンマの頭でも機能すれば神なんです。

日本教的ヨブ記

山本　ところがそれが日本の一切の組織、社会構造ときわめてうまく対応している。機能しなけりゃ共同体は崩壊するんです。会社共同体は機能してるがゆえに存在するんであって、機能しなくなったら崩壊しますよね。ですから機能さすための機能神っていうのがいるんですよ。たとえば、会社の屋上にお稲荷(いなり)さんがあったりするでしょう。あれはつまり機能神といっていい。あんなお稲荷さん初めっからなんにもないんだといって構わないんです。でも名があるでしょう。名があれば理があるでしょう。理があれば応があるでしょう。その応はまたむなしからず、ちゃんと機能してりゃいい。機能しなくなったら神様じゃないんです。

小室　日本教では、従来の組織神学的にいったら、神義論がありようがないんです。でも、構造神学的に考えると神義論は出てきます。なぜ神はときに反機能的(ディスファンクショナル)であるのかと、それが神義論。つまり、機能主義的神義論ですな。

山本　これは大変面白いんで、企業を論ずる場合、必ず外国人との間に出てくる議論なんです。「あなたは敗けるために作戦を立てる軍隊があるということを信じ得るか」と。そんなものはあり得ない。じゃ、欠損を出すために機能する企業ってのはあり得ると思うかと。それもあり得ないでしょう。というのは、片方は勝つために機能するんであり、片方は利潤をあげるために機能するんだから、反機能(ディスファンクション)はあり得ないですね。それじゃ、なぜ一体赤字輸出をするんだと。もしもそれを合理的に解釈しようと思えば、外国人にはトリックとしか思えない。すなわちいわゆる背水の陣みたいな型で、わざと負けるような作戦を立てていれば、これもトリックのはずで、トリックとしてそれをやってる以外にあり得ないと考える。だから日本がダンピングをするというのはつまりトリックなんだ。だからアンフェアだとか、この議論が出てくるんです。いや、そうじゃないんだと一生懸命説明することの大変なこと、この論理で押されたら、どうも方法がない。

つまり、日本教の神義論ってのは、そこに出てくるはずなんです。すなわち共同体を維持するためには、機能集団はマイナスに機能することもあり得るっていうことです。これは共同体を維持することが第一なんだから、機能集団としてプラスに機能することはもちろんある。だが状況によってはマイナスに機能しても、共同体を維持しなきゃならない場合があると。

小室　ですからそれが共同体と機能集団との矛盾ですね。そして、そこをつなぐのが日本的神義論。そこに日本教的ヨブ記を書けるわけです。おれはこれほど会社のためにやった、業績も上げてる、なんの悪いこともしない。しかしなにゆえに会社が報いないのか。

山本　つまりそれは共同体の原理に反するから。あいつははなはだできる男だ。しかし、協調性がないから困ると、こういうことにもなるでしょう。これは二つの基準があるわけです。できるっていうのは、機能集団においては最高に機能してるんです。ただ、共同体の秩序は乱しているわけですね。ですから小室さんの場合もヨブ記ですよ（笑）。学問的には百パーセント機能してる。ただ共同体の秩序を守らない、これは困る。だからたとえ無能な学者であっても、学界という名の共同体のその秩序を守っていれば、これは立派なんです。学問的業績なくたっていい。

神学的な民族

小室　しかしこの程度の深刻さではまだまだヨブ記までいかない。だってヨブ記の場合には、ヨブはあらゆる意味で完璧(かんぺき)な人間なんでしょう。だから、日本的ヨブ記はこうならなければいけない。つまり、彼は協調性もある、そして仕事もジャンジャンやる。まったく欠点はない、そういうものが会社から疎外されていく。それが何であるかっていう問題です。つまりその場合には企業の機能集団としての要請と、共同体としての要請、その中に内在的矛盾があるがゆえに、それが彼にしわ寄せになったって場合がそうなるんじゃありませんか。

山本　前の例を極限まで推し進めるとヨブ的なケースとなるでしょう。というのはそういう矛盾を、そもそも会社が持っていて、その接点にきた人間において、どうしたら義があり得るかということですね。これはね、日本軍に中堅将校の悲劇っていうのがあったんです。日本国を憂いて、なんとかしなくちゃならないと思って一生懸命やると組織をこわしちゃうんです。しかし、これと同じことが今の中間管理職にも出てくるでしょう。こんなことしてたら会社はどうかなっちゃうんじゃないかと思って、機能さすために一生懸命やると、共同体をこわしちゃいますよね。

小室　逆にその共同体を保存しようと思うと、うまく機能しない。

山本　日本軍の矛盾とはまさにそうなんです。だから最後に個人的ヨブにたよる以外に方法がないです。特攻隊っていうのは組織的じゃないでしょう。もう組織的な戦闘ができないから、後はおまえ行って死んでこい以外になくなる。会社がつぶれるときもそうなんです。最後には全員セールスマンになって何でもいいからどんどんお辞儀をして、売るだけ売ってこいと。まあ、日本の会社の最後は全部そこですよ。今、好調にみえる自動車にだってそれがあったわけでしょう。たとえば一時期の東洋工業では全部、販売店に出向させた。どんな高い技術を持ってても組織的に使えないんです。最後は特攻隊です。出版社のつぶれるときもそうです。だから実にもったいないことするんだけど、そうならざるを得ないのはなぜか。

小室　つまりヨブ記ですよ。おれはこれだけの技術がある。しかも人間関係もよく協調もあってすべての人に好かれている。それなのにこのおれがなんで朝から晩までなんでセールスをやらなくちゃならないのか、その悩みです。そこから先、誰と論争しますかね、そのヨブは。

山本　屋上のお稲荷さんと「おまえ、なぜ機能させないんだ。ちゃんと機能神としてそこにいながら、なぜこの組織を機能させせないのか」となりますかなあ……。

小室　その前に嫁さんが出てきてね、「あなたは一流大学も出た、素晴らしい才能も持ってる。それから会社のためにこれだけ尽くした。上役にも同僚にも下役にもこれだけ好かれてる。それなのにあなたはなんでこんなひどい目にあうのか」と……。

山本　そんなら神を呪(のろ)って死ぬにしかず、「早く会社やめなさい」と。これはヨブに出てくるわけです。

で、「汝のいうところは愚かなる女のいうところに似たり」というんですな、そのときには。

小室　そうして朝から晩までセールス。偉い技師がセールスマンやったって、ちっとも売れない。どんどん成績が落ちる。ここで昔の学校時代の友だちが訪ねてくる（笑）。

山本　ヨブでも三人訪ねてきてね、まずエリパズがいうには「おまえさんがなぜこんなことになるかは、なんか隠してる罪があるはずだ。どんなにおまえが隠してもそれは神の目に明らかだから、こういう罰を受けたんだ。今おまえがやるべきことはその罪を認めて、神の前に全部、自分は罪人であったといいなさい」と、これが最初のいわゆる勧告なんです。「そうすればおまえは救われるだろう」と。ヨブは頑として聞かない。

小室　「おれの技術は完璧だ。おれの自動車は世界一だ」と。

山本　ヨブ記っていうのはこの議論の繰り返しなんですよ。最後に神が出てきて「おまえは被造物じゃないか」という。そして、この場合、企業神がいうとすれば「おまえはこの会社に入ったときに創造されたんである。その証拠にちゃんと序列というものがあるではないか」と。

小室　で、「おまえの衣食住、すべておれがやったじゃないか。あの焼け跡を思ってみろ。企業神ががんばったおかげで高度成長ができたんじゃないか」と。

山本　だからこれが神の義であると。これは、まさに日本教的神義論だな。

小室　そして最後に、そうやってがんばってるうちに景気が回復して、元通り、いや以前の二倍も偉い技師になって月給も倍増すると（笑）。

山本　これが企業神に報われたっていうことだ。まさに日本教的ヨブだなあ（笑）。これは現実にありますよね。縄のれんのおかみとかホステスとかにぼやきながら機能神の神義論をやってる。これはもう年中やっている、その意味では日本人はまことに神学的な民族であってね、こんな宗教的な民族はいない（笑）。

空気をつくった者は日本を制する

神義論と空気の関係

小室　じゃ、その場合、ドグマと神義論との関係、神義論と空気との関係はどういうことになりますか。

山本　神義論とドグマってのはね、ある意味において表裏一体のもんですね。神がこういうふうに義であるからという前提で一つの教義ができ、それが一つのシステムになる。つまり、神義論があって、ドグマがあって、組織神学が出て、それに対応する組織があって現実に機能する。これが一つの原則ですよね。そうなると問題は日本における空気というものと、神義論との関係ですね。つまりその場合、簡単にいいますと、技師長をセールスマンにするということは、組織原則としておかしいですね。組織原則としておかしいことをやろうと思ったら、空気をつくるよりしようがない。「おまえ、そんなことをいうけど、今はそんなことといってる時代じゃないんだ」と。

そうすると技師長といえどもセールスマンにならざるを得ない。この空気に違反した者は、これはもうほんとに異端であって、粛清（しゅくせい）されてしかるべき者。「おれは行かない。おれは技師として会社に来たんであって、セールスマンとして雇われたんじゃない。絶対それはお断りする」といったら大変なことになります。「おまえを創造したのはおれではないか、おまえをここに生まれさしたのはおれではないか。その人間がおれに向かってなんてことをいう」。これでおしまいになるんですよ。

小室　そうすると「わかりました。もはや事ここに至ればなにをかいわんや」、それこそ涙ながらに出て行く。前に触れた戦艦大和の出撃と同型（アイン・モーフィック）になりますね。

山本　なります。これは空気ですからね。二、三年たって会社が再興して、技師長が帰ってきたとき、「おまえもばかなことしたなあ、あのとき頑として拒否すれば……」なんて友だちにいわれると、「そんなことというけど、おまえは当時の空気を知らない。あの空気を知らない人間が何をいうか」と。「あのときはそんな状態じゃなかったんだ。あのときの社内の空気を考えてみろ」と、こういうことになる。

小室　そうすると日本教においては空気イコール教義。そしてその教義ってのは神義論から出てくるわけですね。しかも空気っていうのは、根本的には機能的要請から出てくる。だからヨブが悩むとね、機能神はアニマを送るわけ。

山本　神からの霊（プネウマ）（風）がくるんですね。その瞬間にその風向きの方向へ回心（コンバージョン）がありまして、改心をいたしまして、彼は喜びいさんで、これこそわが任務だといって、セールスに出ていく（笑）。その回心（コンバージョン）のない人間っていうのは、つまりいつまでも悟らない人間であって、これはだめ。

小室　「技師長であり、セールスマンである前に、おまえはおれから創られたもんだ」ということを悟ってはらはらと涙を流さないと再出発できない。しかし、ここが重要なところなんですが、ヨブ記におけるヨブは涙なんか流さない。

山本　ヨブは平気で論争をしますからね。日本教は、そのとき論争しちゃいけないんです。空気との論争はできないでしょう。つまり教義との論争はできないんです。だから神義論があるにはあるんですが、論争の対象としてはないんです。そこが恐ろしいところですね。だからヨブをあがなうものは会社しかない。海部八郎（かいふはちろう）を再び取り返して機能さしてやる、これがいわゆるヨブが報われたと同じことになるわけです。

田中角栄は角栄教の教祖

小室　さらに田中角栄を迎える新潟県民。ああいうことになったわけですが、選挙区に対しては最高に機能しているんです。だから新潟県民は角栄をあがなう。これが日本教ですよ。

山本　したがって、では空気をつくる者は誰かといったら機能的要請としかいいようがない。ただ、この機能的要請は、規範を持っていない。いわゆるドグマを持っていけないんです。だから、そのとき出てくる言葉は全部、空体語でなくちゃいけない。実体語をいったらだめなんです、機能しなくなるから。

小室　ですから完璧に空気をつくる者というのはですね、機能的要請を的確に知る。的確に知って、それが実際のオーガナイゼーションにおいて作動するように、調整する人が空気をつくる。だから神義論から新しい教義をつくることですよ。その意味で教祖ですよ。

山本　ええ、日本のリーダーってみんな教祖ですよ。教祖にならざるを得ない。松下教の教祖、出光教の教祖、角栄教の教祖ね、みんなそうならざるを得ないです。

経済でも政治でも、全部、日本教の教義に則ってんですわ。だからこれが将来どうなるか。これが一番大きな問題なんです。空気のオペレーション技術ってのはあるわけですね。機能しなくちゃだめじゃないかと、まず。しかし、機能に対して組織的発想を入れたら機能しなくなると。

小室　それでありながら機能的要請と組織の実際のオペレーションと媒介しないといけない。だから教祖というのはむずかしい。

山本　空気によって戦艦大和は出ていくけれども、これを運営してるのは艦長以下の組織的なもんですよね。だから全部、空気で動いてるわけじゃない。戦艦大和を動かすのは空気だけど、それを運営していくものは組織なんです。しかし、この組織をもって、逆に空気のほうを規制してはならない。空気は組織を規制していいんですよ。そうじゃないと空気がにごって、これははなはだ困るんです。で、この二つというのをどのように並行さして運営させていくかが、日本のリーダーの一つの資格になるわけですね。

第七章　日本教的ファンダメンタリズム

空気絶対のファンダメンタリズム

天皇と進化論

小室　そこで、日本教について、ここまで議論を押しつめてくると、もう一つ、定式化しておきたいと思うのは、いわゆる日本教におけるファンダメンタリズム（基本主義）とは何か、ということです。
　日本人がアメリカに行って大変驚くことの一つは、膨大なファンダメンタリストと呼ばれる人たちの存在ですね。しかも、その数はこのところ急速に増加傾向にあるとも聞きます。で、日本人には耳慣れないこのファンダメンタリストを簡単にいうと、聖書の言葉を一言半句そのままその通りと信ずる人のことでしょう。

山本　ええ。聖書に記している天地創造はもとより、キリストの奇蹟、たとえば手を触れただけで癩病(らいびょう)を治したとか、水の上を歩いたとか、処女が懐妊したなどという話を実際の出来事として、そのまま信じているんです。

小室　ところが、私ども日本人はそんな人に出会うと、少し頭がおかしいのではと考えがちですが、アメリカのファンダメンタリストは、ただ人数が多いだけでなく、社会的に有力な人も多く、一流の科学者も少なくないわけですね。

　このあたりが、ほとんどの日本人にはなかなかわからないんで、極端な話、真面目な日本人神父さんに、「あなたは聖書に書いてある奇蹟を信じますか」と聞くとしますね。「もちろん」と答えが返ってくるわけでしょうが、そのときもう一問、「ではあのようなことが実際に起こったと思いますか」と聞けば、「否」というに違いありません。で、その矛盾をつくと彼は、「神の言葉はちっぽけな人間の賢(さか)しらなどでは知ることのできない深い意味を持つものだ。そこを信じるのだ」といったようなことというのではないでしょうか。要するに、彼は聖書を信じるようでもあり、また信じないようでもあるわけですが、実はこれこそまさに、日本的信仰ではないでしょうか。

山本　そう思います。ファンダメンタリストの信じ方はそれとは根本的に違いまして、文字通り聖書の言葉をそのまま信ずるんですね。

小室　この点を読者に理解して頂かないと以下の議論になじめませんので、本論に入る前に、いくつかの例をあげておきましょう。

その最も典型的なのは有名な進化論裁判（モンキー・トライアル）。

要するに、人間はサルの進化したものであるとする進化論は、神が人間を創造したという聖書の記述に矛盾するからけしからんというのですが、この進化論裁判こそ、アメリカにおけるファンダメンタリストの信仰内容を如実にあらわすものなので、簡単に事件の経過を追ってみましょう。手近でよくまとまった文献は、牧逸馬（まきいつま）の『白日の幽霊』。これは、ファンダメンタリストの考え方を適確に記述しているだけでなく、日本人のファンダメンタリズムに対する反応をもまたよく表わしているという意味で、まことに面白い。

一九二五年七月十日、テネシー州法の『反進化論法』に触れたかどで、高校教師ジョン・タマス・スコープが起訴されたわけですが、反進化論法とは、一九二五年三月に州議会を通過したものであり、テネシー州内のいかなる大学・学校においても、聖書の人類創造に矛盾する進化論を教えてはならない、とするものです。聖書のみが絶対であるという信仰が州内に旺溢（おういつ）していなければ、こんな法律ができるわけありません。それを破ってダーウィンの進化論を講義した彼の裁判がまた、全米の注目を集めててんやわんやの大騒ぎになった。ファンダメンタリストが続々と法廷に押しかけて、進化論はけしからん、自分は神による天地創造を信ずると証言するわけですが、ウィリアム・ジェニングス・ブライアンなどは、「自分は哺乳動物であることを断然拒絶する」などといい出す始末です。そして、これがまた、民衆の間では大変な人気。検事もこちこちのファンダメンタリスト。が、弁護側も必死です。アメリカ第一の刑事弁護士として令名の高いクレアランス・ダローが自ら弁護を買って出て反撃して全米をわきかえらせるような大論争になりました。
しかし、判決は有罪。
この進化論裁判に対する日本人牧逸馬のコメントがまた興味深い。彼は、アメリカに永年住んだにもかかわらずファンダメンタリズムの意味をまったく理解していません。いわく、「話がいささか奇抜すぎる」「……ここでは、このテネシー州の禁進化論を怪奇実話の一つとして扱ってみようと思う」と、まあ、こんなふうにしか見ていません。それであればこそ、一九二五年のアメリカで、ヨシュアが太陽に命じて中天に止めたというヨシュア記の話を正気で信ずる人間がいることに驚倒してしまうのです。彼ならずとも、日本人が実際に進化論裁判を見たら、こう思うに違いありません。

山本　大正十四年のことですからね。日米の文化落差も大きく、日本人は皆、アメリカといえば文明国の王中の王ぐらいに思っていたのですから、これはもう大変に驚いたわけですね。そこで、これを聞いて、アメリカなんか、ばか金があるだけで、案外と開けない部分もあるんだなあ、なんていってあきれかえるんですわ。

小室　さらに例をあげれば、特に有名なのが、メアリー・ベーカー・エディ夫人を始祖とするクリスチャン・サイエンス。彼女の著述は『科学と健康（サイエンス・アンド・ヘルス）』といい、彼女の信者によると、新約聖書以来の最高の宗教的業績だそうですが、これによれば、病気は本来、存在しないと。なんとなれば、聖書には、人間が病気になるなんて書いてないからというんですね。そして、このことを理解さえすれば、どんな病気でも立ちどころに治ると。つまり、病気とは、本来存在するはずのないものをあたかも存在するかのごとく錯覚することによって生ずるのだから、この錯覚から覚めさえすれば、人間本来の病気のない状態に立ち戻れる、というんですね。で、実際、メアリー・ベーカー・エディはキリストのごとく、手を触れただけでたくさんの病人を治すわけですが、それがクリスチャン・サイエンス。

山本　汝の信仰、汝を救えりと。だから彼らは医者なんていうのは、けしからんという。ああいうものがいるから病人が増えるんだともいう。現実に病人を治しちゃったから、燎原の火のごとく広がっちゃったんです。

小室　今でもボストンにクリスチャン・サイエンスの大会堂があるだけでなく、世界中で盛んに布教活動をしてますよ。私も去年の五月、ベルリンに行ったとき、ホテルでパンフレット貰ってきました。

山本　さらに、ＩＣＵの古屋安雄先生が南部バプティストの教会に行ったときのことですが、バプティズムって牧師も認めないんで、まあ牧師的な人間が、どんな説教をしていたか。最近、アメリカの月ロケットが月から四億何千万年前の石を持ってきたといっているけど、あれは全部うそである。聖書によれば、宇宙が創造され、地球ができたのは四千数百年前であって、それ以前のものがあるはずないと。これを堂々と説教しているっていうんですね。

ですから、逆にいえば聖書の一語一句でも間違いだといった人間は、すでにキリスト教徒ではない。だから聖書学なんてのは絶対許されないんですよ。マイレンバーグっていう有名なアメリカのユニオン神学校の校長先生が〝マイレンバーグは悪魔の手先〟っていうポスターを毎日のようにはられるわけですね。つまりね、資料的に見てこうであるとか、それから発掘の成果においてこうであるとか、彼、聖書学者だからやったわけですね。しかし、それがいけないというんです。つまり、そういうことをいい出したら相対化されるでしょう。これをやり出したらファンダメンタリズムは成り立たないんですわ。

小室　とすると、ファナティズムとファンダメンタリズムと、どういう論理的な関係なんですか。

山本　ファンダメンタリズムってのは、すなわちファナティズムなんですね。

小室　じゃ、同じものだと。つまりカノンの言葉をそのまま信ずるものでもってファンダメンタリズムの定義としてよろしいのでしょうか。

山本　ええ、そうですね。

小室　だとすれば、仏教や儒教にはファンダメンタリズムがあり得ないことは、これまで論じてきたことでおわかりいただけると思うんです。つまり、ファンダメンタリズムは絶対的人格神との契約が正典(カノン)である宗教だけに初めて可能なわけです。

そこで本論に入りまして、日本教にとって、この一見無関係に思われるファンダメンタリズムが、どう関係してくるか、という問題になってくるわけですね。

山本　その例として、こんな面白い話があるんです。つまり天皇的ファンダメンタリストがあれば、進化論を否定しなくちゃおかしいですよね。天皇がサルの子孫であるというのは容認できないでしょう。あれは神の子孫のはずでしょう。

小室　ところが誰も問題にしない。

山本　そればかりか不思議なことに、戦争中、平気で進化論を教えてるわけですよ。だから私、フィリピンの収容所でアメリカ兵に進化論の説明をされて、こっちははなはだしゃくにさわるわけなんです。このアホ、なにいってんだと。中学校程度の知識をもって、おれに進化論を説明するとは何事だ。だから逆にそのときビーグル号かなにかの話をしてやったんです。そうすると相手は驚いちゃうわけです。ところが、先方は「それじゃ、おまえたちは現人神(あらひとがみ)がサルの子孫だと思っていたのか」と。

小室　日本人、誰もこの矛盾に気がつかない。

山本　気がつかない。アメリカ兵にそこを指摘されたとき、こっちはあっと驚くわけです。つまり天皇が現人神だといっていた国には、進化論はあるはずがない、彼らから見ればそれが論理的帰結ですから一生懸命、進化論の説明をしているわけです。

小室　逆に進化論を信ずれば、天皇が現人神であるはずがない。だからどっちか片方信ずるってことはあり得ても、両方いっぺんに信ずるってことはないと。

山本　あり得ない。じゃ、なぜ日本教において両方いっぺんに信ずるのか、これが日本的ファンダメンタリズムの一番の基本問題になるわけですね。

機能することが基本

小室　つまり、この章の冒頭であげた真面目な日本人神父と同じような答えが返ってくるんだ。

山本　それを、貝原益軒(かいばらえきけん)の養子の好古(よしひさ)がいってるんです。日本の神話にははなはだおかしい点があると。だから、理に合うように読まなくちゃいけない。つまり、一言一句全部正しいんじゃないんであって、自己の理に合うように読まなくちゃいけない。これがすなわち徳川時代の基礎的発想をつくった人間の発想なんですね。それはファンダメンタリストふうに読むからいけないんだ。つまり、天孫降臨っていうのがあったようなないような、なんとなく理に合うように読んでればいい。

小室 だからこれは空体語であって、事実と対応して機能してるんだからこれでいいじゃないかと、そういうことになる。これが理なんです。だからそれは空体語であり、信じられないものであればあるほどいいんです。その意味において初めて機能し得るんですね。つまり機能し得るってことが基本なんですね。

これ余談ですが僕の友だちのキリスト教徒が重い病気になったときに、彼、だいぶ悲観してるから慰めてやったんですよ。「おまえ、そんな病気治せないっていうのは信仰が足りないからだ。バイブルにちゃんとこう書いてあるじゃないか。汝の信仰、汝を治さん」っていったら、苦しそうに「そんなの、治ってからいってくれぇ」と(笑)。

山本 それはいい。これは実にいい。機能したら認めようと。だから日本教には一見、まことにファンダメンタリズムがないように見えるけれども、なんらかの絶対的規範がある以上、ファンダメンタリズムはあるはずなんですね。

小室 それを探究するために、ファンダメンタリストであるかどうかを見分ける一つの判別式として、奇跡に対する見方がありますね。ファンダメンタリストっていうのは奇跡が本当に起こったと思ってる。何かの方法でもって、信徒を増すための方便だとは思ってない。たとえば私の友人に何人かのアメリカ人ファンダメンタリストがいるわけですね。有名な社会科学者や自然科学者もいます。で、彼らと議論すると面白いんですよ。「おまえは物理学者でありながら、なぜ奇跡を信ずるのか」と。平気で答えますよ。「今の物理学は一つの仮説だよ。だから今の物理学が進歩した範囲内では、物理法則はこれこれしかじかかもしれないと。物理学者が実験した限りにおいてはそういう結果が出たけども、実験しないとこではそういう結果が出たかどうだか誰もわからん。それは神のみぞ知る。だから物理学者が実験もできないようなキリスト的シチュエーションでもってああいうことが起きたっていいじゃねえか」と。

山本　そうなんです。で、もしもこれがわかるとすれば、歴史の彼方なんですよ。ところが人知が完全に開発されて、すべてのことが実験できるようになったその極限においては、これはおそらく一致するだろうという予定調和説。そのときには物理学と聖書と一致して不思議じゃないし、進化論と創世記とは一致して不思議じゃないと。だからそういうふうにいえば、聖書学もある程度許される。今の分析においてはこれ以外に方法はない。電算機を使ってクリティークやるわけですね。これは徹底的にやるんですよ。そして、今の段階ではこの仮説以外に立てようがないといったときに、初めて穏健なファンダメンタリストは、聖書学というのもあっていいのかなということになる。

小室　でも、ファンダメンタリストでもっと先鋭な人になるとそうもいいませんよね。つまり、物理法則ってのは、完全にこの世の中を支配しているであろう。その例外は許されないはずである。私が実験してるこのシチュエーションは普通の状態だ。神の意思が働かない限りはちゃんと規則的（レーゲルメーシヒン）に動いてそれが当然。しかし神の意思が働けば、あっという間に自然法則はくつがえるであろう。それが奇跡だと、まことによくわかる。

山本　大変論理的なんです。だからそこと類比しまして、日本教ではなぜ進化論と天皇が現人神であるっていう考え方が並行して存在し得るか、どういう連関があり得るかどうかっていう問題ですよね、これ。

小室　つまり、最も基本的に考えて、ファンダメンタリズムとは、教義（ドグマ）のみが正しく、通常の意味でのいかなる矛盾も、教義（ドグマ）絶対の態度で推し進むと、みんな無くなってしまう、というのが実感的な規定だと考えれば、先ほどまで論じてきた、日本教における空気の支配というのは、すぐれてファンダメンタリスティックですね。ひとたび空気の支配が貫徹すると、どんな無理でも矛盾でも通ってしまう。そのことこそ機能的にはファンダメンタリズムの本質だと思うんです。そこで山本さんにそのへんを整理していただき、日本的ファンダメンタリズムを定義すると、どういうことになりましょうか。

機能することが聖書

山本　結局、聖書絶対のファンダメンタリズムに対する空気絶対のファンダメンタリズムということになりますね。そうなれば、何らかの聖書的正典的なものそのものが絶対ではなくなりますから、その意味でのファンダメンタリズムは、逆に、あり得ないことになる。こうなるとそれに反対する自由主義的な神学も聖書学もあり得なくなる。したがって、空気絶対のファンダメンタリズムには、対抗の方法がなくなってしまいます。そこでたった一つの方法が、「水をさす」ことになるわけですね。

小室　この日本教におけるファンダメンタリズムの定義を、歴史的コンテクストから理解しようとすると、私は、天皇制こそ、構造神学的には、ファンダメンタリズムだと思うんです。このことを山本さんの定義に則してモデル化してみると。

まず、幕末における天皇制というのは一つの空気でして、これが強靱に人々の行動を束縛していた。その点、徳川慶喜というのは天才的な日本教徒だと思います。だから、絶対、空気に逆らわない。なにをされても恭順、恭順、また恭順と。ところが文明開化において水をさされたわけです。

山本　そうです。徹底的に水さされた。

小室　たとえば、岩倉使節団の一行ですら、すでにもう共和論者が多いし、東京帝国大学の総長、加藤弘之が元共和論者で、あっという間に転向せざるを得なかった。ところがその結果、一つの平衡状態に達して、いろんな矛盾する要素、異なれる神の口から吐かれたるレイマ（題目）が遍在するようになって、ファンダメンタリズムと化してしまった。それであればこそ、「不合理であるがゆえにわれ信ず」。

普通ならばこんな奇跡なんて起こり得ないんですが、かかるアノミー状態の機能的救済手段として考えれば、ファンダメンタリズムでなかったら救済できませんからね。そうであるがゆえにこのようなファンダメンタリズムが定着したと思うんです。

山本　なるほど。

小室　そこにいかなる矛盾があったって、教義の内容が問題じゃありません。ただし、機能だけは絶対ですから、その機能に反するようなことは、いかなることも許されないわけです。そういう意味の機能的ファンダメンタリズム……。

山本　「現人神」が機能すれば、現人神でいいんです。ある意味では機能するということが聖書そのものであって、それが一つのファンダメンタリズムですね。

ファナティズムとの関係

小室　ですからここでも一番面白いのは、日本政府のマルキシズムに対する態度ですよ。ドイツの場合には強制収容所（コンセントレーション・キャンプ）つくってぶち込んだ。ところが日本ではそうは思わない。つまり、「おまえ、満州にでも行って頭冷やしてこい」と。

山本　頭が冷えれば、転向なんかしなくたっていいんですよ。機能しなくなるから。

小室　そして一所懸命働けばね、それでもうよろしい。要するに若旦那が道楽したみたいな。だからまったく機能において見るんですよ。大学紛争のときですらこういうことがあった。ある教授が全共闘に対して好意的だったんです。ほかの教授が「あいつはアカだ」といったらその教授、カンカンに怒っちゃって、「この年になってアカよばわりされるとは心外だ」と（笑）。

山本　日本人はね、年齢による思想の類型的変化ってのはなくちゃいけないんですよ。

小室　もちろんヨーロッパでもたびたびそういうことがありますけど、それはひとたび棄教してまた新しい神につかえるという意味ですね。日本の場合には機能的要請ですからいつの間にかそうなってる。若いうちはアカでいい。ところが年取ってアカだったら機能できません。教授にもなって全共闘の思想を持ってたらとっても機能できませんからいけないんです。ですからこれは山本さんもあげておられるように、実は軍部が天皇絶対を唱えながら、一番嫌ったのは右翼の天皇絶対主義者なんです。まず第一に、そんなことといってたら、近代戦なんかできませんから。

山本　だから陸軍二等兵が右翼の壮士であるということは許されないんです。はなはだ面白いんですが、そういう思想を持っている人間はみんなはっきりとだめなんです。だから絶対、そういった右翼的人間を軍部は歓迎しなかった。

小室　近代戦なんてのは、そういうことを否定して初めて可能ですからね。すべてを天皇に帰依し奉るなんていったら、機能しなくなっちゃう。

山本　まあ、いうだけだったらいいんですけど、本気になってそれを実行に移したら、もう大変なことになる。つまり、空体語としていってりゃいいんですね。

小室　ですから山本さん、これもおっしゃっておられたんですが、ある日本人がガンジーに会って、「あなたは若いときトルストイを尊敬しておられたそうですね」といったら、「今でも尊敬してます」といわれてびっくりしたと。

山本　日本人なら、ああいうとき、恥ずかしそうな顔をして、「いや、若いときは少々夢中になったけど」って、こういわなくちゃいけない。それしないと、人間ができてないといわれる。

小室　だから空体語として尊敬するということは大変望ましいこと。実体語として尊敬したらどうしようもない。これが日本的ファンダメンタリズムなんですね。実は、キリスト教においてもファンダメンタリズムであるかどうかの判定条件は、奇跡を信ずるかどうかということなんです。そうしてみるならば、日本人のように神道とマルキシズム、それから儒教、キリスト教、仏教などを同時に信ずることは、構造神学的に見れば明確にファンダメンタリストの奇跡なんですね。

山本　はい。そして、それは基礎にそのファウンドがあるからですよ。しかも、そのファウンドは絶対に表に出ない。そういう意味で、ファンダメンタリズムはファナティズムになってくる。

小室　ですからね、厳密にいえば、本来のファナティズムのネガですね、これは。だからファンダメンタリズムのこれもネガですよ。ネガとして出てきたファンダメンタリズム。ですから仏教にはファナティズムがない、論理的にないからないんですよ。儒教においてもないからない。ところが日本においては、ファナティズムってのは論理的にないがゆえに機能的に存在するんです。

したがって、日本にはある意味でのファナティストというのは一人もいない。ところが別な意味では国民一億総ファナティスト。

山本　たとえば、一億総玉砕なんていったでしょう。ところが、今思い出して驚くべきことは、国民がほんとに玉砕するつもりになってたんですからね。論理的にあり得ないでしょう。しかし、高見順（たかみじゅん）が八月十五日の日記に書いてることは、天皇陛下が死ねといったら私は死にますってことですよね。

小室　ですから特攻隊なんていうのも、ファンダメンタリズムじゃなかったらできませんよ。またファナティズムでないとできません。だから日本人ほどファナティズムに遠い民族はありませんけど、遠いがゆえにファナティズムになってしまう。こういう構造を持ってるから面白いんです。

第3部

現代日本社会の成立と日本教の倫理（エティーク）

第八章　日本資本主義の精神

資本主義成立の条件

近代資本制社会成立の条件

山本　第2部で私たちは日本教の神学を論理的に構築する作業に挑んできたわけですが、いまそれを終えた印象を一言でいえば、まことに日本教とは恐るべき呪縛（じゅばく）の宗教であると思います。

そこで、以上の成果をもって、その日本教が近代日本の展開、つまり日本資本主義のダイナミズムのなかで、それがどのように作用しながら、現在を形づくってきたかを改めて考えてみたいわけです。

小室　まず本論に入る前に、モデルとしての近代資本制社会成立のための条件、これに触れておきたいと思います。

多くの人々は、技術が資本制社会をつくったのだと思っています。産業革命における蒸気機関だとか、織機だとか、その他諸々の技術的発見が資本制社会をつくったのだと、こう思っているわけです。しかし、この考え方は、実は原因と結果をとり違えているのではなかろうか。

英国を旅行して驚くことは、全国に運河網をはりめぐらされて、運河を伝って、英国中どこへでも行けることです。これは、蒸気機関・鉄道の発明以前に資本制社会が成立し、膨大な商品の集積が流通し始めたため、馬車では運びきれなくなったからにほかなりません。この資本制社会の要請から産業革命がスタートしたと考えるべきです。

つまり技術とは、資本主義社会の推進力となり、発展の原動力ともなり、それ以前の問題として、資本主義社会を完成させるために不可欠な要因であり、また、資本の原始的蓄積も、資本主義社会成立の経済的前提条件として重要なものです。しかし、技術や原始的蓄積だけで資本主義社会が成立し得るものではない。また、商業の発達ということから、必然的に資本制社会が生まれるものでもない。その核となる精神的条件こそが、実は肝要なのです。近代資本制社会成立のための精神的条件としては、（1）勤労のエトスの成立、つまり職業を神の詔命（ベルーフ）なりとして世俗的禁欲（アスケーゼ）に従事するという契機の成立、（2）交換の規範化、（3）共同体（ゲマインデ）の崩壊、これらの諸条件が重要だといわれています。マックス・ウェーバーの考え方を整理すると、こんなところになると思いますが、ウェーバーにせよ、マルクスにせよ、西洋人にはあまりにも当然すぎることなので特に挙げてはいませんが、さらにアジア人特に日本人にとって注意すべき条件としては、（4）契約という考え方が確立すること、これがどうしても必要かと思います。
　そこで、これらの四条件を座標軸にして日本資本主義をスケッチしてみると、日本資本主義というのは、世界にも類を見ない珍奇なものなのですね。ここらへんからだんだんと議論を積み上げてゆきたいと思いますが。

ウェーバーと正三の相似

山本　まず、第一のいわゆる勤労の規範化ですが、ここの点だけは日本の場合も、ちょっとマックス・ウェーバーの指摘に似てくるんです。もちろんその基本はまったく違いますが、機能の仕方が面白いぐらい似てくる。

小室　マックス・ウェーバーによれば、自分の職業を神の召命（ベルーフ）なりとして、隣人愛に目覚めて専心この職業に従事することがとりも直さず救済につながるという世俗内禁欲（アスケーゼ）、これが成立したのがプロテスタンティズムの倫理（エティーク）によるというのですが、このようなことが成立するのは、世界史的に見ても実に特異なんですね。

山本　つまり、プロテスタンティズムの場合は自分が救済されてるということを自己に証明しない限り、安心立命はないわけですね。自己に証明することが行為の規範になってくる。ですから人が見てようと見てまいと、なんであれかんであれ、この規範を絶対守るということがつまり資本主義の非常に貴重な要件になっているわけです。これと似た現象は鈴木正三（すずきしょうさん）がいう「成仏」に出てくる。人間は万人が成仏しなくちゃいけない。成仏するためには修行しなければならない。一般人が修行するにはどういう規範に従うべきかが出てくるわけです。

小室　そこまでは大変似てますね。勤労のエトスが世俗化するというのが近代資本主義が成立するために不可欠なんですけど、そのためには、世俗における勤労が救済の条件になるということが肝要なんですね。単に勤労のエトスが存在するというだけのことであれば、これはヨーロッパ中世にも修道院の中にだけはあったんですね。祈りかつ働け、とね。また、当時の修道院内の戒律と俗世間の戒律とでは、その厳しさにおいて格段の相違があったわけですが、その勤労のエトスを俗世間に解放したのがプロテスタンティズムであると。だから、勤労のエトスというのは、大変、宗教の戒律に似てるんですよね。

山本　成仏を一応救済と理解して、その救済のための条件として、修行すなわち仏行が必須条件となる。そこで農業即仏行なりとか、すべての事業は仏行なりとか、各〻その所作において成仏したもうべしとか、仏法即世間法なり、とか……。

小室　それを向こうの言葉に訳せば、ベルーフ、つまり神の詔命。それが転じて現在では、職業という意味になるんですね。

山本　ですからこれは、利潤とは無関係で、職業とはそれが仏行に徹することに意義がある。もちろん利潤の追求はしてはならないし、収入がそれによって増えるからといって、規範をくずしてはならず、世俗の中で修行僧のような生活態度で。これはマックス・ウェーバーもいってますね。結果において利潤があることは構わない。しかし利潤の追求をしてはならない。これは正三にも面白いぐらい並行して出てくるんで、貪(とん)・瞋(じん)・痴(ち)は三毒、つまり〝罪〟ですから、その筆頭の貪欲(とんよく)はもちろん〝罪〟なんですよ。一心不乱に規範に従って成仏しようと思った、その結果において富があっても、これを放念しないと無意味になる、それを行うのもまた仏行すなわち修行であると。

小室　そこも似てますな。ウェーバーによれば、プロテスタントにとっては、富は隣人愛実行の結果なんですね。しかも、この隣人愛実行には救済がかかってますから、この意味での富は、一つの救済の弁証にもなるわけですね。

山本　と同時にそれによって左右されて、規範を変えてしまったら、これはもういけない。彼はそんな修行は「有漏(うろ)の善」で無意味だと規定し、「無漏(むろ)の善」になるために、それをなきものと考えて、それから自由にならなくちゃいけないという。これも似てるんですね。この点、発想の基盤が違うのに、機能する面においては実に似たものが出てきてるんです。

正三はもと武士ですから、剣を磨くということは禅の修行と同じだという発想があるわけですね。と同時にその発想を四民――士農工商全部に広げる。ひたすら耕すことも武士が剣を磨くと同じことじゃないか、職人がひたすらのみを振るうことも禅の修行と同じことじゃないかと、これが出てくる。だから「四民日用」で、元来は禅宗の坊さんと武士だけの規範であったものを四民全部に広げて、共通の規範をつくったという点が面白いと思いますね。

小室　その点も、ウェーバーがいう世俗内的禁欲(アスケーゼ)と似てますね。中世においては、修道院の規範は俗人の規範にはなり得ない。ところが、プロテスタンティズムの倫理（エティーク）によって、俗人にも高い規範的水準が要求されるようになった。これが世俗内的禁欲（アスケーゼ）。

山本　〝万人これ祭司〟ですね、プロテスタンティズムでは。

小室　その伝（でん）でいきますと、正三の場合も、禅坊主と武士というのは――修道院とは違いますけども――俗人よりははるかに高い規範を持つ人々であって、昔は武士や禅坊主の規範と町人の規範というのは天地懸隔（けんかく）。そのような規範を町人の間に一般化した。すなわちアスケーゼ（禁欲）の世俗化――世俗内的禁欲。

山本　これが正三にも出てくるとすると、この点では日本に資本主義ができてくる前提は確かにあったといっていいわけですね。

正直の定義

小室　一つの問題は、それがどれほど広まったかということと、近代日本資本主義の担い手にどれだけ影響を及ぼしたかという点です。

山本　どの点まで広がったかというのは、正三のときにはあんまり広がってないと思うんですが、梅岩、それからその弟子の手島堵庵（とあん）のときに広がるわけです。正三の著作を復刻してるのが堵庵なんです。だから強く影響を受けている。梅岩の場合も『斉家論（せいかろん）』がありますね。家を整えるというのはつまり倹約である。世俗内的禁欲は強く出てくるわけです。『斉家論』に出てくるもう一つの特徴は正直の定義なんです。わがものはわがもの、他人のものは他人のもの、借りたるは返し、貸したるは返させて、もって正直でありたきものなり、と。日本人のいう正直の基本は、ここで大変に面白く出てくるんです。

小室 それは、ふつうの意味の日本の正直というのとちょっと違います。フランクリンに代表される、典型的な資本主義的な正直ですね。

山本 そうです。資本主義的正直です。所有の明確、貸借の明確、これをきちんとするのが正直なんで、これは共同体内の倫理と違うんです。

小室 非常に違いますね。日本人のいう正直の意味は相手のフィーリングを逆なでしないというのが正直でしょう。日本では、たとえば誰かと約束した場合に、その文面をきちんと守ることが大事じゃなしに、約束をなされたときの相手のフィーリングに逆らわなければあいつは誠意のあるやつだというわけで、誰も怒らない。ところが逆の場合だったら大変ですよ。あいつは切り口上のやつだとか、あのときのこと考えてみろだとかと。日本人がいうところのそういう意味の正直というのは資本主義の基礎にはなり得ない。それは共同体の中のフィーリングだ。ところが、今いわれた正直というのは、まさにフランクリン流の資本主義的徳目としての正直。これがあって初めて、商品交換がスムーズにゆくわけですな。

山本 町人にはそこまで出てくるんです、ほぼアダム・スミスと同時代に。おっしゃる通り、近代資本制社会成立の精神的条件の一つ、交換の規範化という点もほぼ満たされているんです。ただし、ここにちょっと〃ただし〃がつくんですね。この正直には実は条件がついているんです。ここで前章で述べた日本教のサクラメントの一つ「実情」が出てくるんです。

日本型資本主義

小室　実情というのを一言でいえば、空気の媒介による事実です。事が空気という媒介を経て変換（トランスフォーム）されたものだ。

山本　そういうものなんですね。梅岩の場合は、この二つの倫理は並行しているんです。これが大変面白い。

小室　彼のいっているのが日本資本主義の精神であるとすれば、それは、ウェーバー流のプロテスタンティズムによって生み出された資本主義の精神とは、根本的に違った資本主義の精神です。

　日本資本主義は、欧米型の資本主義とは大変に異なり、私生児資本主義（バスタード・キャピタリズム）、仮面をかぶった共産主義（ディスガイズド・コミュニズム）などといわれるのですが、その淵源（えんげん）はここにあるのではないでしょうか。英米型の資本主義は伝統主義的共同体（ゲマインデ）が崩壊したところから出発しているんですが、日本資本主義はそうじゃない。伝統主義的共同体（ゲマインデ）が、再編されて企業の中にもぐりこんでしまったんですね。日本に市民社会が成立しなかったといわれるのもまさにそこに淵源があるのではないでしょうか。今指摘された「実情」という特殊倫理はあるものの、万人共通の規範というものがなく、共同体の内と外とで違う規範があることを見てもその点は明らかでしょう。このことを解明することこそ日本資本主義理解の鍵かと思いますので、いくつかの補助線を引きつつ分析してみたいと思います。

たとえば前にも論じた〝父は子のために隠し、子は父のために隠す〟という孔子の葉公の問いに対する返答。有名な言葉ですが、それに対する受けとり方は、中国人の場合と日本人の場合とでは、大変に違う。孔子の場合には、中国一般の公的規範は共同体である宗族の規範に侵入するな、ということですよ。ここに規範の峻別があります。もっとも、こんなことでは市民社会は成立しませんが、ここまでは合理化されているわけです。それが日本になると、共同体規範がズルズルと社会規範に延長されてしまいます。

本来、天子は民のために隠し、民は天子のために隠しなどということはあり得ない。いわんや社長は社員のために隠し、社員は社長のために隠すなんてスキャンダルだ。

山本 日本ではそうした区別がなく一切がっさい「直きことそのなかにあり」となる。これを儒教的というのはとんでもない。

小室 とんでもない。いうならば、曲がれることそのなかにあり。また、孟子にはこんな話も出てきます。皇帝舜のお父さん瞽叟が人を殺したといって、そのときの司法大臣が捕まえて舜のところに連れてきたら、舜はどうするであろうかと。

山本 負ぶって山に逃げて、生涯ひたすら嘆くんですね。

小室 それに対する孟子の答えは、その場合には舜は罪人の父を負ぶって逃げて、もはや一生、天下の権力のことなんか考えないであろうと、そういうことをいっているわけ。

山本　これが社会的規範と共同体規範の峻別でしょう。日本人の場合はそうじゃない。一に実情なんです。

神聖なる共同体

小室　大塚久雄（おおつかひさお）先生がしょっちゅういわれるように、資本主義にも狭義と広義の定義が必要である。資本主義を広く定義しますと、現在の日本は間違いなく資本主義社会ですし、しかも最も能率的な資本主義社会だ。しかし、他方資本主義をもっと狭く定義しますと、現在の日本というのは資本主義ではないわけ。そして、狭義と広義の中間にはさまるのが、今おっしゃった「実情」だと思うんです。

ですから、近代的合理化がまったく行われないのではない。ある意味では、昔の軍隊のごとく、行われすぎるくらい行われておる。しかしながら完全に合理化されず、そこに実情というものの媒介があるんですね。その意味で、あるところまで日本資本主義というのは西ヨーロッパの資本主義と非常に似ておりますが、あるところにいきますと、大変に異なる面を露呈してくる。まず、欧米資本主義にとっては資本主義社会であるためのメルクマール（指標）である労働市場が成立しない。社員はすべて企業共同体の一員として、雇用されるのではなく、その中に生まれるんですね。だから、所有、権利、交換、価格、取引などの資本主義社会にとって不可欠な装置（アパレイタス）の意味が全部違ってきます。資本主義経済の論理によらず、すべて実情による。ここが、共同体が企業の中にもぐり込んだ、何とも奇妙な日本資本主義の特徴だと思うんです。

山本　そうです。この場合、擬制の血縁集団――血縁イデオロギー集団であれ、なんであれ、これは一つの共同体として機能するから、儒教の父に対する倫理はそのまま会社に適用できちゃうんですね。ですから会社の社長というのはおやじであって、ロッキード事件でおやじがピーナッツを食えば、社員はこれを隠す。直きことそのなかにありです。

小室　これは手近な例から見てもわかるように、アメリカでは営利のため会社を売るなんてなんのこともないですよ。ところが日本でそのためにもしも会社売ったら、そのオーナーは二度と再び従業員と顔を合わせられません。

山本　家族を売るようなもんですな、おやじが家族を売っちまった、なんたるおやじであろうかと。企業の社会的責任を感じてないと。

小室　つまり企業の社会的責任というのはアメリカの場合にはこういうわけですよ。たとえば公害なんか起こす。その場合の企業の責任者の立場というのは、自分の持ってる車を操縦しそこなって人ひいたのと同じでして義務の命ずる限り百パーセント責任を負わなくちゃならん。会社がつぶれたって仕方ないんです。また、それ以上のことは少しも責任負う必要ない。

ところが日本でいえば、たとえば三菱重工の水島石油コンビナートたれ流し事故（１９７４年）。そこでもって漁民がものすごい損害を被った、一企業では到底支払いきれないという場合に、マスコミが何といったかといったら、三菱グループが責任を負えと。さらにまた政府がそれを援助して責任を負わせろと。ただ一つ、三菱重工は破産するまで責任を負え、賠償金払えなかったらつぶれてしまえと、誰もいえない。論理的にいいますと、三菱グループといったって違う株式会社でしょう。関係ない会社の株主の財産を関係ない会社に補塡しろというんですから、私有財産の一種の横領ですよ。

他方、政府が責任を負えば、本来、政府が責任を負う必要のない一私企業のために国民の税金を使えということでしょう。天下のマスコミがとんでもないスキャンダルをやれというんですからね。ところが、誰も三菱重工つぶれてよいなんていわない。神聖なる共同体を殺すなんていうのはとんでもないことですから、誰もいわないわけです。それが日本の資本主義のカッコつきの精神。もっと問題を単純化すればこうもいえるんです。自分の飼い猫が隣へ行って魚をとった、犬が人にかみついたとする。アメリカの場合だったら、それは百パーセント飼い主の責任です。ところが日本の場合には、猫は魚をとるもんだ、とられたほうもどうかしてると。たとえば長屋で猫飼ってるでしょう。その場合の猫はみんなの猫なんだ。飼い主と一対一対応するんじゃない。みんながかわいがるかわり、何か悪さしても、まあ、いいじゃないか。つまり過失の場合も同じで、人間には過失ってあるもんだ。責任を負わなくちゃならないけども、それには限度があるさ、ごめんなさいといったらいいじゃないか。三菱重工という行儀の悪い猫を殺せという論理はここからは出てこない。それとある意味で似てますね。

このような素朴な感情が厳格な資本主義の論理の中にすべり込んでしまうというのは、すでに事実が実情化したところでして、その点はプロテスタンティズムの倫理と全然違う。西洋におけるプロテスタンティズムの精神が近代資本主義成立に果たした決定的な役割とは一体何なのか。そこをもう少し掘り下げておくと、これがはっきりする。

カルヴァンの予定説

山本　一番基本にあるのはカルヴァンの予定説ですね。しかし、これキリスト教始まって以来——ユダヤ教からあるんですけど、一言でいえば神は取引の対象ではないということです。取引の対象になり得るものは相対的なもんでしょう。おまえさんとおれとなら取引できる。神とは取引できない。神と取引できれば、ある意味において、自分が救済されるにはこれこれのことをいたしますから救済してくださいという取引が成り立つはずです。しかし、これは成り立たない。初めから神のほうで一方的に、すべては予定されてる。そうじゃなければ「絶対」という意識は出てこないでしょう。神が絶対というのはつまりそれをいうわけです。人間がどうもできないんだ、これが一番の基本になるわけです。

小室　論理的にいえば当然ですけど、実に恐ろしい宗教です。

山本　じゃ、なぜそれが資本主義の一番基礎になり得たか、こういう問題になるわけですね。

小室　それがウェーバーの『プロテスタンティズムの倫理(エティーク)と資本主義の精神』の中心テーマなんですね。どう見ても、プロテスタンティズムの倫理ほど資本主義と異質的なものはない。まず、営利ということを全然認めない。これじゃ、資本主義なんか、到底、あり得ようがない。極端なまでに異質的なプロテスタンティズムの倫理が、どうしてまた、資本主義を生み出す媒体(ばいたい)となり得たのか。ここが理解の鍵です。そして、ここに目をつけたのが、ウェーバーの大天才たるゆえんですね。

ウェーバーはこう考えるわけです。神の予定調和説（プリディスティネーション）を信ずるカルヴァン派の信徒にとって最大の関心事は、果たして自分は救済されているかどうかということ。しかも、それは、カルヴァンの説によれば、その当人の行為とはまったく無関係に、天地創造のときにすでに神が一方的に決めてしまっていて変更不可能である。そして、自分が救済されているかどうかは、人間には絶対に知り得ない。ここにおいて、ものすごい心的緊張（シュパヌンク）が生ずるはずだとウェーバーはいうわけです。その当時、昼間は善良な市民（リスペクタブルシティズン）であり、富裕な商人として尊敬を集めている人が、夜になると突然寝床から飛び起きて原野に駆けこみ、気が狂ったように「おれは救われてるのか」と叫び出すなんてことがあったそうです。この、ものすごい心的緊張から生ずる論理が、すでに救済されている人には、その証（あかし）があるはずだ、ということになる。しかも、その証とは一時的なものではなしに、全行動様式を一定の原理により不断に規制するものでなくてはならない。このことによって、行動様式（エトス）の根本的全面的な変革が生ずるわけです。かくて、資本主義的行動様式という、人間の自然な本性からいえばあまりにも異質的な行動様式（エトス）が成立するというわけですね。

でも、このようなウェーバー理論を日本人の学生――それも大部分、大学院生ですよ――に教えてみて感ずることは、こんな心的過程（サイコロジカルプロセス）は、西欧キリスト教的伝統があって初めて作動するのではないかということですね。私が日本人の学生に質問します。もし、君がカルヴァン流の予定調和説を信じたらどう行動するか、と。この質問に対して日本人の学生は口をそろえて答えます。救済されるかどうかはもうすでに決まっている。よいことをしても悪いことをしても、今さら無関係。そんなら生きてる間だけでも、せめてやりたい放題のことをしといたらいいんじゃないかと。救済されなくてもともとだし、ひょっとして救済されればもうけもの、決まってこう答える（笑）。これじゃ、資本主義なんて起こりっこない。

しかし、こんなのまだいいほうで、もっとひどいやつになると、よいことをする人を助けて、悪いことする人を罰するのは当然の神の務めじゃないかと。よいことをするかしないかにかかわらずまったく随意に救うとはとんでもない神だ、それは淫祠（いんし）邪教のたぐいではないか、そんな神様退治してしまえとまでいうやつがいる。

伝統主義的共同体

山本　つまり、日本においては前に申しましたように神は被造物ではないんですが、被造物的な位置にいる、だから触わらにゃいいんですよ。〝さわらぬ神にたたりなし〟でしょう。こっち側にとって捨てるか捨てないかという相手であって、絶対者じゃない。

小室　向こうは人間が神の被造物なんですから神が絶対なんです。いいことだとか悪いことだとかというのは人間社会の規範でしょう。そのような論理になりますと、人間社会の規範をもって神を縛ることになる。

このような考えこそ、瀆神（とくしん）であるとして、カルヴァンの最も排斥するところですね。まして、被造物たる人間が神を捨てたり、退治したり、こんな発想は出てきようがありません。神に触わらないで放っておく、これすら不可能です。敬して遠ざけるなんていっても、キリスト教の神様なんて、そんな待遇を受けて黙っているほどあっさりしていない。実にしつこい。

山本 ヨブにおける神の返答は、「お前は被造物ではないか」ですね。ユダヤ教の律法主義にもこの問題が出てくる。律法が絶対だといったらミスター・ロー（法律さん）が、神になるんじゃないかと。パウロはもっぱらそこを突くわけですね。律法主義というのはその要素がないわけじゃないんです、極限までいくと。その問題点と、同時に神が絶対であるという場合、神が律法を否定したらどうなるかという問題になってくるわけです。絶対者であれば、今日から律法がないんだと、神は一方的にいったっていいわけです、律法に絶対性を置かない。これはパウロにあるわけです。つまりそれが神が絶対だということでしょう。

小室 それがマックス・ウェーバーが『古代ユダヤ教』において強調してる一つの点なんですね。

ここで構造神学的な最大の矛盾は、一方において、前に議論したように、最高神が人格的一神であるということと、それが絶対神であるということと、契約という概念と三位一体なんですね。ところが他方契約という概念の論理を推し進めると、絶対神ということと矛盾するんですね。すなわち契約というのは神をも拘束するんです。だからここに契約による絶対的一神教の致命的な矛盾がある。そして、その矛盾を徹底的に断ち切ったのがカルヴァンなんです。だから、誰を救済し、誰を救済しないのかというのは神が一方的に決める。つまり、カルヴァンは、前に神義論のところで述べた「ヨブ記」の論理を、とことんまで突き詰めた。そこに西洋社会におけるカルヴァン主義の革命的な意義があるわけです。組織神学的にいうとそうですけども、これを構造神学的にいいますと、正統性の根拠を社会から完全に切断して、向こうに圧倒的な重点を置いたということです。

実は、カルヴァンの考え方で決定的に重要なことは、神という絶対的な座標軸が社会から完全に分離されている点です。社会が相対化されている。それであればこそ、この絶対的原点に立てば、社会は何とでも自由に動かし得ることになる。この考え方があって初めて、伝統主義社会を変革して近代資本主義社会をつくることが可能になる。

これがないと、一見資本主義社会になったようでありながら、どうしても伝統主義的なものが一掃されずに残ることになりますね。日本で伝統主義的共同体（ゲマインデ）が近代的企業の中にもぐり込んでしまったというのも、この理由によるのだと思います。

潜入した共同体

解雇は破門と同じ

山本　日本の場合、そこが非常に問題なんです。つまり神が絶対だということは、人間の間が全部相対化することです。ところが日本の場合、それがないから、人間と人間との関係が絶対的なのか相対的なのかわからなくなってくるでしょう？　これが大変面白い特徴ですね。社長と社員の関係は相対的なのか絶対的なのか。ときには絶対的であったり、ときには相対的である。旧陸軍における上官と部下の関係と同じですね。神が絶対なごとく絶対の場合もあるし、まったく相対的な場合もあるし、どうにでもなっちゃう。そんなわけで、資本主義の精神として必要不可欠な伝統主義的共同体の崩壊も字義通りすんなりと日本ではそうならない。この前もこのことでちょっと面白い議論があった。たとえば、今の企業の終身雇用とか年功序列というのは、古い経営者いわく、戦前はなかったと。戦前はブルー・カラーを平気で首にできたと。だからこんなのは戦後、始まったことであって、元来、日本になかったものだ、したがって伝統とは関係ないと、こういういい方するわけです。

小室　特に高度成長以後に強められた。

山本　ところが簡単にいうと、戦前は農村のほうが共同体だったんです。だから首になったら、「田舎へ帰って百姓でもするサ」ということになる。これは故郷へ帰ったらいつでも百姓ができるという前提があるわけです。つまり共同体というのは、その人間が、今これをすることによってどういう意味があるかないかということを問題にしないで、自分の共同体に属してると思ったらその人を入れるわけでしょう。つまり共同体が農村にあって、戦前のブルー・カラーは都会に出かせぎに来たんです。だから首になったら、この共同体へ戻ればいい。

本来、そういう共同体が崩壊して、資本主義社会ができるはずでしょう？　しかし、日本ではそういう共同体が崩壊したように見えて、実は全部、企業の中に入っちゃったということなんです。

小室　だから、今企業を首になるというのは共同体から追い出されることで、密林の中でトラの食うに任せられるってことになる。大変なことだ。

山本　だから正当解雇ってないんです。全部不当解雇。ただ、たった一つ許される場合があるんです。共同体の名誉を汚した場合。社の名誉を汚した場合。社の名誉を汚した人間が首になっても、誰も助けてくれない。これは共同体の鉄則ですよね。

小室　ですから、現代日本における解雇というのは、破門(エクスコミュニケーション)なんで、破門ですから、人間としていかなる儀式にも生活にも参与し得ない。生きることもできない、死ぬこともできない。現在、従業員を首にするということは、それほどひどいことだから首にできない。かくて終身雇用制度というのはやむを得ざる共同体的要請としてそうなったんですね。

契約の思想などない

山本　ところが私が出版界に入ったころは、「赤筆一本あればおれは食うに困らない、社長がなんだい、やめてくれといったら、おれはいつでもやめるよ」という人がいたんです。

小室　新聞記者だってそうですよ。昔ならば、筆一本で食うのが自慢で、何とか新聞社の課長なんて、誰も鼻もひっかけない。ところが今は、いかなる新聞社でもなるべく早く課長になって、部長になって、局長になって……それがいい新聞記者。筆一本なんてどこへ行ったって食えない。あそこの新聞社、首になったなんていったら、どこでも雇いませんからね。しかし、戦前はもっと違ったでしょう。

山本　だから職人を扱うというのは戦前はものすごくこわかったんです。職人を使えれば一人前といわれたんです。怒ったら何やるかわからない。

小室　もう明日からさよなら。職人がいなくなれば、明日から会社も動かなくなる。

山本　ストライキよりこわいのがこれですわ。いま、そんなこと絶対ないですよ。ああいう職人もなくなっちゃったんです。

小室　というのは企業が共同体になったからそれができないんですね、破門ですから。

山本　そうです。昔の職人の話聞くと、いろんなのがいて、正月にいきなり金を貸してくれと社長のところへ来たんで、よく見たら、寒いのに、はんてんの下はふんどし一本だった。何をしたかというと、正月三日間ばくちをやって全部とられちゃった。何でもいいから、何か仕事あったらやらせてくれというわけ。そういうのがいきなりポンと飛び込んでくるというのは古い人に聞くと、戦前いくらでもあったんです。今はもうそんなのだめですよ。

小室　ですから共同体というのは加入するものじゃなしに、その中に生まれるものだ。日本教の神義論のところで述べたように就職試験というのは実は就職試験ではなくて、誕生なんです。新たに生まれたるがごとくそこに加入しないといけない。

山本　だから生活給という考えが出てくるわけで、おれ、生活できねえんだといったら、能力がなくてもいくぶんかもらえるわけです。

小室　そういう意味で共産主義ですよ。理想的な共産主義だ。

さらにボーナスと給料だけじゃなしに、社員厚生施設……それから新日鉄が千葉県の君津に来たときには、お寺まで持ってきた。まさに共同体ですよ。生まれてから死ぬまで、エンジョイメントから宗教から家族生活まで、みんな面倒見ようと。ですから、それこそ今の会社においては家族はみんなの家族であって、電車の中で課長の奥さんに会ったら、席を譲らなくちゃならない。そのかわり夫婦げんかなんかしたとき、なだめてもらう。

山本 つまり、資本主義になることによって、逆に共同体が強化されるというパラドキシカルなことになってしまった。

小室 しかも大切なことは、それであればこそ、機能集団においてすでに存在している契約の思想の残滓(ざんし)すら消えてしまったということです。

奇妙な資本主義国、ニッポン

アメリカ式経営学

山本 だから終身雇用ということが外国人にはわからない。終身雇用契約というのはどんな契約するんですか、ですよ。日本の会社は年功序列、では年功序列契約というのはどんなのをつくるんだ？です。年功序列契約、もしも彼らみたいにうるさくつくったら、電話帳より厚くなる。

小室 そういう意味では、日本の資本主義は西洋の資本主義とは構成原理が、根本的に違っている。
山本 しかし機能の仕方がどこか似てるということです。
小室 ある意味では、はるかに効率的。ですから、アメリカで日本的経営学を学ぶだとか、逆に、日本でアメリカ的経営学をやったら、破産したというのも当然なんですね。だって出来具合が違うんだから、そのまま使ったら破産は当然です。
簡単にいうと、これはこういう事情なんです。アメリカ式経営学の源流は、実はウェーバーの合理的官僚制から発達してきている。だから、アメリカ式経営学は、アメリカのように組織が形式合理的に形成されている社会に限ってのみ有効であって、日本の経営学者は、このことをきれいに忘れてしまっている。だから、アメリカ式経営学をそのまま日本に適用すれば破産するのが当然なんですね。破産しなかったら奇跡だ。日本式経営学があるとすれば、それは、ウェーバーの家産官僚制の理論を出発点にしなければならないと大塚久雄先生がいっておられたんですが、まさに至言ですね。
山本 それが面白いんで、この前、牛尾治朗（うしおじろう）（ウシオ電機会長）さんに、アメリカで最近、日本的経営を盛んにとり入れてるそうですね、なんていったら——あの人は経営者でしょう？ にやにや笑って、そういう誤解もあるようですといってこんな話をしてくれたんですね。アメリカの経営者がなんで日本がこんなにうまくいくんだと調べた結果が、これはどうも社長がバーベキュー大会をやって、みんなに食わすかららしい、と。でバーベキューをやったというんですよ。すると、従業員からバーベキューを食って能率上がったんなら、次にどれだけ賃金を上げてくれるかといわれたというんですね。彼らにしてみりゃ、社長にバーベキューを食わしてもらって、それによって能率が上がったんなら、今度、賃金増えるに決まってるでしょう？　賃金増えなけりゃ、ストやったっていいわけですよ。結局、変にまねすると変なことが起こるだけでこれはなんか基本が違うんだということが向こうの経営者にわかるというんですよ。なんか学ぶ点はないかと思って見てることは事実だけど、これをそのままとり入れようなんて思ってる経営者がいると思ったら、大間違い。実際、そんなことといわれたら、二度とバーベキューなんて食わす気は出ないんじゃない？　これは向こうにしては当たり前です。

労働市場の成立

小室　次に資本主義であるかないかの決定的な分かれ目の一つは、労働市場が成立しているかどうかということでしょう。これはマルクスの考え方ですが、経済社会学的に大変重要ですのでこれを使いたいと思うんですが、労働市場とは、一方においては労働力しか持ちあわせのない労働者があり、他方には生産手段を私有する資本家がある。……というと労働者は大変みじめに聞こえますが、資本主義社会が前近代社会と根本的に違う点は、労働者と資本家とが人格としては完全に対等だ、ということです。双方とも完全に独立な法的主体として、この意味ではまったく対等に、労働力という商品の売買に入るわけです。これが、労働と労働力の分化でして、労働市場で売買されるのは、労働力のみであって、労働つまり労働者の人格ではありません。

ですから、アメリカでは、執務時間中は、社員は社長に絶対服従なんですね。執務時間中は、社員は社長に自分の労働力を売り払ってしまったのだからそれは社長のものだ。何を命ぜられても一切文句はいわない。これが絶対服従ということです。しかし、人格を売ったわけではないので人間としては対等。

　ところが労働市場が成立していない日本にはこれがない。

山本　ええ、そうです。昔も今も労働市場なんて日本にないですよ、すべて奉公なんですから。奉公という概念は労働市場という概念と相いれません。また、その前提として契約の考え方がないから、雇用契約もはっきりするはずがない。

小室　そこが大事なんです。資本主義は「搾取(さくしゅ)」によって成立するといわれるでしょう。ところが同じく搾取といっても、欧米諸国と日本とでは意味を著しく異にします。西欧資本主義国(ウエスタン・キャピタリズム)においては労働者は物になってしまうんです。

山本　うん、なりますね。ところが日本は搾取の極限形態においては、労働者は資本家の家来になってしまう。

小室　『資本論』なんかを見るでしょう。そうすると労働者を一部屋に詰め込んで、十六時間でも十八時間でも労働させる。ところが日本ではタコ部屋みたいな例外はありますけれども、搾取とはそんなことじゃないんです。

　一番よくわかるのは山本有三(やまもとゆうぞう)の『路傍(ろぼう)の石』です。あそこの吾一。吾一が怒るのは労働時間が長すぎるだとかそういうことではなくて、昨日まで同級生であった娘が下駄を投げて拾わせるだとか、あたかも家来のごとき態度をとる。それに耐えられない。つまり日本では労働者の搾取の極限形態、たとえば中小企業みたいな場合には、労働者は完全に社長の家来になる。家事労働もやらせられる、それから娘の送り迎えもやらせられる、子守もやらされる、何でもやらされる。

山本 それが最後には怨念になって出てくるんです。私の知っている製本屋のおやじ、酔っ払うと何をいうか。おれは小僧のとき、ある製本所にいてあそこのババアに、「おい、肩叩け」「おい、腰もめ」それをやらされたと。これは生涯残る搾取なんですよ。ほとんど無給で働いているわけでしょう。そのことについては何もいわない。

小室 ほとんど無給で働かされることこそ本当の、西洋流の「搾取」なんですが、それは耐えられる。しかし最低の家来、しもべとして扱われたのには耐えられない。

山本 今でもそうですよ。何がシャクにさわったか。社長の妾のところにお供させられた。これが耐えられないと、会社を辞めるのがいるわけです。

小室 大企業でもそうですよね。社長の秘書だとか、秘書課長だとか、そういう人たちが妾のところに行くときにお供させられるとか、妾と本妻の間の調停をさせられたとか。そういう場合に、奥さんが怒ると、社長はどこかに逃げちゃって、みんな課長に罪をなすりつける。それで黙っている人があとで抜擢される。ところが、抜擢されて黙っているけれど、やがて年とって酒飲んだときに出てくる。

山本 これは最大の搾取として出てくるんです（笑）。大体そんなのは雇用契約にないでしょう。契約にないことはやらなくていいはずなんです。

親会社と下請け

小室　ところが本来の資本主義の概念からすれば、執務時間中は煮て食おうと焼いて食おうと、向こうの勝手ですからね。しかし、人間としては完全に対等なんです。

一番いい例は社長が秘書のOLに惚(ほ)れた場合。そういう場合でもセクレタリーは執務時間中は絶対服従、奴隷のごとく服従。ところが、執務時間が終わるでしょう。社長がパッと車のドアを開けてやって乗っけて、ドアを閉めてやって、サーッと行く。それからレストランに入るときもレディーファースト。椅子を引いてやる。今度、社長は騎士としてレディーに仕えなくちゃならない。

日本だったらどうですか。社長がOLをかわいがり始めたとしたら、「おう、行こうじゃないか」とか（笑）。やっぱり家来みたいに取り扱うでしょう。そういう意味でもって、日本資本主義というのは共同体の序列がそのまますべり込んだ……。したがってこれは山本さんがしょっちゅうおっしゃっていらっしゃることの整理になりますが、日本資本主義というのはすべてが親会社と下請けという序列で成り立っている。労働組合でも全部その論理でしょう。

山本　そうです。

小室　日本の労働組合というのは、労働力販売を有利にするための組織にあらずして、企業内の分け前を有利にするための共同体の一部分ですからね。

山本　ええ。だからこれ、表裏一体になっているんです。総評やああいう労働団体でも、決して下請けの下請けの下請けのヒマゴ企業の労働者がリーダーになるということはない。あり得ない。やっぱり、トップの会社の労働組合の出身じゃないと、その連合体のトップにはなれない。

たとえば鍛造工というのがあって、新日本製鉄の鍛造工と町の鍛冶屋の鍛造工と同じ労働者だといったら、冗談いうなと。おれは町工場の人間とはわけが違うんだといわれます。これは大印刷会社と下請けの町工場の労働者の間にも厳然とあるんです。

小室　ところが欧米諸国の労働組合というのはギルドに発生的根拠を置く。職別組合でしょう。だから明らかに労働力の売買です。昔は完全競争市場だったのが、現在は双方独占に変わった。それだけの違いで、労働市場が成立してそこにおいて労働力が売買されているという事実は全然変わらない。

山本　変わらないですね。労働力の売買ということは日本ではないんですね。一切ない。そんなことをやると、人身売買と間違えられますからね、あり得ないんです。だから大変面白いのは、企業内潜在失業者がいるということなんです。これは、労働市場がないからです。

小室　もう、要らない、というわけにいきません。共同体の一員ですから。

山本　だからこれ、ある意味では非常に不能率に、不合理になってくるんです。あるところは潜在失業者を抱えている、あるところは労働力不足になっている。市場がないから、移動できない。これは日本資本主義の特徴ですね。

小室　ですから強いて移動させればどういうことになるかというと、難民と同じ取り扱いになる。それ以外の待遇を受けられない。

企業合併の場合

山本　企業合併の場合も面白いんですね、言葉が違うんです。各企業によって。私の友だちで親の代から岩井にいた男がいましてね。日商と合併して、一番困ったのは、日商語を遣うか、岩井語を遣うか、ですね。ところが、日商語を遣うとなると、岩井の人間は口がきけなくなる。若い人間は何とかやる、若いほうが語学が達者だから（笑）。日商語をだんだん覚えるけれども、一定の年齢以上の人間は日商語が遣えない。そうすると社内でコミュニケートできないです。だから、彼、辞めざるを得なくなってくるんです。

プリンスと日産と合併したとき、まず最初にやったのがプリンス語と日産語の辞典をつくったんです。その辞典をつくった人とＮＨＫで偶然会いましてね、日産にいたとき教育部長だったそうです。まずやったことは、そのプリンス語は日産語ではこう申します、ということなんですね。

その話をダイハツに行ってしたら、あそこの社長がにやにや笑っている。話を聞き終わって、いや、山本さん、それはプリンスと日産だけの問題ではないんだ。実は私はトヨタからここにきて、半年間、言葉が通じなかったんだ。社長に天下ってきても、ダイハツ語がわかるまでは何もできなかったんだと。

小室　ハノーヴァーの王様が英国に行ったようなもの。ジョージ一世みたいになる。英語を一言も話せない王様ですら、しばらくはラテン語でしゃべらなければならない。しかし、そんなことでは専制的な支配なんか、できませんよね。言葉が通じないんだから。

山本　言葉が違うということは、つまり別の共同体であるということの明確な意思表示になるわけです。

責任の分有

小室　ここで重要になってくるのは西洋の場合は、共同体の崩壊ということを前提として資本主義社会ができてきた。だから、その延長線上にファナティシズムとしての現代資本主義という特徴が浮かびあがってくるんです。

つまり、近代資本主義社会というのはそもそも商品流通に関する規範についての一種のファナティシズムなんです。この規範は、いかなる社会的状況にあっても守られなければならない。いかなる例外も許されない。ひとたび売買契約が成立すれば、それを一方的に取り消すことは絶対にできない。たとえばこれが前近代社会だと、ひとたび家を売っても、もとの持ち主が貧乏になって住む家がなくなると返してやらなければならない。こういうことが珍しくない。

ところが近代資本主義経済においてはこういうことはありませんので、ひとたび売買契約が成立すれば、もはや何人もどうしようもない。この点、宗教におけるファナティシズムと同じです。

手形なども期日がくれば必ず落とさなければなりません。もし落とせなければ、いかなる事情があっても問答無用。これが資本主義社会のまことにファナティックな規範なんです。

山本　ところが日本ではそういう意味での固有のファナティシズムというものはなかなか成立しにく

い。

こういうことがあるんです。日本の中小企業では手形が落ちなくても破産しない方法があるんです。つまり、ちょっと待ってくれと頼んだうえで、謝まりに行くんです、現金持って（笑）。

小室　本当にそんなことができるんですか。そしたら資本主義社会じゃない。ファナティシズムじゃないですね。

山本　ないですね。それから、場合によっては無限に書き替えみたいなことができる。そのときにまた手形持っていって、前の手形と交換してくるわけ。そういうこともできる。だから、なかなかファナティシズムじゃないですよ（笑）。

小室　この前、安宅産業が破産したでしょう。そしたら内部が明らかになったんですけれども、破産近くのころになれば、安宅家の人々というのは持ち株が非常に少ないんですね。そのうえに手腕のあった創業者はもはや死んじゃって、その子孫は無能力。それであるにもかかわらず、御曹司なんかが入社すると、能力もなければ資本もないにもかかわらず、ギューンと上がっていってしまって、しかもそこいらへんで豪遊して、ツケを会社に回しても誰も何もいわない。いかなる資本の論理にも反する。町の小さな企業ではなしに、巨大産業においてもそういうことが行われるんですから。

山本　日本というのは非常におかしな国で、株をどれだけ持っているかということが会社を支配している原因にならないんです。朝日の大株主の村山家。これをもう一家と合わすと四九パーセントの株を持っていることになる。それでいながら、会社をどうもできないんですからね。

小室　四九パーセント持っていることによって、かえって会社と敵対関係になっている。持ち株社員との間に血で血を洗うような大紛争。

山本　ですからあれは、お家乗っ取りを策して、互いにしのぎを削る。お家騒動ですな。

小室　近代資本主義社会においては、責任の主体は個人です。自然人であれ、法人であれ、必ず個人です。個人以外の漠然たる集団が責任の主体となることは考えられない。ところが、日本ではそうではない。まず責任は共同体がとりまとめて引っかぶって、それを構成員に配分し直すんですな。これが日本式責任のとり方。

山本　だから本来の資本主義のファナティシズムはない。

小室　逆に前章で述べた日本教のファンダメンタリズムに裏打ちされた独特のファナティシズムみたいなものがあるわけ。だからこのファナティシズムは固有の定義からいえばファナティシズムではないけれども、日本教――これを宗教として見ればまさにファナティシズムがあるんです。

さっき、贖（あがな）うということが出てきましたけれども、その日本教版が今いう責任の分有じゃないんでしょうか。

山本　ああ、なるほど……。みんなで贖っている。

日本式第二イザヤ

小室　山本さんがいわれたように、ユダヤ教では罪なきゆえんに責任を負うことによって同胞である証とするわけでしょう。自分は何の罪もないのに他人の罪の責任を負うことによって彼と同胞である証とする。日本ではこれと逆に、自分が罪を犯すと、自分と同じ共同体に属する者に自動的に罪を負わせることによって贖わせてしまう。罪なき同胞に罪を負わせる構造になっているでしょう。

山本　だから日本は犯罪が少ないいんですよ。日本人が犯罪を犯そうとした場合、それを止める契機が二つある。女房、子供の顔が浮かぶ、会社のことが気になる、だから悪いことができない。だから、日本の家庭は崩壊しているというのは嘘なんですよ。これがある間は崩壊していないんです。むしろ一家心中的な単一体です。それがある限り、泥棒しようと思ったら、女房、子供の顔が浮かんだ、会社の金を持ち逃げしようと思ったら、女房、子供の顔が浮かんだ、それでやめたと。まだ家庭は崩壊していないんです。

同時に、痴漢。痴漢というのはほとんど刑法上の罪にならない。浮浪者があれをやったって問題にできないんですよ。ただし彼が大会社の部長であれば、新聞に出たら大問題になるでしょう。つまりこれは法の罪じゃないんですね。それによって共同体のみんなに負い目を負わせたということなんです。名誉を汚して。

小室　ですから、これは日本式第二イザヤ。

山本　苦難のしもべだ。日本人はみんな苦難のしもべですよ、本当に。

小室　正確にいえば、苦難のしもべのネガなんです。

第二イザヤの苦難のしもべとは、自分に罪がないにもかかわらず、罪のある同胞の罪を負って苦難を引き受ける人のことでしょう。ウェーバーがいってるように、十字架上のキリストの先駆なんですね。このネガをとると、日本の共同体における責任の帰着が出てくる。丸山真男先生のいわれる無限責任ですね。誰か一人悪いことをすると共同体の全員が社会の指弾を受けることになる。これは同胞をして罪なきがゆえに罰を負わせるということになるでしょう。罪ある自分の行為によって同胞をみんな苦難のしもべにしてしまうわけだ。同胞をして自分の罪を贖わせる。

山本　これ、プラスの面があるんですよ。だから犯罪が少ないだけでなく、同時に日本の企業はそれがあるから最も能率的に動く。また同時に動脈硬化を起こすという。たとえば兵隊が脱走しようとしても、「おっ母さんを悲しませるようなことだけはしないでおくれよ」といわれて、耐えられずホロリと涙を流して、また一生懸命軍務に励むと、こういうことです。

小室　この「罪ある者が罪なき同胞に自分の罪を負わせる」可能性があるということが、本人自身をたまらない立場に立たせるんですね。罪なき苦難のしもべが罪ある者の科を負うことによって救済に至るという第二イザヤの論理のネガとして、罪ある者が罪なき同胞に自分の科を負わせて苦難のしもべとしてしまうことによって救済から遠ざかる。一言で要約すればこの論理ですね。

山本　そうです。まことに面白い社会ですね。ですから、働くという契機も一つはそれなんですよ。

小室　日本では働くということが善で、働かないということは悪、罪ですからね。そして、もし誰かが働かないという罪を犯したとすれば、同じ共同体に属する誰かが、自分の本来の割り当て以上に働くというかたちでつぐなわなければならない。罪のない同胞に自分の罪を贖わせるわけですから。責任ある者が責任なき者に責任を転嫁する。

山本　転嫁するんじゃないかということが、逆に働かざるを得ないという状況になってくるわけです。

小室　その逆が働いて本人が救済から遠ざかる。「あいつ、なんてやつだ」というような雰囲気が何とはなしに醸成（じょうせい）されるであろうという恐れから、必死になって働く。

「働く」と「動く」

山本　だから、働いていなくても働いている格好をしなくちゃならない。トヨタの大野耐一（おおのたいいち）という前副社長があの有名な看板方式を何が理由で考えたか。一番基本にあるものは、日本企業の中の働き方にはニンベンがあるやつとないやつがいるというのが基本なんですよ。「働く」と「動く」ですね。動いているけど、働いていないんですね。日本じゃ、動かざるを得ないんです。ところが非常に困ることに、こいつは「動き」人間で、こいつは「働き」人間だと峻別できればいいけれど、ある人間がある瞬間には「働き」なんですね。次の瞬間にはニンベンが落ちるんですね。次の瞬間はまたニンベンがくっつくでしょう。何ともできなくなるわけですよ。これをどうやって峻別するかというのが最初の発想なんです。日本人のそういうメンタリティーをちゃんとつかんでいるから、あの高能率が上げられるんです。

どうやったかというと、まず仕事がない人間は壁の前に立っていろ。それは管理者の責任で本人が悪いんじゃないんだからと、最初はそれを厳命したというんですね。そうしないと、この工場にどれだけ人間が余っているかわからない。ところがそれがどうしてもできない。みんなが働いているのに、壁の前に立って、これは管理職の責任だなんていえないわけです、副社長の厳命でも。

そこで次にやったことは、自分がつくった部品を運び出してはならない。それまでは運び出して、みんなガチャガチャ動いていた。そのときは工場全部が活気があるようだけれど、実はニンベンがなかった。ところがつくるだけつくったら、いっぱいになって、動けなくなってしまった。そうすると止めざるを得ない。ところがほかのところは、いかに働いてもまだその部品は足りない。

つまり、この工場はいままでニンベンがない状態でやっていたということを数量的に把握したんです。絶対、自分の工場からつくった部品を運び出してはならない、最初それだけなんです。必要なほうが必要な部品を必要なだけ取りにいけ。余分を持っていっちゃいけない。そうすればどこかは余っちゃうから、止めざるを得なくなるでしょう。そうするとここはこれだけ人間が余っているんだということがわかる。それからどうすべきかをだんだんやっていったのが看板方式だといわれた。

つまり、働いていなくて、みんなに責任を負わしていると思われるのは非常にいやだから、動いちゃうんです。演技しているんです。

小室　ですから、〝動いている〟ということは、〝働いていない〟という罪の免罪符なんですね。ところがこの免罪符、ローマ法王庁の免罪符などとは違って、買えば罪が許され、買わなければ許されないといった二者択一的なものでもないんですね。空気によって微妙に変わる。日本教の食物規定みたいなものでしょう。日本教の食物規定はユダヤ教の食物規定と根本的に違う。

山本　ええまったく違います。マカバイ第二書など読むとアンティオコス・エピファネースの弾圧のときブタ肉を食わないため七人の息子が母の目の前で順々に殺される。そして最後に母親が殺される、それでも食わないというのがあります。この食物規定の基本の大部が『申命記』にあり、これが神との契約ですから、その契約を守るがゆえに食わないわけです。今でもホテルのレストランは、乳製品と肉製品はキチンが別、部屋も食器も別です。これは申命記の「母ヤギの乳で子ヤギの肉を煮てはならない」に基づくわけです。まじめな家庭は肉製品用の流しと食器、乳製品用の流しと食器というふうに峻別しています。また鱗（うろこ）のない魚、甲殻（こうかく）類、貝類はいけないんです。

日本の食物規定

小室　つまり、山本さんが書いておられるように、日本でもまともな人間が下宿でイヌやネコをつかまえてきて料理しているのを見つかったら大変です。ところが日本の場合にはイヌ、ネコを食うことが、絶対悪いかというとそうじゃなくて、一にかかって空気なんです。大学のコンパで食べたことがあるなんていうのはどうでもいい（笑）。

山本　これが悪くて、これはいいという規定はないですね。申命記みたいな明確な食物規定はない。

小室　そこで、何が、いいか悪いかということはすべて、そのときの状況によって決まるんですね。たとえば徳川時代で四つ足を食うことは悪いというでしょう。しかし、彦根牛ならいい、ウサギは一羽二羽と数えるからいい、イノシシはヤマクジラだからいいと。

山本　ももんじ屋というのはちゃんと獣肉を売っていると。

小室　幕末になりますと、徳川慶喜はブタを食べると徳川幕府の幕閣から非常に嫌われたけれど、だからといって将軍になれないかというとそうじゃない。

つまり、食物規定に入っているようないないような、一応入っているんだけれども、状況次第によっては自動的に許される。そこで、果たしてブタを食うことが将軍としての資格に欠けないかで大論争が起こるなどあり得ない。この食物規定の論理と同じように、働かなければならないという規範があるんですけれども、それに対する免除条件が「動く」という免罪符という形をとらずして、状況、状況によって働いているように見せかければいい。

山本　ところが、見せかけただけでも悪い場合もあるんです。つまり「働いているような格好をしてちっとも働いていない」と、こういわれることもあるわけでしょう。そこで、あとで述べるような、昼はぶらぶらして夜は徹夜で働くと評価されるなんて面も出てくるんです。アメリカのオフィスで大変面白いのは、タイピストとか事務員は仕事がないとき一種独特な格好でこう足を組んで、手を膝の上に置いて、きちんと坐って、何もしていないんです。書類をあっちこっちへ動かしたりなどしていない。

小室　つまり労働力を向こうに売った。売った以上、使わないのは向こうの勝手だ。初めの契約通りの給料はいただく。こちらには何の責任もない。だから演技する必要もない。

山本　ところが、日本の役所での仕事なんていうのは、まさにその逆。要らない書類を積んで、今日はこっちに移して、今日はあっちに移してね。それも昼間はなるべく怠けて、五時ごろから一生懸命あっちに移したりこっちに移したりやっている（笑）。そして、ぎりぎりまでそうやっていて、最後に徹夜などすると大変に評価される。これは官僚をやめた作家の人から具体例を交じえてしみじみと聞かされた話です。

小室　それが現在の員数主義ですよ。このように員数方式はまさに生きている。

能力主義の意味

山本　で、問題を整理しますと、資本主義を広義のものと狭義のものに分けると、以上見てきたように日本は広義の資本主義に入るんですよ。つまり梅岩のような発想をし、正三のような発想をし、しかも江戸町人のいわゆる資本の論理が出てくる。資本がなければ利潤は生まれないということをちゃんと知っている。

小室　そういう点、今の発展途上国なんかと意味が違う……。

山本　だから、こういう点ではまさに資本主義の国なんです。これは徳川時代から資本主義の国だといっていい。その原則は全部、一応そこにあるんです。確かにあるんですが、狭義で見た場合、実はないんですよね。そこが大変に面白い。

それを私、前に体験話として話した外資系百科事典販売会社で感じたんですね。これ、日本人は耐えられないです、逆に。というのは一定の成績を上げるでしょう、そうすると五人の長になる。五人の長というのは、自分が働くと同時に四人を働かす義務があるんですね。四人が取ってきた契約に対して一定パーセンテージのコミッションが取れる。今度それが大変能率を上げると二十五人の長になる。そうすると、二十五人が取ったそのうちのあるパーセンテージをまた取れる。これがほんとの能力主義っていうものなんです。

だから、日本は能力主義じゃないからいけないなどというけれども、こういう能力主義に日本人が、耐えられるかということです。おれはこれだけ一生懸命にやったんだからということで、ちゃんと認めてくれなくてはだめなんでしょ。しかし、あの会社ではどんなに一生懸命やったって、契約取れないやつは零で、鼻歌を歌いながらやっていたって、週に幾つか契約が取れれば五人の長になれます。二時間しか働かないでも契約を全部取っちゃえば、あとは寝てたっていい。これが能力主義でしょう。朝から晩まで駆け回ったって、ぜんぜん契約が取れなければ、フル・タイムにすらしてくれないです。

小室　それが機能集団のあるべき姿でしょう。まったく完全に合理化されればそうなります。

山本　一週間に一日だけミーティングがあって出なくちゃいけない。成績が発表になる。隣の人間と口をきくこともないです。ぜんぜん知らない。それでもちゃんと機能するんです。

アメリカの宣教師くずれもいれば、軍人くずれもいれば、日本の失業者もいれば、韓国人もいれば、みんないますよ。それを全部機能させちゃうんです。あれだからアメリカという国は難民が来たってちゃんと社会的に機能させられるんです。

小室　そもそも何とかくずれというコンセプトがない。あそこからここに移ったというだけのこと。

ところが日本における能力主義というのは、能力を正当に序列に転化せよという意味の能力主義です。

山本　だから、年功、努力、能力をうまくバランスとって、年功序列式に加味しろと。しかしああいう能力主義をやられたら、日本人は逆にいられなくなる。

企業の法則

小室　今、山本さんのいわれたのがアメリカ式能力主義ですが、それに関連していえば、アメリカでものすごくノイローゼが多いでしょう。精神分析医（サイカイアトリスト）やっている人ってのは、はやりにはやる。その理由はまさにそこにあるんです。

山本　アメリカの企業では空気なんか吹きようがない。全部、真空地帯。だから、〝セールスマンの死〟が出てくるんですね。

小室　日本人のノイローゼというのは、そういうことは初めから耐えられないから存在しないけれども、企業内における対人関係、企業内における空気が自分に逆向きに吹いているというところのノイローゼなんです。

　つまり能力主義とはいってみれば切り売り主義。これだけは確実に労働力を切り売りしましたと。それだけのことをやる場合には、以上であっても以下であっても必要ない。これはこれでまた別。ですから、そのような雇用計画を確認（コンファーム）するために労働組合というものは必要なんですね。

山本　そういう原則が実にはっきりしている。あまりはっきりしていると、われわれは気分が悪い。

小室　しかし、それが資本主義。資本主義というのは形式合理化の極致に成立し得るわけでしょう。形式合理性というのはどういうふうにして出てきたのか。これがマックス・ウェーバーの最大のテーマの一つですけど、形式合理化を推し進めればそうなりますね。

本質的にアメリカ資本主義社会というのは形式合理性によって貫かれているわけです。マックス・ウェーバーはその典型例として、一つは近代法、もう一つは複式簿記、もう一つは近代科学――たとえば数学を挙げている。これを見てもわかる通りアメリカの企業の法則というのは数学のごとく正確です。

そこで、複式簿記ですが、日本人にはいまだに複式簿記が本当にはわかっていない。英語でこれダブル・アカウントっていうでしょう。学生に、これ、何と訳すかと聞いたら、二重帳簿だと（笑）。どうしようもないですね。それからジェネラル・アカウント、これを訳せといったら、アカウント将軍（笑）。

山本　そりゃ傑作だ。

小室　一般会計、ですからね。資本主義の基本的言葉や概念が浸透していないこと、驚くべきですよ。で、それが一番わかっていないのは個人企業ですね。私の知人が夫婦で床屋をやっている。このごろは借金も返したし、土地や家も自分のものになって嬉しい、嬉しいと喜んでいる。あまり喜んでいるんで、じゃ、帳簿見せてくれって、見るでしょう。そしたらまず給料の支払いをやっていない。二人で働いているんですよ、朝の八時から夜の十時ころまで。だから給料と残業割り増しは当然もらうべき。労働者としての権利でしょう。まず給料は差し引く。それから彼らは土地と建物を持っているわけだから、レントは差し引く。それから企業は独立してやっているわけだから、経営者の取り分ですね、危険負担の取り分は差し引く。それから彼らは資金を投入しているわけだから、その利子分は当然差し引く。そしてそれでも残った部分それが利益でしょう。それが近代資本主義社会における儲けでしょう。それがプラスであるときに、初めて儲かったといえる。

ところが、彼らは儲かってますといっているけれど、それを全部引くと明らかな赤字なんです。

山本　そう、自己搾取だ。彼らは自分自身を搾取しているんです（笑）。

小室　しかし、彼らの意識では、入り銭から出銭を引いて、その差額が多ければ儲かったと思っている。

山本　これがつまりドンブリ計算。この前、問屋に行ったら、そこに来ていた人がいうんです。昔のドンブリ計算のほうが合理的であった、変にコンピュータが入ったので大変不合理になったと。なんせ昔は問屋に行って帳尻がこれだけになったんだから少しは払ってくださいよ、と。じゃ、まあ、これくらいで手を打とうと。

先付け小切手

小室　複式簿記が出たついでにもう一ついいますと、これも素人じゃなしに大学の教師クラスの専門家についての話です。たとえば円高のときに、国際収支の黒字はどうとか、国際収支の赤字はどうとか、の話がやたらに出たでしょう。あれ、おかしいんで、ダブル・アカウンティングですから、国際収支全体としては必ずゼロになるんです。国際収支の赤字、国際収支の黒字というのはないんです。

山本 ないです、ないです。

小室 いってみれば、国際収支における赤字、国際収支における黒字。国際収支というのは上のほうからいうと経常収支でしょう、それから資本収支、総合収支。だからそれにおける赤字、黒字だったら意味があるんですけれども、国際収支全体で考えたら、結局ゴールド・アンド・キャッシュ・アカウントでもって最後にはよくバランスするようになっていますから、国際収支の赤字、黒字なんて概念はあり得ない。

山本 あり得ないですね。

小室 だから経常収支における赤字だとか、総合収支における赤字だとか、資本収支における赤字だとか、それはいえますが、そのいずれであるかを明確にしないと意味ないんですよ。

そこでぼくがそれを注意してやったら、「似たようなものだからどっちでもいいじゃない」と（笑）。だから、日本人の資本主義の基本的諸概念に関する理解の程度、なおかくのごとし。

山本 それで、先付け小切手というのが日本にあるんです。小切手というのは現金でしょう。現金に先付けということはない。ところが、それを銀行に期日前に入れた場合、あいつ、先付け切ったら入れちまいやがった。もってのほかの野郎だってことになる。

小室 そういう論理はないですよ。それはオーバー・ドラフトですから小切手としてあり得ません。

そのときの利子は一体誰が払うんですかね。

山本 ないですよ。現金払ったと同じことですから。先付け現金なんてあり得ない。その日付が何であれ、持っていったら一覧払いですよ。昭和百年と書いてあっても、そんなことは意味ない。それが平気で日本社会では通用する。

小室 また、友だちなんかへの支払いの場合、パーソナルチェックを使う。そうすると「おまえなんかの小切手、落ちるかなア」っていうんですよ(笑)。冗談だって、こんなこといえません。

山本 そうです。これは贋造紙幣じゃないのかなというのと同じことになる。

小室 おまえの手形、落ちるのかな、ということだと、単におまえの経営能力なんか信用せんぞという程度でね、「まア、おれだからな」で笑ってすませられるけれど、小切手落ちるかなとやられたら、人格の問題。

珍妙なる資本主義

山本 融通手形というのがあるでしょう。それでこんな話もあるんです。相互に手形を切り合って裏書きをして、相互に手形を割る。両方がそれをちゃんと守ればいいけれど、一方がその手形を落とさないと大変なことになるわけです。手形を書いちゃったんだから、どうもいえないんです。しかしこれをやると日本の社会では「あいつ、融手を落とさなかった。ひでえやつだ」となる。

小室 あんなに親しくつき合っていたのに、あんな因業なやつだとは知らなかったと。だから共同体規範が資本主義の規範に優先するんです。つまりひどいのはそれほど間抜けであった本人なんです。

山本 ちょうど江川問題みたいになるんですね。あの問題で面白いのは、不備な規約であれいう事態が一回起きたら規約を改訂して、二度とそれが起こらないようにするというのが契約社会でしょう。

ところがね、その規約をちゃんと完備しよう、以後、この空白の一日に行った契約を無効とすると規約を直したかというと、直していない。

小室 裏からいうと、アメリカの有能な弁護士というのはそのような契約の欠陥事項を突くわけです。たとえばラフルス弁護士だったと思いますが、独占禁止法の欠陥を突いてものすごい報酬をもらっている。何百万ドルという。日本でそんなことをしたらどうですか、スキャンダルですよ。そこでね、さっきの床屋の話にはまだ先がありまして、店があるのが駅前なんです。だから、そのうちに地代がグーッと上がっていく。だから、必然的にレントも上がる。複式簿記の計算からいくと赤字はますます増える。ものすごい金額になったんですよね。その事実をいったんですよ。そしたら、先生とつき合うの、もういやだって。こっちはこんなに働いて、儲けに儲かっているのに、先生にかかると大損したみたいだ、そんないやらしいことをいう人、もういやだ、もう帳簿見せないっていうんです。

山本 はっはっはっ。こりゃ、いいわ。

小室 まあ、これは笑い話としても、しかし日本の資本主義というのは、欧米の資本主義と比較すると、まことにもって珍妙なる資本主義なんです。

山本 だがそれでいて立派に機能している。

第九章　日本資本主義精神の基盤――崎門（きもん）の学

正統性の問題――浅見絅斎（けいさい）――

崎門学の役割

小室　これまで見てきたように、日本の資本主義は、内部に共同体を温存させたまま、きわめて奇妙なる形で、展開されて、今日も営まれている。そこで問題は、なぜ、このような奇妙な資本主義が日本に発生したのかということ。そのことを、今度は、それをドラマチックに招来せしめた革命の基点という観点から眺めてみたいと思うんです。今まで、正三や梅岩を中心として、江戸時代の町人思想と資本主義のエトス（行動様式）との連関を考えてきました。そして、その中で、日本資本主義が、一種独特の性格を持つにいたるゆえんをかなり明確にすることができたと思うんですが、しかし、正三や梅岩の思想からは、革命の思想は生まれてこない。封建社会を変革して新しい資本主義社会を形成するという決定的な論理は出てこないんですね。なにしろ、ありのままが自然で、それをよしとするわけですから。革命とは現状の否定です。したがって現実社会に絶対的視座を設定して、ここから現実の社会を否定することができなければならない。カルヴァンにおける予定調和説にあたる社会外の絶対的座標を、日本資本主義の生成に際して、日本社会に与えた思想。それが一体どこから出てきたのか。これが問題です。そうした視座は、これまで見てきた町人思想家たちにはない。本居宣長（もとおりのりなが）などの国学者などにももちろんありません。

山本　そこに、登場するのが崎門学なんですね。資本主義社会の形成において、西欧においてカルヴィニズムが果たしたのと同じような機能を日本近代の出発点において果たしたもの、実はこれ、崎門学なんです。日本人は、すっかりこれを忘れている。

幕府の正統性

小室　そのへんを、もう少しわかりやすくお話ししていただくと……。

山本　朱子学のテーマはもちろん正統性（レジテマシー）の問題、つまり、主権の正統性の問題ですが、崎門学は、この問題について、当時の幕府の体制の根底をゆるがすことをいい出すんです。まあ、日本という国は、もともと、宋（そう）の時代に正統性（レジテマシー）理論が問題になるような、そういう状況が幕府ができたときからあるんです。これも、少なくとも頼朝（よりとも）は院宣（いんぜん）もらったりなんかして、一応正統性尊重という感覚は持っていた。ところが泰時になると、それはもう、あるとはいえないんです。義時追討の院宣が下されたのに、それをはねのけて三上皇を島流しに、仲恭天皇を退位させ、あげくの果てに自分で勝手に法律を発布したわけです。これはもう完全な正統性の否定です。

小室　そう。それを最も極端に推し進めたのが徳川幕府なんですね。たとえば後水尾上皇の紫衣事件が幕府の態度を端的に表すものとして、幕末の勤皇の志士の悲憤慷慨のマトになる。

その事件というのは簡単にいえば、朝廷がある坊主に紫衣を与えた。それは坊主としては最高の地位です。ところが幕府は、そういう大事なことは幕府に相談してもらわないと困る。

山本　それは認めないといって、勅令拒否にさせたわけです。だからこれは論理的には大逆臣ですよ。つまり朝廷のレジテマシー（正統性）の否定ですから、大変なことですよ。ここにおいて正統性と幕府とがものすごい緊張関係に立ったわけです。

江戸幕府というのはもともとその正統性の理論をはっきりさせないまま何らかの正統性があるような、ないような状態にしてあったんですね、初めから。だから、幕府における林大学頭の任務というのはそれの理論づけにあるんです。ところが非常に困ったことに、日本には別な原理があって、朝幕併存が伝統になっている。だから中国の正統論というのは日本には通用しないといえるんですよ。ところが、朱子学を官学にしちゃったでしょう。もし通用しないといったら自己否定になっちゃう。だから中国の正統論は日本には通じないとはいえない。いえないがゆえに、そこを突っ込まれると、どうにもならなくなる。その矛盾から、朝幕併存という状態に何とかして正統性があるとしようとしたのが新井白石なんです。

小室　だから白石は、幕府自身の制度をつくれと将軍家宣に上申しているんですね。徳川幕府というのはおかしな体制で、天下を治めていながら、まったく正式の制度を持たなかった。すべて、下位制度だったんですね。

山本　勝海舟がこういうことをいっている。幕府には立派な制度がある。大岡越前守といっても幕府が任命したのではない。ちゃんと朝廷に請願をして、任命してもらったんだ。だから幕府は常に正統性を持っていたんだと。

つまりこれは律令と式目のような形なんです。式目は本当の法律じゃございませんといって、実は法として機能させているという泰時の論理と同じです。

だから、何がゆえにこういう状態が正統性を持ち得るかということを論証しなくちゃいけない。

小室　これこそまさに実体語と空体語の一番いい例の一つですね。だから社会科学的に正当化するためには、幕府が山本先生をタイム・マシンで徳川時代に呼べばいいんだけれど（笑）。幕府の諸制度というのはいわゆる実体語で、朝廷の律令というのは空体語。だからそれが無力であればあるほどそれは尊ばなければならないというようなダイナミズムが働く、ということですけれども、徳川時代にそんなことをいったって通じません。

山本　それを儒学で証明しようとすると大変なことになるんです。方法がない。だから朱子学を国教としたがゆえに、南学に突っ込まれるとどうしようもないです。

小室　南学というのは朱子学の一派でしてね。

山本　南村梅軒（みなみむらばいけん）ですな。

小室　土佐の野中兼山（のなかけんざん）など。山崎闇斎（あんさい）も南学出身です。同じ朱子学といっても、林羅山（らざん）が体制派であるのに対し、これは、むしろ在野派。学説もラディカル。

朱子学と崎門学

山本　これは変ないい方をすると、社会党と社会主義協会みたいなもの。こっちは現実に機能しなくちゃならない。こっちは機能しなくたっていいんですからね。純粋に論理的でいいんです。ところが純粋に論理的でいいやつに突っ込まれると、林家はどうもできない。だから、俗儒だといわれる。ところが林家は、俗儒だといわれても相手とせず、おれはもう議論しないとなる。ちょうど社会党と社会主義協会ですよ。議論したら負けるに決まっているんです。だけど実際に機能さすにはこれ以外の方法はないじゃないかと。

それで、崎門学は朱子学なりや、というのは大変に面白い問題ですが、結論を先にいっておくと、あれは朱子学ではなくて崎門学と呼ぶべきだと。これが一番正しい定義ですよね。つまり、中国儒教における根本矛盾を山崎闇斎が徹底的に突くわけです。

すなわち、簒臣（さんしん）、賊后（ぞくこう）、夷狄（いてき）は正統とせず。これは中国の正統性の一番基本になるわけです。

小室　これほど大きな矛盾はない。この矛盾をめぐって中国の朱子学者は七転八倒していた。

山本　だから浅見絅斎が「正統の論は朱子以降紛々として何も定まらず」といっている。解けないんです。

小室　解けるはずがない。で、そのころの中国というのは、今のアメリカ・プラス・ソ連・プラス・ヨーロッパみたいな感じですからね。すべて中国から来ているわけです。仏教だって、日本仏教といったら中国経由仏教ですね。いわんや儒教においておや。しかも徳川時代は儒教が国教みたいな地位を占めていたんですからね。その儒教の中心テーマが中国で解けないとなると大変ですよ。

山本　それを正面から論じたのが崎門の学。林羅山はごまかしたんです。天下はまるく治まったではないか、できちゃったものに正統性があるんだ、というのが大体、羅山の意見なんです。

小室　これでは朱子学は必要ない。

絶対的座標軸

山本　ないですよ。できちゃったものになぜ正統性を付与しようとするのかというと、明智光秀が出るのがいやだからです。それだけなんですよ。徳川幕府が、朱子学を採用した動機がそもそもそうですから。

ところが、そこに浅見絅斎が、天下をまるめたから正統性があるとはいえないといい出すんですね。

しかも、その当時はなはだ困ったことに目の前に衝撃的な例が出てくる。朱舜水みたいな人間が中国から亡命してくる。清朝は天下をまるめちゃったんだけどこれに正統性を認めないといって抵抗して、五回も六回も日本へ行ったりベトナムへ行ったりして、ついに六回目に日本に亡命してきたという人間が現に目の前にいる。

じゃ一体、徳川も天下をまるめちゃった、まるめちゃったから正統性があるといい得るだろうかと。この疑問は否応なしに実物教訓で出てくるんです。光圀(みつくに)は朱舜水の弟子ですから、これは光圀のほうに出てくる。ところが水戸というのはそれをちゃんと論理化していない。何となくそういうムードはある。ただそれを本当に論理化すれば、第一光圀自身が幕府を認めるということがおかしくなる。

ところが崎門の学のほうは、それを徹底的に詰めていく。そうすると当時の世界において正統性を持っている唯一の支配者というのは天皇しかないとなる。これは簒臣(さんしん)でもないでしょう、賊后(ぞくこう)でもないでしょう、夷狄(いてき)でもない。だから世界における唯一の正統性を持っている支配者は天皇しかないと。そういうことになる。これが幕府にとってはとんだことになるんですね。ですからこれは戦前の天皇制の、少なくとも浅見絅斎においてはこれは論理的帰結なんです。神がかりでも何でもない。朱子学の論理でいったら、そうならざるを得ない。

小室 組織神学ですね。

山本 はっきりした組織神学です。だから、現実に今権力を持っているか持っていないかは別問題なんです。持っていないなら、持っていないという状態が悪いということになる。だから徳川が天下をまるめても正統性を持ち得ないとなるんだけど、闇斎はそこまでは、まだいっていない。

小室 それを徹底的に究明したのが浅見絅斎。彼の論理において決定的に重要であるのは、徳川幕府という現存の秩序以外に日本社会を超えた絶対的座標軸を設定したという点ですね。

山本　そうです。天下をまるめたからといって正統性があるわけじゃない、これが一番大きな違い。しかも、日本人は元来、そういうイデオロギッシュな考え方をしないというのが原則なんですが、浅見絅斎においては、そうではなかった。彼の考えではまず、湯武放伐論をいいといった人間を討ち果たしていいんです。理由ないんです、これ。

湯武放伐論

組織論なき絅斎学

小室　ここで湯武放伐論についてコメントしますと、臣下が君主を討ち殺してもよいというイデオロギーのことで、革命を是認する主張ですが、浅見絅斎は革命を絶対に容認しない。革命を是認するやつは直ちに殺せという。湯は夏王桀を討って殷王朝の祖となった人ですし、武は殷王紂を討って周王朝を起こした人です。桀王、紂王は典型的な暴君でして、これに対し、湯王、武王は治績のうえでは理想的君主。そこで、中国儒学界においては、湯武放伐論の是非をめぐって古来議論がたえなかったんですね。

山本　ええ、中国においてはこれは本当にジレンマなんですよ。そのジレンマというものをどう解決するかというのが政治学の問題になるわけでしょう。ところが浅見絅斎においてはジレンマはない。湯武放伐論はいけないんです。それをいいという者はぶった斬(ぎ)っていいんです。イデオロギーにおいてははっきりしている。

小室　この浅見絅斎のイデオロギーを論理的に詰めるとこうなります。君主がどんな暴君であろうとも、人民がこれに反抗することは絶対に正しくない。たとえ君主が怒って、「おまえら、みんな殺す」といっても反抗することなく殺されて人民がみないなくなってしまっても止むを得ない。こんなときでさえも、人民が君主に反抗することは許されないと。こういう論理です。つまり、君主こそが絶対的座標であって、まるで、カルヴァンの神様みたいに、社会の外にあるわけです。

山本　このとき、浅見絅斎において、初めて絶対というコンセプトが日本に成立したという意味で、まさに革命的な意義があったんです。と同時に浅見絅斎がやったことというのは問題点が二つあると思いますね。それほど論理的に突き詰めてそれだけのことをいいながら、組織としてそれを機能させるため、じゃ、朱子学的なシステムを日本に入れろというのかと思うと、そうではない。そうではなく、これを個人の規範として徹底する。これが『靖献遺言(せいけんいげん)』の面白いところなんです。個人は絶対その規範で動かなければならない。それだけであって、その正統性を組織として機能さすために、今すぐ科挙(かきょ)の制度を敷いて、士大夫(したいふ)をあげて、天皇を中心として一つの体制をつくれというかというと、そうではないんですね。

　つまり、組織論が全然ないんです。同時に個人の規範だけはある。

小室　その点こそが、浅見絅斎の学問の構造神学的特徴として決定的に重要な点だと思います。つまり、絅斎は、正統論としては中国儒教の矛盾を克服して論理的に完璧なものをつくりながら、組織論がまったく欠けている。

前にも話したように、本来、組織論を欠いた儒教というものはあり得ないわけですね。儒教的救済とはよい政治をすることですから、よい政治が現実に機能し得るための礼楽（政治制度）の整備が儒教の中心テーマの一つです。これが儒教の組織論。この点、ユダヤ教なんかと根本的に違います。ユダヤ教だと、神との契約さえしっかり守れば組織なんてなくても、神は奇跡を起こしてもユダヤの民を救済してくれるわけですから、組織論はなくってもいい。神との契約さえあればいい。でも、儒教はそうはいきません。組織論を欠いた儒学なんて、契約という考え方を欠いたユダヤ教みたいなものですが、それが浅見絅斎の学問の決定的特徴。しかしこれが、彼のイデオロギーによって生起した明治維新の性格を大きく規定してゆくことになる。そして、その後今日に至るまでの日本人的思考をも規定してゆくんですね。

ここに日本人的予定調和説が出てくるんですね。

山本　ええ、そうなんです。

日本的予定調和説

小室　つまり、個人が規範的に絶対正しいことをやれば、社会がうまく動いて、結果的に組織論が自動的にできると。それが浅見絅斎の絶対者における予定調和説。これが脈々と維新の志士から二・二六から、戦後の連合赤軍まで生きてくる。

山本　これは本当に大変なことです。たとえば二・二六の将校だって、組織的にこれをどうすべきかという発想はないんです。絅斎と同じなんです。自分が個人的規範としてこうすべきで、この個人的規範が絶対化すれば、そのために大臣をぶっ殺しても、ちっとも悪いと思っていない。

小室　その後のことは何を考えなくても、予定調和説の鉄則が働いて日本はうまくいく。連合赤軍だってそうでしょう。女連れで山の中をのたうち回って、何の革命ぞや。ところが彼らは気違いでも何でもない。
だからそれがまず予定調和説的に合理的に働いたのが幕末です。尊皇攘夷（じょうい）っていったって、攘夷なんかできっこない。しかし、最初の人は何の組織論も計画もなくて、攘夷のために死ねばいい。

山本　個人の規範だけなんです。だから『靖献遺言（せいけんいげん）』というのは大変な本なんです。

小室　まさに絶対者における予定調和説。崎門学をさらに深めると、幕末における尊皇攘夷論はもちろん論理的にはインディファレント（無関係）。尊皇攘夷という言葉は中国から来まして、これは斉（せい）の桓（かん）公が使った言葉です。春秋時代になって夷狄（いてき）が暴れて、王様の権力が小さくなった。それではいけないというんで、管仲（かんちゅう）が桓公を助けて、初めての覇者として王を尊び夷狄を追っぱらった。それが尊皇攘夷ですけれども、日本のは中国のそれと内容は全然違います。

　どういうふうに違うかというと、幕末における尊皇というのはまったく空気になってしまいましたからね。幕府には幕府の尊皇があり、佐幕派には佐幕派の尊皇がある。尊皇だけでは、だから何の機能もしないんですよ。ですから佐幕派といえども、天皇よりも幕府が大切だと、そんなことは一言もいわない。徳川家茂なんかでも、天皇の宸翰（天子の直筆の文書）を賜ると、斎戒沐浴して、押しいただいて最敬礼した。

それから井伊直弼なんていうのは国学者で、尊皇のバリバリですよ。それも、世に迎合してではなく、心の底からそうなのです。幕府の巨頭ですらこのありさまですから、世に尊皇反対なんて一人もいない。こんな思想的状況においては、尊皇！　尊皇！　なんていくら唱えても革命運動のスローガンになりようがない。誰も反対しない代わりに誰も困らない。そこで、幕府を困らせジレンマにおとしいれるようなスローガンが必要になってくる。それが攘夷です。ですから攘夷が実行可能であるか、それを実行したらどうなるか、こんなことはどうでもいい。攘夷運動が激化すると幕府がジレンマに陥って進退ここに窮する、このことだけが重要です。攘夷はすなわち幕府を窮地に追いこんで革命を成就するための方法なのです。維新の志士たちは一言もそんなことはいわず、これを意識していたかどうかもわかりませんが、ここに日本的予定調和説が作動するわけです。各人が『靖献遺言』に説かれているような絶対規範の命ずるままに生命を捨てさえすれば、あとは予定調和の鉄則が働いて、社会全体はあたかも神の見えざる御手に導かれるがごとくうまく動いて革命の理想——天皇親政——は実現すると、この論理ですね。まことにみごとな予定調和説です。この日本的予定調和説が、組織論なき絅斎学において、組織論の機能をする。構造神学的にいうと、これが絅斎学の礼楽なんですね。

だから、組織論はなくてもいい。

山本　ですから、浅見絅斎を受け継ぐ人たちの間にも、それはないということですね。なぜ絅斎から組織論が抜けたかというのは大変面白い。

『靖献遺言』

八人の忠臣義士

小室　『靖献遺言』を実際に読んでみましても、組織論が出てくる余地はないですね。

　つまり『靖献遺言』の構成をいいますと、中国の歴史から八人の人間を選んできて、これこそ忠臣義士の典型であるといっているわけですね。ところがそのバリエーションというのは非常に多いんですね。ですからそのときどきに応じて、最高の道徳といってもいろいろなバリエーションがある。原理は一つだけれども、表れ方は無限。

　一番最初の場合は屈平でしょう。屈原。有名なのが昭和維新の歌の「汨羅の淵に波騒ぎ」です。これの原典は『靖献遺言』です。つまり屈平というのは王族の一人でありながら、理想的な政治ができない。そこで汨羅の淵に身を投げて死ぬ、これも理想的形態である。

　その次、諸葛亮。これは拮据尽力ですね。劉玄徳に一生を奉じて最後までがんばる。

山本　『出師の表』。

小室　これを読んで泣かざるは忠臣にあらず。日本人の最も好きなキャラクターです。

山本　あア、もう、一番好きなキャラクター。中国人よりも日本人のほうが好きなんですよ。あくまでも劉玄徳の子どもを盛り立てて、四川省の奥の蜀から巨大な中国の中原を占めている魏をかたくなに攻めるんですからね。しかも最後に五丈原で死んじゃうから、また日本人を感涙させる。

小室　組織論なんか何もありません。だからとにかく、もう失敗するとわかっているけれど、何回も何回も攻めていく。ところが諸葛亮ほどの賢明な人がそれをわからないはずがないんですが、そんなことやりません。

山本　そこがいいんです。

小室　三番目には陶潜が出る。陶淵明。これは晋の処士陶淵明というんです。ある王朝の処士というのはどういうことかというと、王朝に仕えざる士ということであって、晋の処士というのは形容矛盾。

　陶淵明というのは日本人誰もが知っているように、俗塵を離れて仙人みたいな暮らしをしている。「帰りなんいざ。田園まさに蕪せんとす。……富貴は吾が願にあらず、帝郷は期すべからず」とね。しかしそれであっても自分は晋王朝の家来であるという、その意識だけは失わなかった。

　しかし、こういうのは中国ではナンセンスでして、たとえば孔子には儒教的な道徳観からいったら排撃されるんですよね。儒教においては、よい政治をすることが最高の道徳ですから隠者は認めません。ところが浅見絅斎はここでも価値をでんぐり返す。

山本　だからこれが、日本における、明治における、草莽の臣の発想なんですよ。こういう生き方も一つの生き方であると。

小室　その次は顔真卿。諸葛亮、文天祥とならんで、日本人が一番大好きなところです。

これはどういうことかといいますと、ときは唐の玄宗の時代。初めのうち、あまりにも政治が成功に成功を重ねたのでいい気になり、それこそ戦争放棄で軍備撤廃するんです。そして安禄山にみんな兵力をやっちゃう。

で、一応天下治まってはいたけれど、そこに突然、安禄山が攻めてきた。国民のほうも、玄宗皇帝は若いときはよかったけれども、楊貴妃に狂いやがって、ざまア見ろ、と思っているから、誰も抵抗しない。そのときに顔真卿と張巡が立って、猛烈な抵抗をやるんです。平原の大守顔真卿というのは天子にも名を覚えられないような人ですが、それが徹底抗戦を覚悟する。

ところがこの徹底抗戦といったらすさまじいですよ。最後にどういうことをやったかというと、張巡は「愛妾を煮て以って卒に食らわす」と。自分の嫁さんを煮て、それを兵隊に食らわした。日本人だったら、いくらなんでもあそこまではというんですが、中国人は感激しちゃって、おれたちのことをそれまで思ってくれるんだったら命もいらねエと。すさまじい大戦争になる。

大モテの文天祥

山本　その次に文天祥。これもすごく人気がありましたね。昭和になっても人気があったんです。教科書にも載っていました。

小室　正気の歌でしょう。「天地、正気あり。雑然として流形に賦す。下は則ち河嶽となり、上は則ち日星となる。人においては浩然といい。沛乎として蒼冥にふさがる。……時窮すれば節則ちあらわれ、いちいち丹青（歴史の文献）にたる……」。要するに、「正気によって宇宙の万物が形成され、それがまた、人間の規範の形成力になる」というのですが、その例として文天祥は、中国史上に現われた忠臣義士の業績を次々に展開してみせるわけです。文天祥自身の行為も決してこれらの義士たちに劣るものではない。圧倒的な元軍に抗して最後までがんばる。最後にとらえられて土牢に投ぜられるが少しも屈しない。

そこで、維新の志士が感激したのしないのって。まるでバイブルです。橋本景岳など、牢に投ぜられても、土室なお吟ず正気の歌というわけですね。

これをまねて、藤田東湖も正気の歌（文天祥正気の歌に和す）をつくりました。

「天地正大の気、ことごとく神州にあつまる。ひいでては富士の嶽となり巍々として千秋にそびゆ、……こっては百錬の鉄となり、鋭利、兜をも断つべし」なんていうもんだから、日本人、信じちゃって（笑）。これもベストセラーです。

山本　一生懸命鉄兜をバーンと斬って、日本刀をひん曲げちゃった（笑）。中国戦線で軍刀の修理をした刀師ですが、その人は刀のことをよく知ってますから、どうしてこういう変なことをやるんだと不思議がる。百人斬り競争が事実になってしまうのはこの点からも解けます。だがそれをやった人には「三尺の秋水」、精魂こめて切ったが、兜が断てなかった、こりゃおかしい、おれの修養が足りんとなる。

小室　で、その元祖を書いたのが文天祥。これは朱子学のセイントでしてね、国が滅びるまで宋の王朝を守って、元の大軍が攻めてくるでしょう、もう絶望的になるんです。

山本　張世傑の甥が、おまえも降伏しろと。おれは降伏したらこんなに優遇してもらっているんだというわけですよ。それを頑としてはねつけるんですね。

小室　元の皇帝世祖クブライ・カーンも人物を見る目をそなえていた。文天祥にいうんです。わしに降伏したら、元の丞相（総理大臣）にしてやる、と。この申し出は、東条が戦犯として捕らえられたとき、降伏すればアメリカの大統領にしてやるというみたいなもので、現在の日本人には、到底、まじめな話と受け取れないでしょうが、クブライは本気だったのです。これが、世界帝国たる元のやり方だからです。実際ジンギス・カンは、遼の王族で、敵国金の家来であった耶律楚材を重く用いて、元帝国の基礎を築いた。クブライの元は、史上最大の帝国といっても、文化はまだまだ低い。そこで、中国最大の文化人であり政治家である文天祥を総理大臣にしても不思議はない。

しかし、文天祥は、この申し出を断固として拒否して殺される。維新の若き獅子たちが感激するのも当然ですよ。

最高の義士・謝枋得

小室　次が謝枋得。彼は、諸葛亮や文天祥ほど日本人には有名ではなく、あまり人気はありませんが、謝枋得の巻の六こそが、実は、『靖献遺言』のクライマックスです。分量からしても、全体の三分の一強、四割に近い。その理由は、彼こそ、宋学のエッセンスを体系的に主張し、身をもって、これをみごとに体現しているからです。

宋学のテーマは正統論ですが、正統論が実際に対決を迫られたのが、靖康の変（金に都を攻めとられて、上皇、徽宗、皇帝欽宗が北に連れ去られた事件）をめぐる論争です。そして、金は宋に対して、臣礼をとり（家来になること）、みつぎ物を沢山たてまつれば、上皇の梓宮と大后と皇帝をかえしてやる、というのです。ときの宋の皇帝高宗は、徽宗の子、欽宗の弟ですから、母や兄や父の梓宮が遠い北国にとどめておかれるのにしのびない。これは、情としてしのびないだけではなく、中国人の倫理感としても耐えられないところです。しかし、中国の皇帝としては、夷狄たる金に臣礼をとるなどということはとんでもない。プライドが許さないだけではなく、歴史的責任という見地から見ても、あり得べからざることです。

この大きなジレンマの前に、皇帝も迷い、臣下も迷った。いかにすべきか。百説続出して、議論は沸騰するが、結局のところは、金に降伏すべきか、断固として金の要求をはねのけるか、そのいずれかに帰着するのですが、このことをめぐって、宋学の正統論は展開される。たとえば、胡銓坑はいいます。ひとたび金に降伏して臣下の礼をとれば、中国の伝統と文化とは破壊され、正統性根拠は失われる。故に、どんなことがあっても金に屈すべきではない、として堂々の議論を述べます。これに賛成の人々の論文はいずれもみごとなものですが、反対論も強かった。そして、ときの総理大臣秦檜（しんかい）はペテンのような方法を用いて、百戦百勝の名将軍岳飛（がくひ）を殺し、反対を押しきって、金に屈服してしまうわけです。

事件のスケッチは大体以上のようなものですが、このときの議論が大変に大事なのです。それを宋学の正統論の立場から整理し学問に体系化した。ここに、謝枋得の大きな業績があります。これを、浅見絅斎は高く評価した。

また、謝枋得の行為も、中国の義士として最高のものです。

謝枋得は、元の軍隊と激しく闘いましたが、宋は遂に亡びてしまった。彼は閩中（びんちゅう）にひそんでおりました。元の至元年間の末、元は彼の人材であることを見込んで登用しようとする。しかし、彼は、自分が恥をしのんで生きているのは、九十三歳の母がいるからである。なんで元に仕えようか、と。表現はおだやかですが、要するに、こういう。しかし、元の役人はどうしても聞きません。とうとう、連れ去られることになるのですが、彼は五日断食して死んでしまいます。

このときの彼の歌、「雪中の松柏いよいよ青々、綱常を扶植するはこの行にあり。……」は、崎門の学の校歌みたいになっています。

劉因と方孝孺

小室　次が、劉因（りゅういん）、処士劉因です。処士とは、いかなる王朝または主君にも仕えたことのない人のことをいいます。文天祥や謝枋得とは違って、彼は別に仕えたことがあるわけではない。だから、単に形式的にいえば、元に仕えても非難されることはない。しかし彼は、断固として夷狄に仕えることを拒みます。世祖クブライがどんなに頼んでも、決して元に仕官しようとはしない。絶対に、元の中国王朝としての正統性を認めないのです。これは、現に権力を保持している者が必ずしも正統ではない、何年支配していようとも、そこからは正統性は生じ得ないという論理がないと出てきようがない行為です。

山本　絅斎は強くこの劉因に感情移入していると思われます。彼にも処士意識があって、いかなることがあっても諸侯に仕えない。将軍に仕えろといわれたら、大政奉還が条件だ、みたいな発想があります。これも、義士たる者の一つの生き方であると絅斎は評価します。

　最後が方孝孺（ほうこうじゅ）。彼は、学者としての生き方の模範としてあげられているわけです。学者というものは、平常は偉そうな口をきいていても、いざとなると、たいがい、ぶるってしまう。これは日本でも中国でも同じです。儒学の大先生など、ふだんは仁義忠孝の卸問屋みたいな顔をしていながら、非常の際になると、大概、ひよってしまう。命をすてて節に殉ずることなど、いうは易く（やす）、実際に行う者などほとんどいない。『靖献遺言』においては、忠臣義士の反例（カウンター・エグザンプル）として、こんな学者がワンサと登場する。ことに、巻の六、謝枋得の巻は、こんな者どものオンパレードです。忠臣義士にくらべて、数の上からいえば、彼らのほうがずっと多い。「天下久しくなし襲勝が潔」（謝枋得）といったわけです。

では、理想的な学者はいないのか。それが方孝孺なのです。

ときは明の初め。太祖洪武帝が崩ずるや、皇太子の子、建文帝（恵帝）が即位した。恵帝は年も若く、おとなしい性格。乱世の英雄のタイプではない。これを見た太祖の第四子燕王棣は恵帝を攻め殺して帝位を奪います。これが成祖永楽帝なのですが、方孝孺は決して彼の正統性を認めない。方孝孺といえば、当時、天下第一の大儒学者としてあまねく人の知るところ。成祖は彼を召し出して、即位の詔書を起草させようとします。しかし、方孝孺はどうしても書こうとしません。むりやりに書かせようとして筆と紙とをわたすと、『燕賊（成祖棣のこと）簒位（天子の位を奪う）』と大書して、さあ殺すなら殺せ、死んでも即位の詔書なんか書くもんか、とひらき直るありさま。

もちろん、成祖はかんかんに怒ります。彼の九族八百七十一人を彼の目前で惨殺し、方孝孺自身は、口を耳までえぐって、はりつけにします。しかし、彼は七日の間成祖をののしってやまなかった。謝枋得や劉因が、いわば、おとなしい義士であるのに対し、彼は烈士の典型。危機にのぞんでは、学者はまさにかくのごとくであらねばならぬと絅斎は考えます。

社会思想的形成力

山本　そして、その中で日本人に一番人気があるのは顔真卿と文天祥と諸葛亮でしょう。徳川時代の人間でこの三人の名前を知らない人間はないですよ。

小室　具体的な例を挙げると、左翼思想家におけるスターリン批判以前のスターリンみたいです。

山本　毛沢東批判の前の毛沢東……。

小室　そう思ったら間違いない。ですからここで重要な結論は『靖献遺言』に出てくる人物を日本人は神格化した、これが一つ。そうでありながら生き様というのは千差万別で、非常に大きな選択の余地があった。だから、今何もできないときはリタイアしてもいい。その心において王様を思っていれば。で、絅斎が朱子学の規範だと信じたものを幕末の志士たちは百パーセント行った。そういう意味で彼らはセイントですよ。日本教の立派なセイントたちであった。

山本　セイントです。いわゆる正統性の絶対化ですね。湯武放伐論の徹底的否定ですよ、これは。それまでは人間の生き方の一つだったものが、絶対的規範になった。大変なことです。だから、湯武放伐論を賛成するという人間があったら、即座に討ち果たしてこいと。

小室　ほんとに赤軍派以上ですよ。これがイデオロギーでなくて何がイデオロギーか、ということです。

つまり、革命が成就して新しい社会が形成されるためには、ウェーバーやトレルチがいい、大塚久雄教授がいみじくも解釈したように、社会思想的形成力（ゾツィオロギッシュ・ビルドゥングスクラフト）というものがなければならない。これは、新しい社会をつくるための組織的努力を内面から駆り立ててゆく思想のことです。これがないと、いくら客観的諸条件がそろっても新しい社会はできません。トレルチがいうところの、ルネッサンスと宗教改革との関係ですね。何が中世的束縛から人間を解放して近代社会をつくったか。確かに、絢爛豪華なルネッサンスは、そのための舞台を準備はした。しかし、ルネッサンスから近代社会は生まれなかったであろう。何となれば、ルネッサンスの担い手たちは、中世的諸侯・富豪の庇護を受け、新しい社会を形成してゆくような内面的動機を有しなかったから。

ここに、社会思想的形成力となったものこそ、宗教改革におけるプロテスタンティズムの倫理だというのです。

日本において、それでは、このような、社会思想的形成力となったものは何かというと、やっぱり、この浅見絅斎なんですね。絅斎学に裏打ちされた、予定調和説。これこそが世界史にも例を見ない、空前絶後の大革命をもたらした。

明治維新はスーパー革命

山本　明治維新というのは、革命としては、まさに他に例を見ないほど徹底したものだったんですね。

小室　そうですよ。当時、そのありさまを見た、英国公使パークスは飛び上がらんばかりに驚いた。一片の天皇の命令だけで、近代国家が一夜にしてでき上がる。天皇はまさに神である、ヨーロッパでこんな革命を遂行しようと思ったら、何十回も戦争をして流血の惨事を繰り返しても困難だろう、とね。

明治維新と前後して、一八六六年のイタリア統一と一八七一年のドイツ帝国の成立があるのですが、十九世紀ナショナリズムの精華といわれ、ヨーロッパのど真ん中に起こったこれらの統一にしても、革命としては、明治維新とは比べものにならないくらい不徹底なものです。

たとえば、ドイツ帝国(ライヒ)はその中に二十五の領国(シュタート)をかかえ、王国あり、大公国あり、公国あり、侯国あり、自由市あり、といった具合で、それぞれが陸軍を持ち、ドイツ帝国陸軍というものはありません。特に、バイエルン王国のような大きな領国ともなると、ドイツ帝国成立後も、依然として外国に使節を送っていたほどですからね。

統一ドイツというのが、具体的な意味を持ち得たのはヒトラーのときになって初めてです。

山本　それまではバイエルンの第何連隊。プロシアの第何連隊、バーデンバーデンの第何連隊ですよね。ドイツ帝国陸軍は存在しないんです。

小室　だから前近代的な束縛はそれほど強いんです。一番近代的だと思われている英国などはもっとすごい。たとえば英国の内閣でヨーク公領相というのが、今もいるでしょう。

山本　大体プリンス・オブ・ウェールズも変です。

小室　いまだに英国皇太子というのはウェールズの君主ですね。つまりエドワード一世のときにウェールズを征服したんですよ。ところがウェールズ人民というのはなかなかイングランドのキングの統治に服さなかった。そこでエドワード一世が、「余は、ウェールズを征服したけれども、余は汝らに一言も英語がしゃべれず、ウェールズで生まれた者を汝らの君主として与えようと思う。しかも彼の素姓は極めて正しい。おまえらこの提案には賛成するか反対するか」と。ウェールズの議会は満場一致で可決した。ちょうどそのときにエドワード一世の妃がウェールズの土地で男の子を生んだんです。だからエドワード一世はその子供を差し上げて、英語が一言もしゃべれない、ウェールズで生まれた、由緒正しい家系だろうと。これをプリンス・オブ・ウェールズに任命してどこに契約違反があるか。契約に合う条件の者を差し出し、議会が決議したら、それで契約は成り立つ。

山本　日本でそんなことをしたら、人をばかにするのもいい加減にしろと。詐欺にかけたようなものではないか、とんでもない、となります。

小室　それからはウェールズの人民はプリンス・オブ・ウェールズに忠誠を誓って、ウェールズは実質的に英国の領土になったけれど、形式的には皇太子がプリンス・オブ・ウェールズ。つまり前近代的な残滓(ざんし)を払拭(ふっしょく)するのはそれほど困難。だから日本のそれは社会組織を根底から覆したんですから、まさにスーパー革命ですよ。

山本　こうなると明治維新は革命として不徹底だったなんていうのは、どういう意味かわからなくなる。たとえば四民平等なんていうのはないでしょう、イギリスでは。

小室　ないですね。そもそもヨーロッパ社会では、階級というのが当然の前提なんです。階級が当然の前提であればこそ、平等ということが意味を有する。日本の場合は明治維新でもって帝国臣民としてまったく平等になっちゃったんですから、それ以上の平等というのは意味がない。

その逆の一例を挙げると、いまだにフランスやイタリアには貴族がいるわけですが、彼らの言い分は革命が起きたって、革命は政治制度の変革だろう。わしゃ、知らん。依然として公爵は公爵、伯爵は伯爵です。

山本　日本みたいに政府の命令で貴族制度をつくり、政府の命令で貴族制度がなくなるなどというのはまさに、絶対君主がその国内において、神の宇宙におけるごとくふるまえる典型例ですよ。

今も生きている絅斎の思想

日本社会の二重性

小室　ところが、じゃあそうなると天皇が完全に自由な、宇宙を支配するような絶対者に確立されたのかと思いがちだが、そうでもない。理念の上でそのように措定（そてい）されたというだけですね。ここらあたりが日本教の面白いところ。そして実際に機能するかどうかは別問題。ですから廃藩置県の場合に、西郷隆盛はじめすべての人が危惧（きぐ）することは、事前に漏れるとどうなるかということだった。事前に漏れたらものすごい反対が出て、日本は救うべからざる混乱に陥るであろう。しかし準備を十分に整えて、天皇の詔勅（しょうちょく）という形で出たら、それでもう勝負あったり。誰も反対できない。反対したら朝敵ですからね。

山本　今でもそうなんです。事前に漏れていろいろ論争が出てきたらもうだめで、準備の準備をして徹底的に秘密にしておいて、ワーッとやっちゃうとそれでおしまい。だから日本というのはある意味で空体語の威力が発動されると、徹底的な革命を行い得るんですわ。

小室　一方においては絶対的に革命を行い得ないにもかかわらず、その意味では絶対に行い得る、日本社会のこの二重性ですね。だから幕末における天皇信仰は空気ですよね。ところが文明開化によって徹底的に水をさされる。たとえば、前にも触れた岩倉具視（いわくらともみ）の一団でさえ共和国主義者が多かった。東京帝国大学の最初の総長の加藤弘之は最初、共和論者、ところが東京帝国大学の総長がそういうわけにはいかないから、ちゃんと広告を出した。「私は若いときに共和論者だったが、これは若気の至りである。いまはそれを撤回した。諸子、誤るなかれ」と、じゃんじゃん広告した。開化思想によって徹底的に水をさされた。ところが空気に水をさされて、しかも平衡状態に達したことによって日本的ファンダメンタリズムは成立する。そこが面白い。そのプロセスにおいて浅見絅斎はまったく忘れ去られてしまう。

山本　そうなんですよ。これは維新当時にまったく忘れ去られるんです。すなわち、あれは空体語ですから、水をさした瞬間に一応、消えるんです。しかし、水をさすというのはある理論をつくり出すことじゃないんです。現実がこうじゃないかという、ただそれだけなんです。これは何か新しいものを発展さすことにはならない。そうしますと、次の新しい段階に進むために、また空体語をつくって空気をつくらなきゃいけないんです。

つまり事実はこうじゃないか、でしょう。一応それで水をさすから、空体語のほうは消えるでしょう。消えても今度は、機能さすために別な空体語が必要でしょう。そのときに浅見絅斎が違った形で機能し始めるんです。ところがどういうふうに機能したか、それは誰もわからないんです。これは思想というものをどう扱うかという問題になってくるんです。

小室　ですから、戦前の日本帝国の国定教科書は浅見絅斎のイデオロギーそのものですよ、一面からいえば。たとえば楠木正成（くすのきまさしげ）の絶対崇拝は絅斎の系列。

山本　なぜ正成が絶対なのか。まず朱舜水がこういって、次に浅見絅斎のここからこう出て、こうなって、彼の正成論においてこれが決定的になったから、こういう思想ができたんだと事実をいう。それをいえば、その思想は一応そこで終わるわけでしょう、歴史的に意義は果たしたと。果たした以上ここで日本を新しい思想に基づいて変えますと。彼の銅像を建てるんなら、過去においてこれだけの意義があった人間として、そのシンボルとして銅像があったっていいですよ。ナポレオンの銅像があったっていいのと同じですね。それはもう社会に機能しないということの象徴としてあるわけでしょう。

小室　いつの間にか忘れられるけど。どの神の口から出たレイマ（題目）かわからないから、いつまで経ってもそれが断片的に生き残る。

表現を変えて生きる

山本　二・二六事件というのはその点でまことに面白い。すなわち、あれはどういう社会をつくるためにやったのかという意識がないんです。これができてしまった後どうするか。それがないんですよ。

それを考えると不純になるというんです。

小室 その点諸葛亮なんかと違います。諸葛亮というのは漢朝の復興という明確な目標がある、そのために努力した。しかし、できなかった。二・二六の場合は何の目的もない。目的もなければ規範もない、単に純粋性があるだけ。しかもその伝統というのは脈々として新左翼に生きている。

山本 このような日本教的ファンダメンタリズムをつくったのが絅斎なんです。

小室 だから、組織神学的にはこれほどファンダメンタリズムと遠いものはないながら、構造神学的にはまさに日本教的ファンダメンタリズム。これが、今日でも脈々と生きている。

山本 それでいて、なぜ、日本人が絅斎を忘れてしまったか。これは、大変に面白い問題です。というのは、浅見絅斎の話をしても、「それだ」といったのは小室先生だけで他の人は名前も知らないんです。

小室 あ、そうですか。これこそあまりにも当たり前すぎる。

山本 浅見絅斎なんて誰も知らないんですよ、今では。今の日本はやっぱり浅見絅斎によって規定されているんじゃないかと私は思うんですが、一体みなはそれは何ですか、というわけなんです。だから現代の日本は、いかに思想史的にものを見ることができないかということですね。自分たちの規範が何に始まっているかという意識が全然ない。だから空気なんです。

小室 自分たちのレイマ（題目）がいかなる神の口から出ているかにまず無関心（インディファレント）。日本人にとっては、どの神でもいいんです。われらが生きている日本教というもののレイマは浅見絅斎の口から出ている。

みんな、これに従って行動しながら、いかなる神の口から出たレイマだということには無関心。

山本　面白いんですね、これ。自分がなぜこんな規範に従っているかということをなぜ考えようとしないのか。これが私にとっては戦後の一番大きな問題ですね。

小室　新左翼なんか、まさにそうですよね。新左翼が誰かを「堕落した」という、その堕落の基準というのは、特定の規範に違反しただとか、主義に対して棄教もしくは背教したという意味じゃない。彼らの内面的な目的を意識せずに行動しなくなったということをもって堕落という。

　その点、諸葛亮だとか文天祥とは意味が違います。文天祥は宋朝を復興する、諸葛亮の場合だったら漢朝を復興する、そのために全身全霊を打ち込んだけれども、でもできなかったと。

山本　ところが日本の新左翼では、目的を意識しないということを自己目的化しているから純粋なんです。

小室　この種の純粋さこそ、まさに絅斎学の疎外されたかたちですね。資本主義の末期的状況に対するウェーバーの意見と対比してみると面白い。マックス・ウェーバーは、資本主義誕生のために不可欠な条件を準備したプロテスタンティズムの倫理（エティーク）が、資本主義社会の進展とともに変質してしまって、ついにその末期には、資本主義の精神は疎外されてしまうという意味のことを述べている。これと同じように驚くべきことですね。しかも、日本の場合には、絅斎という神は完全に忘れ去られ、人々の心からは完全に消滅して存在していないにもかかわらず、その口から出たレイマのみが、疎外されたかたちで残っている。企業爆破、テルアビブの銃撃。

山本　日本人はそれを理解しないんですね。と同時に、これを事実をいうことでもって終わらせようと思うと、おまえは右翼じゃないかといわれるわけです。なんで今ごろ浅見絅斎なんて変なものをとり出すんだ。戦後においては、山崎闇斎とか浅見絅斎とか口に出しただけで、その人間は右翼なんです。

小室　それこそ汚らわしいものによる汚染原理で。

山本　しかも、表現を変えながら絶えず生きていくんです。浅見絅斎を忘れても、否、忘れられているがゆえにその思想は別な表現で生きてきちゃう。表現の違いだけになるんです。

小室　それがキー・ポイントですね。マルクス主義の仮面をかぶりながら、絅斎の思想が強烈な形で生き返る。

山本　まったく無目的に心情さえ純粋であればいいという論理は、マルキシズムのどこを叩いても出てこない。しかしイデオロギーを広く定義すれば、これこそ、典型的なイデオロギーです。それによって日本人の行動様式が根本的に変わったんですから。

国学も水戸学も革命思想にはなり得なかった

日本儒教の独立宣言

山本　そこで、問題は、浅見絅斎の崎門学がそれほど強烈なイデオロギーで日本人の行動様式を根底からくつがえしたとすれば、一体そのころの国学とそれはどういう連関になるかということですが、それで大変に面白いのは、あのころみんな最終的には神道になっちゃうんです。山崎闇斎は晩年に神道、保科正之（ほしなまさゆき）もそうなんです。光圀（みつくに）もそう。熊沢蕃山（くまざわばんざん）もそうなんです。一体神道とは何かってことなんです。あの場合の儒家の神道というのは、いろいろ読んでみると、つまり中国説をとっておりますが、自分は日本人ですという一つの証明なんです。

小室　つまり孔子が日本に攻めてきたらどうするかという……。山崎闇斎の弟子どもに対する問いですね。

山本　あれが本当に面白い。弟子たちはどうしていいかわからんというんです。

小室　その問いかけはもっと先鋭的でして、孔子が大将になって、孟子が副大将になって攻めてきたらどうするか――そのときに孔孟といえば聖人中の聖人、それに一言半句も逆らうことは許されないというのが、そのときの日本の風潮ですからね。

山本　「弟子たち一人も答うる能わず」なんですね。

小室　それがすさまじい。けれども、むしろ当然でしてね。火炎ビン闘争のころの日本の共産党に、学生でもいいですよ、「レーニンが大将になってスターリンが副将になって日本に攻めてきたらどうするのか」――。

山本　答えられないんです。

小室　これに対して山崎闇斎は明確な答えを出す。直ちに武装して中国軍と闘って孔孟を捕虜にせよ、これが実に孔孟の道であると。まさに、日本儒教の中国からの独立宣言ですね。つまり、この問題が何を意味しているかといえば、国学における正統性理論と大きくかかわってくるわけですね。その点を論ずるために、日本における仏教の入り方を眺めてみたいと思います。

歴史的にいいますと、前にも話した通り、日本の仏教は入り方が非常に奇妙なんです。仏教としてはあり得べからざる方法で入ったわけです。つまり原則として宗教は布教によって広まるものでしょう？

日本の宗教混交

山本　そうそう。ヨーロッパにおける伝道は、布教によって入ったところと、もう一つ文化の導入としてまず国王が改宗したところと、二種類あるわけです。ところが国王が文化として宗教を導入したところは――たとえばノルウェーのセントオラーフ王というのがいるんですが、古い神殿を全部ぶちこわすんです。いわゆる北欧神話に基づく神殿ですね、多神教。これはキエフのセント・ウラジミール大公もそうです。つまり、キリスト教を導入すると古い神々を全部ぶちこわすんです。同時に全員に洗礼を施すためにキエフの市民を並べまして、ドニエプル川に突っ込むわけですよ。で、今でも「洗礼通り」という名前があるわけです。つまり宗教は伝道によって下から入る場合と為政者が文化として導入する場合と二つあるにしろ、それ以前を全部否定するってことが原則なわけです。だからセントオラーフ王が従来の神話も保持します、同時にキリスト教も導入します、とはいえないわけ。ところが、日本の場合においては、仏教は政策として導入します、じゃ、神道はどうするのかと。併存して残るわけですね。

つまり、ここで日本におけるシンクレティズム（宗教混交）の問題が出てくるんです。で、ヨーロッパでは宗教混交は絶対許されないことなんです。今だってそうでしょう。資本主義と共産主義とが混交したなんていうことはいえない。ところがこのシンクレティズムが日本の正統思想なんです。これは実に奇妙なものであって、世界史にちょっと類例がないと思います。韓国なんか違うんですね。仏教が否定されるときは山の中に全部、追っ払われる、儒教体制になったから。だから韓国のお寺ってのは、みんなものすごい山の中に追いつめられて、その中で何とかして生きてきたわけです。日本はそうじゃないんです。伊勢の大神宮はやっぱり立派なんです。同時に比叡山も立派なんです。だから本地垂迹（ほんじすいじゃく）説でほんとにおかしいのはね、「仏は比叡山に垂迹したまいて、それが天皇家の先祖である」と平気でいっているわけですね。『太平記』では伊勢に垂迹したまいたる仏が天照大神（あまてらすおおみかみ）なんです。両方ともけんかしないで平和共存しているわけです。これはちょっと類例がない。

小室　ですから神との契約が宗教の内容であるなんてことはあり得ない。日本の場合に日本人は神の子孫でしょう。そこへ仏教というすごいカッコいい宗教がきたわけでしょう。おかあちゃん、あれ欲しい！（笑）。要するにそういうわけでしょう。ところが、ユダヤの場合でも外国の神が一応入ってくるんです。しかし、外国の神が入ればものすごい緊張関係があるんですね。

山本　はい、あります。エリヤの闘争は大変なもんでしてね。ヤハウエかバールか、どっちかということになるでしょう。

小室　この際、ヤハウエを捨ててバールをまつったら最大のスキャンダル。もうヤハウエはかんかんになって怒ってユダヤ人を見捨てますよ。そして、わが僕（しもべ）ネブカドネザルに命じてイスラエルを滅ぼさせる。これを警告するのがユダヤの預言者ですね。

　ところが天照大神はそうではない、平安イデオロギーにおいては、法華経は最高のお経なのですが、三十番神というのがあって、三十柱の神が法華経の番人になっている。驚くべきことには、その中に皇祖天照大神も入っているんです。外国のお経の番人になっても、天照大神は平気なんですね。ここには、天照大神か法華経かという二者択一の問題は起きません。日本の最高神は罰する神ではなく、甘い甘い神様です。

山本　いや、これは私の面白い思い出なんだけど、太平洋戦争が始まったときに、私は教文館にアルバイトに行ったんです。あそこはキリスト教と縁が非常に深い出版社なんで……開戦と同時に宣教師が収容されたでしょ。そこで粟野さんという庶務課長が見舞いに行ったんですよ。帰ってきてヒソヒソ話をして……「どうでした？」、ところが慰めに行ったのが逆に慰められたんです。なぜかというと、「私はかつて真珠湾へ行った。あれは水兵がいっぱいいて風紀が非常に乱れている町であった。こういうようなことをしていたら、必ず神が何かを起こして、いわゆるヤハウエのむちをくだされる。だから、今に真珠湾は必ず何者かによって徹底的に叩かれるであろう、と、私はそこで説教してきたんだ。神はまだアメリカを見捨てていない。神は日本を起こして真珠湾を撃ち給うた。だからわれわれは神に感謝しているんだ」――返事のしようがないんですよね、こっちは。

小室　それがユダヤ教の流れをくむキリスト教の発想なんですね。日本教にはこの発想は全然ありません。矢内原忠雄は日本滅ぶべしといって非国民とののしられ殺されそうになりましたが、日本人には、彼の発言を、神は日本を愛したもう、ゆえに神は乱倫の日本を撃たしめたもう、と読みかえることができないんです。

これを端的に表わしているのが神風神話。これは、天照大神のほうからいっても、日蓮のほうからいっても、不思議千万なんです。神学的にいって、どうしても吹くはずのない神風が吹いてしまった。天照大神のほうからいえば、今の日本国民は、皇祖天照大神を外国のお経の番人におとしいれてしまうとは不敬千万。

山本　これはもう、徹底的に日本人を糾弾しなくちゃいけないと。

小室　そうですよ。わらわは――女ですからね――天孫を降臨せしめて、ゆたかなみずほの国を与えた、金のとんびをつかわして戦勝を与えた、奈良の都にはさく花のにおうがごとき繁栄を与えた、平安朝四百年の平和をも与えた、とかいっちゃって、そしてぐーっとすごみをきかせて、しかるに汝らは、わらわを外国のお経の番神とした、よって、わが僕クブライをつかわして汝らを討たしむべし、っていうんだったら神義論ですよ。

山本　うーむ、神義論になります。

小室　まず、なぜにクブライが攻めてきたか、その説明がないんですね。元寇はまるで天災だ。亀山上皇はじめ日本人は敵国降伏を祈るんですけど、何も悔い改めず、天照大神に対する態度も少しも改めようとしない。これでは、幸福の神義論すら成り立ちませんね。

山本　うん、ないです。成り立ちませんよ、これ。

小室　日本人があやまちを神の前で悔い改めたので神がこれを許し奇跡によって日本を救ったというんだったら幸福の神義論。だがそれすらない。

山本　ないです。

小室　それ以前として神の問いかけがないですから。日本人が正しいことをしたのか間違ったことをしたのか一切なくって、いきなり神が一方的に怨敵を追っ払ったというんですからね。

山本　これはまあ、甘えている子供に対する親みたいなもんだ。

小室　そうですよ、おかあちゃん、あのクブライって犬こわい！　というと、おかあちゃんが棒を振って犬を追っ払ったのと同じ次元。まったく神義論がない。だから、あれはなんで神風であるのかということの証明がない。

山本　なにもないです。

小室　それでいて、神風は奇跡としての条件をちゃんと満たしているんです。気象学者のある博士がこんな論文を書いているんだそうです。あんな季節にあんなところに台風が吹くはずはないとして、彼は過去のデータを科学的に分析して論証しました。科学的に起こるはずのないことが起こる。これが奇跡であるための条件でしょう。しかも、どえらい台風が二度も吹いて元軍を全滅させている。神は、間違いなく奇跡によって敵国降伏という日本人の祈りを聞き届けているんですね。

しかも、何で聞き届けたのか、その神学的理由が少しもわからない。日本は神国だというけど、神は日本人の行為のいかんにかかわらず一方的に安全を保護してるんですね。これが日本神国論の論理。日蓮の論理からも神風は説明できません。というより、日蓮の論理では神風は吹いてはならないのです。日蓮の主張は、日本人は法華経を最高のお経としてあがめようというんでしょう。ところが当時の日本人はそうはしない。禅だとか念仏などの邪教にこりかたまっている。だから、日蓮はちゃんと予言したわけでしょう。法華経を重視しないから外国が攻めてくると。

山本　その点まではイスラエルの預言者に似ているんですよ。

小室　その他にもいろいろと似た点があります。それ以前にも日蓮はいくつか予言して、ビシリビシリ当てているんです。また、良観と雨乞い競争してみごとに勝ってます。良観がいくら雨乞いしても少しも雨が降らないのに日蓮が雨乞いするとたちまち雨が降る。ここらへんはエリアそっくり。彼の超能力も相当なもんだったんですね。でも、ここから先がまったく違います。イスラエルの預言者の場合には、答えは二つしかないはずです。ユダヤの民が彼の警告を聞き入れて悔い改めて神との契約を守るようになれば、神は奇跡を起こしてでも救ってくれる。ところが、もしそうしないと、神はユダヤの民を滅ぼしてしまう。それ以外はないでしょう。民が依然として悔い改めないのに神が奇跡によって救ってやるというのでは預言になりません。

日蓮は法華経のみを最高のお経として信奉せよと日本人に警告する。いくら警告しても無駄で、日本人は依然としてキテレツなお経をありがたがって少しも悔い改めようとはしない。執権時宗の補佐官無学祖元なんか中国人の禅僧ですね。日蓮の立場からすればとんでもないことで十分に仏罰にあたいします。法華経の行者日蓮自身、竜の口で殺されそうになったり、佐渡に流されたり、さんざん迫害をうける。だから、クブライは日本国を滅ぼして日本人を大都北京に虜囚にする、とこうならなくてはなりません。しかし、そうはならなくて、それにもかかわらず、ちゃーんと神風が吹くんですよ。

山本 うーん、これはおかしい。

小室 なぜ神風が吹いたのか、その証明は日蓮にはできないんですよ。

山本 証明ないがゆえにわれ信ず、だなあ、

小室 しかも、重要なことは神の恩寵とも全然違う。

山本 恩寵は契約を守んなくちゃ。

小室 契約を守ったことの裏書きが恩寵ですね。

山本 恩寵は恵みと呪いと必ず二つになっている。まず神の自己紹介がある、「私はおまえたちの神

であって」と。次に過去の歴史的な経過がある。「私はおまえたちをエジプトの奴隷の状態より引き出した」――これがある。三番目に、今度は契約条項があるでしょう。次に契約を結んだという証拠がある。その次に契約を守った場合の恵み、守らなかった場合の呪いがある。これが、シナイ契約の基本なんですよ。

小室　それがユダヤ教でいう恩寵。ところが日本の場合には、まず天照大神はいつの間にかいるので、自己紹介がない。

山本　ないです。過去の歴史的経過も、はっきりしない。と同時に契約条項もないんです。契約を結んだという証拠もない。

小室　つまり、どういう場合に日本国民を助け、どういう場合に滅ぼすということがまったくない。天つ日嗣（ひつぎ）の永遠の幸福は一方的に保証していく。それは、国民が何をやろうと、何をしなくても。

山本　ああ、これは見事なものです。

小室　その点に関しては、親子じゃなかったらこういうことはありません。

尊皇倒幕のスローガン

山本　それで、儒学を入れないとなんとも方法がないんです。儒学を入れる点では全員一致なんです。熊沢蕃山、浅見絅斎でも山崎闇斎でも水戸光圀でも保科正之でも、みんな徹底的に神道で徹底的に儒学なんです。すると神道のほうからも吉川惟足（これたり）などが出て神儒契合ができる。そのほかにも古神道、山王神道、山王一実神道、垂加神道、いろいろいいますけど、これがもっと古い時代、たとえば『神皇正統記』になると仏教が入り、儒教が入り、神道が入り、わけがわからないんです。ところが、その後の絅斎で非常に面白い点は、各国が全部天をいただいているといい出すんです。そこに一種の対等論が絅斎で出るんです。豊葦原の中つ国、ということはつまり豊葦原の中国ということなんだ。中国は中国であるが、ただし、日本も中国である。つまり、中国は中国の天をいただいて四夷を夷狄といっている。日本も日本の天をいただいて豊葦原の中つ国、すなわち中国として四夷を夷狄と見ていいはずだと。だから、これ、今度は向こうが夷狄なんです。

小室　それが近代主権概念の発端ですよ。相手国も自分のことを絶対と見ていいじゃないか、わしも絶対と見ると。絶対を概括しての対等なんです。相対的な多くのうちの一つというだけじゃないんです。

山本　ええ、あそこで初めて近代的な国際法的な意識が出てくるんです。この点で、浅見絅斎は非常に進歩的なんです。これは確かに日本人の国家意識をつくった。実は、国学とか水戸学はつまりこれが入っていって初めてできるものであって、それ自身だけではどうしようもないんです。神道といっても、これが入っていって初めて形をなすんであって、神道だけであったら何ともならないです。だから国学とか水戸学が革命の思想だというのはおかしいんです。なぜ栗山潜鋒が行って水戸学は形成されたのか。朱舜水からのムードはあるかも知れませんよ。だけど体系的にはなっていないんです。これができてくるのは、やはり浅見絅斎の結果なんです。

小室　その意味で栗山潜鋒の『保建大記』は注目に値します。この本において彼は、なぜ保元の乱以後天下が乱れて朝廷が次第に権力を失ってゆくようになったかを説明するのですが、その際彼が用いた方法論が今日の社会学理論でいえば一種のアノミーの理論なんです。すなわち、朝廷が自ら根本規範を蹂躙してしまった、これが天下大乱のもとであると。

山本　そうです。義朝に父為義を殺させたでしょ。信西が強く主張し義朝に為義を殺させた。

小室　これがいけなかったのだと栗山潜鋒はいうのです。彼は忠孝こそ天下の根本規範であるとするのですが、朝廷の命令によって親殺しがなされたため、天下の規範はすっかり権威を失ってしまった。これによって社会の秩序が解体するというのですから。その結果内乱状態となり、朝廷の権力は失われてゆく。これを説明するために、彼は決して利害状況の分析に重きを置きません。規範の乱れによって説明しようとします。この意味で規範絶対主義です。

山本　つまり水戸学は、そうした浅見絅斎の系統の理論が入って初めて革命思想として機能し出すんです。それまでの水戸学というのはなんだかわからない。完全に抽象化された理論じゃなくて雑学なんです。もっとも雑学は機能しますけど、しかし現実に機能すりゃいいじゃないかといったら、これは革命の思想になりません。

　たとえば天下の副将軍の光圀が、尊皇思想が基本であるといえばみんな信じて疑わないでしょうが、尊皇思想からすれば、否定すべき幕府の、自分はその責任者の一人でしょう。保科正之だってそうですよね。それが初めて一転するのは浅見絅斎。

小室　だから光圀はいろんな要素があるんですよ。一方において天皇絶対を説きながら、他方において幕府絶対を説く。

山本　彼は絶対に幕府を否定していません。浅見絅斎が出るまでの尊皇思想的なふうに見える思想家は全部そうなんです。山崎闇斎だってそうなんです。絅斎によって、それが一転する。尊皇倒幕のスローガンが明確に打ち出されてくる。

町人の合理性と下級武士のエトス

機能してれば理がある

小室　とすると、次に明治維新の担い手にそれがどのように作用したのか……。

山本　つまり幕末における町人思想は、非常に面白い点が二つある。すなわち石門心学が発展を遂げるでしょう。もっぱら伝道によってたんですけど、その発展の主流の外に二人の人間がいましてね、一人は鎌田柳泓（かまたりゅうおう）、それから布施松翁（ふせしょうおう）。柳泓というのは前にいいましたように大変面白いんで、神は空名なれどで、神っていうのは存在しないんだけど、機能しているんじゃないかと。機能してる以上、それが存在するというのは理があるし、その社会的機能も無視はできない。だからこれは、機能さえしていれば実存してもしなくてもいいんですよ。これはほんとの町人思想です。だからこれをもってくると、尊皇思想というのは名かもしれない。しかし、機能してりゃあ理があるんだと。理があるから空しくないと。これが当時の町人の基本的な発想です。ある意味で機能主義なんです。機能してるものは認める、それが実在するかしないかはどうでもいいもんなんですね。これは柳泓が到達した結論なんですね。

小室　そういう意味では、その限りにおいてはプラグマティズムに似ながら、西欧プラグマティズムとはまったく縁もゆかりもない思想ですね。

山本　だから、非常に似てるけど全然違うというのは、柳泓にいっぱいあるんです。

それともう一つ、面白い不思議な合理性を持っていたんです。これはちょっと進化論にも似てくるし、プラグマティズムにも似てくるし、ある意味においては近代的合理主義にも似てくるという、こういう奇妙な、混沌たるエトス（行動様式）を持っていた。第一、定価販売、現銀掛け売りなしができるでしょう。これも近代的な商業です。

同時に町人の間では所有と貸借という概念ははっきりしている。ここまで来ているんです。そして、一方において下級武士がいるわけですね。これは浅見絅斎のエトスを持ってるんです。

二元的矛盾の所産

小室　その点、非常に面白いのは絅斎の弟子でね。日本の下級武士というのは理想はあくまでも高く、生活はあくまでも低くと、その二元的矛盾の所産なんです。

山本　絅斎もそうでしたが、志士とは「妻は病床に伏し、子は飢えに泣く」じゃなくちゃいけない、妻子を放ったらかしておいて国事に奔走しなくちゃいけないんです。

小室　つまり下級武士というのはプライドがものすごく高い。徳川時代におきましては、町人の鴻池だとか三井の当主といえども、足軽に会う場合は、足軽より目下なんですから。その階級は厳然としている。ところが実質的にいうと、武家では御家老といえども、魚なんかめったに食べられなかった。

山本　ああ、食えない、食えない。

小室　しかし、ちょっとした店の番頭なんかしょっちゅう食ってる。そのものすごいギャップですね。だから一方においてはすごくプライドが強調されている。ところが日本の場合、大大名の家来で禄高が一万石もらってるから規範的義務が強くて、足軽で二石三人扶持を持ってるから義務が小さい、というわけじゃないでしょう。足軽といえども最高の規範を要求される。だって足軽から太閤になれるんだから。

山本　なれますからね。つまり、徳川幕府の規範というのは、戦国時代の規範を凍結したものですから、足軽といえども潜在的太閤なんです、規範的にいえば。だからもう、その日の食事に困るような足軽といえども、鴻池の当主より上なんです。ところが生活水準からいえば、最低のまた最低。傘の骨を削ってるわけですよ。小普請組なんてひどいもの。「よくもつづくものは、旗本の身上と牛のよだれ」といって（笑）。

それから面白い問答があるんですよ。風呂屋で侍の中間と商店の小僧が会って、自慢しあうんです。

主人はどれだけの生活をしているか。町人が当然に勝っちゃうんですわ。毎朝、朝から魚を食って、こうこうであって、千両箱が山のように……ところが片一方はゼロなんですね。それくらい経済的に格差があっても、階級的には下級武士が上なんです。

小室　だって、たとえば寿司のような、われわれがごちそうだと思うものは、最下層——町人の食べ物です。だから最下層の町民といっても、キュッといっぱいひっかけて、そしてうまい寿司を食うなんていうことができた。ところが武士は、小藩の御家老程度では到底できない。

　たとえば大名と乞食なんていう言葉があるけれど、大名と乞食は極端なことをいうと生活水準は同じくらいです。江戸の乞食なんて、けっこううまいもの食ってた。十万石の大名といえども玄米とみそくらいを食ってる。

山本　そうです。天下の大将軍家光の食ってたものなんてひどいものです。いわんや名君といわれた人というのは、デモンストレーションでろくなものを食わないのが名君。上杉鷹山なんて、飢饉であるなんていったら、おかゆをすすってる。

小室　十五万石の大名が。ところが江戸っ子のちょっとした職人だとか、ちょっとした番頭でも、キュッとひっかけて、そして寿司をパッとつまむのがふつう。

山本　職人のほうがよっぽど金持ちです。

小室　本当の江戸っ子というのは寿司なんてごちそうだと思わない。下層民の食物だから。うなぎなんかも食っていましたしね。だから生活水準のほうは下級武士なんていうのは最低の最低の最低。ところがそういう人がひとたび志をおうて全国を漫遊すると、富裕な町人といえども、また一般の家老といえども対等につき合ってもらえるんです。それが日本の不思議なところでしてね。これが下級武士の基本形態。だから山本さんのおっしゃるように、実体語と空体語のバランスから、ものすごい過熱状態になる。で、理想というのはあくまでも純粋に高くならなくちゃならない。そのエトスというのは近代日本をずうーっと支配したわけです。

山本　ううん、してましたねえ、これは。福沢諭吉もそれを指摘しています。

生活は最低、理想は最高

小室　一つは、旧制高校。旧制高校といえば、いってみればイートン、ラグビー校みたいなものでしょう。だから本来であれば、英国流であれば従僕がついてきて当然なんですよ。ところが、夜おなかすいたけど、そばも食えない。屋台を引っぱってきた夜なきそば屋に、ふんどしを担保にしていっぱい食わせろと。夜なきそばといったら最下層。ふんどしを担保にしてといったら、要するに恵んでくれということでしょう（笑）。それが通用したんですからね。最高のエリートが社会の最下層に恵んでくれというんですから、英国の貴族の想像にも及ばないことです。それが日本の社会で普通、そんなことをしても学業を続ける。だからいろんな美談だとかいって、五、六年後、高級官僚になってから、それを百倍にして払ったなんて……。

山本　ああ、そうそう、それが美談なんだなあ、もう。

小室　だから明治のころの一高生といえども、下層武士のエトスですよ。われわれは生活は最低である。しかし理想は最高だと。

山本　暮らしは低く、思いは高くと。

小室　だから高校生のばんからというのもそうであって、低く見せれは見せるほどかっこいいんですよ。汚なくってみっともなければないほど、かっこいいんですよ。おれたちは下級武士の最低、傘張りしても尊皇攘夷だと。そこがかっこいい。そうじゃないと志が疑われるんです。

山本　いや、これは下級将校や下士官にもあったなあ。貧乏少尉のやりくり中尉のやっとこ大尉で百十四円内という言葉があった。ただ末は連隊長になれるからというわけ。だから少尉はある意味においては社会の最下級なんです。

小室　ところが、他方においては最上級。二十歳そこそこで軍曹より偉いんです。

山本　ああ、偉いです。まるで神様です。

小室　社会に出ても、単に身分ということからいえば高等官ですからね。だから田舎の駅長だとか、郵便局長だとか、小学校長だとか、田舎のエリートの五十、六十のおっさんよりか偉い。

山本　それがね、嫁もとれないで、裏長屋にいる。まともなめしも食えない。で、その緊張関係というのが二・二六事件の一つの原因だと私は書いたことがある。経済的な逼迫(ひっぱく)と社会的な地位の高さ。しかも一般社会的における社会的地位と、軍隊内における社会的地位の格差。

小室　すべて下級武士のエトスでね。

山本　だから貧乏をしてないとだめなんです。池に百万円のコイがいるなんていったらだめ。

角栄は最大の日本教徒

小室　田中角栄はある意味では日本教徒として大変な才能を持ってる男ですが、ポイントであやまりましたね。つまり非難がガーッときたときに全部あれ、売っ払えばよかったんです。今までわしは迷いにあったと。しかしもうすべて捨てると。しかし、皓皓(こうこう)一片の志は残すと、これを見てくれといったら、もう、田中角栄最高ですよ。裁判で有罪になったって、誰も問題になんかしない。

山本　日本教のエトスからすればそうなんですね。

小室　ところがヨーロッパでは、たとえばビスマルクなんていうのは広大な屋敷を持って、荘園を持って、ゆうゆうと楽しんでいる。でも帝国大宰相(ライヒカンツラー)はそれが当然であるとドイツ人は思うわけです。英国の貴族であれば、巨大な土地を持たなければ社会的信用がない。それでディズレーリなんかは借金に借金を重ねて巨大な土地を買ったわけでしょう。これがヨーロッパの貴族の倫理。

山本　日本では土地入手の方法などは土地転がしでとってもよくわかってる。しかし、それなるがゆえに、というこの下級武士のエトスと町人的合理性と、どうくっついたのかという問題です。これが一番大きな問題ですね。明治においてはこの二つが機能している。この二つが機能しない限り、日本の資本主義というのはできなかったんです。

では、一体日本の資本主義、最近は〝超先進国〟などといわれている日本はどのようにしてできた

1972年7月6日、自慢のニシキゴイに餌をやる田中角栄、前日に自民党の新総裁に選ばれ、一夜明けたばかり。「今太閤」ともてはやされた54歳の庶民派宰相に期待は集まった。ちなみに1匹数百万円といわれたニシキゴイは実際はそんなに高くなかった

か。「プロテスタンティズムの倫理と資本主義の精神」という形でこれを「日本教の倫理と日本的主義の精神」として摑(つか)んだらどうなるのか。それが現代をどう規定しているかといった問題になります。

さて、今まであげてきたことを要約しますと（一）機能主義、（二）絶対的規範としての勤労のエトス、（三）町人の合理性とある面の所有原則の確立、（四）崎門学に基づく下級武士のエトスの一般化の四つになると思います。下級武士のエトスは幕末にはすでに武士を超えて、一般的規範になっており、旧制高校の学生はその系列と思います。だがこれが、維新以後の西欧・近代化にどう作用し、またそれが現代をどう規定して、日本の未来にどのように作用しているかという問題を、ここでこの討論の結論として短かくまとめてみたいと思います。

「まとめ」――あとがきにかえて

そこでその「まとめ」の方法ですが、これを抽象論として読者に受け取られないために、一人の具体的人物に投影して、その人間が以上四つの要素を持つことによって、幕末から明治、さらに日本資本主義社会の形成にどのように機能したかを調べてみたいと思います。

ここで渋沢栄一という一人物を思い起こしてみましょう。明治の財界なるものは誰がつくったのか。その問いに対して「それは私だ」といえる人物がいるとすれば彼でしょう。彼は武州血洗島（いまの埼玉県深谷市の近く）の生まれ、身分でいえば農民ですが、自ら「半農・半工・半商」といっているような農民です。すなわち自給自足的な百姓でなく、藍をつくり、かつ藍玉もつくり、また時には藍玉を仕入れてまた売るといった経営的農民、小なりといえどもプランテーションをもつ資本主義的農民で、同時に養蚕もやっていた。その点では確かに「半農・半工・半商」であり、勤労のエトスと町人的合理性は完全に身につけている形で育った。彼の父は『四書』を読み、子供に撃剣も習わすという意味では武士的であり、下級武士のエトスも持っていた。これは幕末の農民が新選組のような形で、武士として行動しているのと一脈相通ずる点です。

彼は『論語』を愛読し、また生涯「洋学」は一切学ばなかったといい、晩年『論語講義』を出版していますが、この彼が二十二歳のとき、郷里を出て志士として国事に奔走しようと決心する。考えてみればこれは封建制度の下では実に奇妙な発想で、建て前からいえば、天皇↓将軍↓領主↓武士↓農民ですから、彼は領主の命に従うべきなのに、この中間を一気にとびこえ、自分が天皇に直結して行動して幕府を打倒しようとする。こういう農民は、絅斎がいないと出てこない。いわば天皇を絶対化し、同時にその天皇を絶対化することによって、自己の規範を絶対化して、その前には領主も将軍も存在しない。簡単にいうと絅斎のいう「処士」の意識です。

ところが父から「思いその位を出でぬ」、農民は農民という身分があるのだから、そのようなことをしてはならぬととめられる。この父の意識こそ封建時代の意識ですが、彼はこれに不満で、父が「その位にあらざる者が、いかほど奔走したればとて、効のあがるものではない」というのに反対して、楠木正成をもち出すわけです。彼は「自分が微力を以てなにほど奔走したとて、到底目的を達し得られずに終わるかも知れぬが、楠公のごとく戦死しても構わぬゆえ、一番やれる処までやって見る気である」といい、ついに父は自分はもう干渉せぬからといって、彼は国事の奔走に乗り出すわけです。こういうことを、農村の一青年が考えたこと自体、まことに面白いことで、崎門学がすでに彼にまで浸透してその絶対的規範となっていたことを示す好例でしょう。いわば彼は、これで前に記した四つの条件をことごとく具備していたわけです。その彼が、日本資本主義形成で大きな働きをし、第一国立銀行の創立をはじめ五百余の会社を設立して、日本資本主義の基礎をつくっても別に不思議ではないといえるでしょう。彼はいわば幕末から明治への転換点にいたわけですが、その基本的発想はすべて徳川末期の思想に基づいており、それを基として西欧から輸入したものをオーガナイズしているわけです。ここに明治以降の出発点となった日本があるわけで、彼においては徳川時代の思想と明治における活動の間に何の断絶もありません。

その彼の宗教は何かといえば、それはまさに日本教であり、それを新しい社会に適応して行ったといえます。この点で、日本教の社会学は、この一人物を分析しても析出し得るわけです。このことは、今まで討論してきた日本教の社会学が決して単なる「議論」ないしは「空論的理論」でなく、また西欧からの借りものによる日本人の架空の分析でもない一証例としてあげ得ると思います。

では以上のことは、俗に保守的といわれまた保守政党の基盤である財界なるものにだけいえることかといいますと決してそうでなく、あるいは右翼あるいは左翼と、そのときどきの西欧の政治思想で動いているように見える革新派なるものも、明治以降ほぼ一貫して、保守よりはるかに強く、崎門学的規範で動いています。そのことはすでにこの討論のさまざまな事例に出ており、この方がむしろ崎門学的であるといえると思いますが、幕末から明治におけるその移行の一証例を次にのべたいと思います。

たとえば明治十二年の『東京曙（あけぼの）新聞』には、「吾（われ）明治維新の一大偉業を成就せる智勇英明の士は、その維新の始に在りては蓋（けだ）しみな社会党より出ざるものなし、たとえその社会党たることをその人みずからは未だかつて知らざりにもせよ、維新の事業は一として社会主義に一致せざるはなし」としていますが、『靖献遺言』を規範とした志士が、自覚せざる社会主義者であったというのですからまことに驚きで、これを裏から見れば明治の社会主義者とは自覚せざる崎門学の信奉者ということになります。

さらに実際に社会主義運動に身を投じたものが、主義よりも何よりも心情が絶対であったと自ら記しているのも、まことに面白い。石川旭山（三四郎）は明治三十六年に次のように記しています。「予今平民社に入る、入らざるを得ずものの存する也。何ぞや、曰くその主義てうものあり、その理想てうものあり、然りといえども予の自ら禁ずる能わざるものはただにこれのみにあらず、否むしろ他にありて存するなり。堺・幸徳両先輩の心情すなわちこれのみ。かの南州をして一寒僧と相抱きて海に投ぜしめしはこれに非ずや。彼の荊軻をして一太子のために殉ぜしめしはこれにあらずや。徒らに理想というなかれ、主義と呼ぶなかれ、われは衷心未来の鼓吹を開けり、曰く人生意気に感ずと」。これはもう、志士的・南州的心情の、新しい思想に触発された再現というべきでしょう。

では当時の人は社会主義をどう理解していたのか。有名な『平民新聞』には「社会主義の檄」がありますが、その中に次の言葉があります。「社会主義の世は公園に弁当を開きて桜を見る一家族の如し。その席は共有なり、その花は共有なり、その食物は共有なり、而してその人はみな春風の中に相和せり。社会主義の世に於ては、相愛する者は自由に夫婦たるべく、相親む者は平等に朋友たるべし。相知る者、相見る者、相会う者、みなことごとく兄弟姉妹たるべし。而して老人と小児とはすべて一国の宝として到る処に敬愛せらるべし。社会主義は愛の旗を立つる者なり、兄弟の義を説く者なり。人類共同生活の理想を実現せんと欲する者なり」となります。

これらの発想が、西欧の近代社会の基本となった発想とどれくらい違うかは、この討論を読まれた方々には今さら説明の必要がないでしょう。行動の基準はまさに心情、その規範が維新の志士的で、目ざすものが、すべてを血縁のごとく見なす、いわば擬制の血縁集団であれというなら、契約も組織も何もなくなって、一種、家族的空気の支配する社会が理想ということになってしまうでしょう。これは、簡単にいえば、日本教的世界を完成せよということになります。そしてこの「家族的空気」が支配する「日本教的世界」の完全という思想は、実は、天皇機関説論争の背後にも見えています。

ではこれは、今もわれわれが抱えている問題でしょうか、それとも克服された問題でしょうか。

本書の校正を終わろうとしたとき、非核三原則に対するライシャワー発言がありました。氏の発言は「実体語」です。ただこの「実体語」は、昭和三十九年にすでに椎名外相が口にしており、そのときは何の「空体語」もこれに対して発生しなかったのに、今回は少々違います。ある種の「空気」に醸成すべく、あらゆる「空体語」が出てきました。この現象を「日本教の社会学」で分析していけば、読者はそれが、まことに昔と変わらぬことを発見され、その余りの変わらなさに、少々、慄然たる思いがするでしょう。本当の長い長い討論は、そのように活用してほしいと思います。

山本七平

著者略歴
山本 七平（やまもと・しちへい）
1921年東京生まれ。1942年、青山学院高等商業学部を卒業。野砲少尉としてマニラで戦い、捕虜となる。戦後、山本書店を創設し、聖書学関係の出版に携わる。1970年、イザヤ・ベンダサン名で出版した『日本人とユダヤ人』が300万部のベストセラーに。以後、「日本人論」で社会に大きな影響を与えてきた。その日本文化と社会を分析する独自の論考は「山本学」と称される。評論家。山本書店店主。1991年逝去。著書には『私の中の日本軍』『「空気」の研究』（以上、文藝春秋）、『日本はなぜ敗れるのか』（角川書店）、『帝王学』（日本経済新聞社）、『昭和天皇の研究』（祥伝社）、『山本七平の日本の歴史』（ビジネス社）など多数。

小室 直樹（こむろ・なおき）
1932年東京生まれ。京都大学理学部数学科卒業。大阪大学大学院経済学研究科、東京大学大学院法学政治学研究科修了（東京大学法学博士）。この間、フルブライト留学生として、ミシガン大学、マサチューセッツ工科大学、ハーバード大学各大学院で研究生活を送る。2010年逝去。著書に『ソビエト帝国の崩壊』（光文社）、『「天皇」の原理』（文藝春秋）、『日本の敗因』（講談社）、『日本人のための宗教原論』（徳間書店）、『日本人のためのイスラム原論』（集英社インターナショナル）、『日本人のための経済原論』『数学嫌いな人のための数学』（以上、東洋経済新報社）、『天皇畏るべし』『日本いまだ近代国家に非ず』（以上、ビジネス社）ほか多数。

写真提供／共同通信社・amanaimages、朝日新聞社・amanaimages、近現代フォトライブラリー

日本教の社会学

2016年12月1日　第1刷発行

著　者　　山本七平　小室直樹
発行者　　唐津 隆
発行所　　株式会社ビジネス社
〒162-0805　東京都新宿区矢来町114番地 神楽坂高橋ビル5階
電話　03(5227)1602　FAX　03(5227)1603
http://www.business-sha.co.jp

印刷・製本　大日本印刷株式会社
〈カバーデザイン〉川畑博昭
〈本文組版〉茂呂田剛（エムアンドケイ）
〈営業担当〉山口健志

ISBN978-4-8284-1923-7

【新装版】山本七平の

山本学の真髄がここにある!!

日本の歴史〈上〉〈下〉

〈上〉978-4-8284-1791-2
〈下〉978-4-8284-1792-9

日本人論はこれまで盛大に論じつくされてきた。けれどもあらゆる角度から念慮に基づいて、最も広角の鏡面を用いつつ、情と理の均衡を保つ綜合的な視座を、独力で構築したのが山本七平である。（谷沢永一氏解説より）

旧約聖書物語〈上〉〈下〉

〈上〉978-4-8284-1793-6
〈下〉978-4-8284-1794-3

旧約聖書のもつ不思議な力に迫るために、イスラエル史の枠組みの中で、彼らが何を信じ、どのように行動し、どのように思想を形成し、いかなる歴史的試練に耐えてきたかを、なるべく歴史の順序に従いつつ摘記した。（「序」より）

日本資本主義の精神

978-4-8284-1795-0

欧米人はもはや、「日本人はモノマネがうまいだけだ」などとは考えていない。だが日本人自身がそう考えているためか、明治における発展であれ、戦後の経済的成長であれ、「なぜそうなったのか」を把握しておらず、外部に説明し得ない状態である。いわば「何だかわからないが、こうなってしまった」のである。（まえがきより）

「美しき品格」と「優秀な知恵」を兼ね備えた、日本人の原点がここにある！

物事の本質を見抜く力

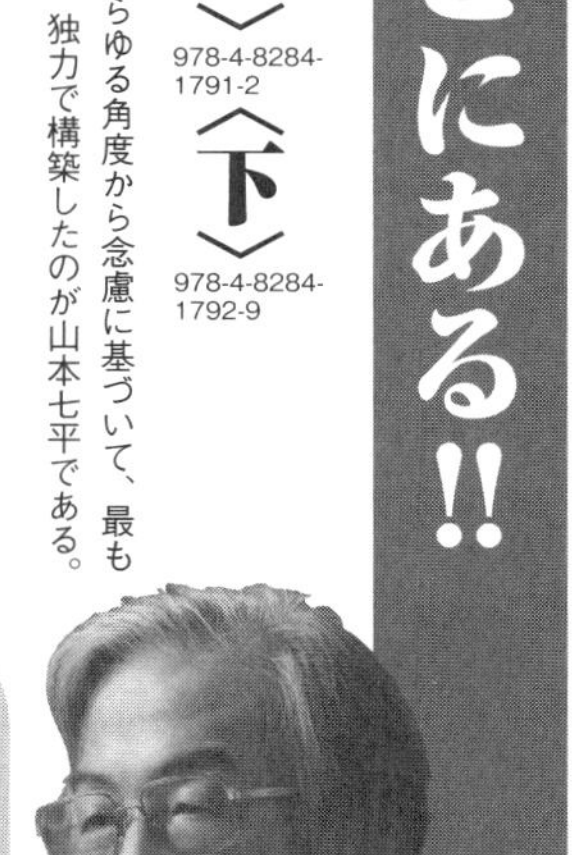

山本七平

定価：各1,000円＋税

知の巨人小室直樹の本

小室学の金字塔！　ここに極まる!!

天皇畏るべし
日本の夜明け、天皇は神であった
定価：本体1800円＋税
ISBN978-4-8284-1879-7

日本いまだ近代国家に非ず
国民のための法と政治と民主主義
定価：本体1900円＋税
ISBN978-4-8284-1622-9

政治無知が日本を滅ぼす
近代国家の政治論理を理解せよ
定価：本体1800円＋税
ISBN978-4-8284-1650-2

消費税は民意を問うべし
自主課税なき処にデモクラシーなし
定価：本体1600円＋税
ISBN978-4-8284-1662-5

信長
近代日本の曙と資本主義の精神
定価：本体1600円＋税
ISBN978-4-8284-1585-7

憲法とは国家権力への国民からの命令である
定価：本体1900円＋税
ISBN978-4-8284-1711-0

小室直樹